国家社科基金一般项目“矛盾化解、权利保护与民事诉讼中的
调判关系模式研究”（项目批准号：12BFX066）研究成果

民事诉讼中的调判关系

许少波 著

法律出版社 LAW PRESS · CHINA
北京

图书在版编目(CIP)数据

民事诉讼中的调判关系 / 许少波著. -- 北京 : 法律出版社, 2022

ISBN 978-7-5197-6340-4

Ⅰ. ①民… Ⅱ. ①许… Ⅲ. ①民事诉讼－调解(诉讼法)－研究－中国 Ⅳ. ①D925.114.04

中国版本图书馆 CIP 数据核字(2022)第 007619 号

民事诉讼中的调判关系
MINSHI SUSONG ZHONG DE TIAOPAN GUANXI

许少波 著

责任编辑 韩满春
装帧设计 臧晓飞

出版发行 法律出版社
编辑统筹 学术·对外出版分社
责任校对 王晓萍 王语童
责任印制 陶 松
经　　销 新华书店

开本 A5
印张 9.125 **字数** 208 千
版本 2022 年 3 月第 1 版
印次 2022 年 3 月第 1 次印刷
印刷 三河市龙大印装有限公司

地址:北京市丰台区莲花池西里 7 号(100073)
网址:www.lawpress.com.cn
投稿邮箱:info@lawpress.com.cn
举报盗版邮箱:jbwq@lawpress.com.cn
销售电话:010-83938349
客服电话:010-83938350
咨询电话:010-63939796

书号:ISBN 978-7-5197-6340-4
定价:38.00 元

目　录

第一章　导　论

第一节　本研究之命题

一、为什么研究民事诉讼中的调判关系

我国《民事诉讼法》第 9 条规定："人民法院审理民事案件，应当根据自愿和合法的原则进行调解；调解不成的，应当及时判决。"据此，法院调解与判决一样，都是人民法院法定的"审理民事案件"的方式。但判决是民事诉讼的典型性制度设置，是法治国家和法治社会的经典版，与民事审判具有高度的一致性。一般来说，判决就是审判，审判就是判决，二者是同一事物的不同称谓。调解与判决存在实质性的差别，调解是判决（诉讼）外纠纷解决方式的典型，"调解并不意味着在降低成本的前提下尽量实现审判式的纠纷解决，而应该是从侧面促使当事者自主解决纠纷的制度装置"。①

---

① ［日］棚瀬孝雄：《纠纷解决与审判制度》，王亚新译，中国政法大学出版社 1994 年版，第 80 页。

因此，将正当性原理和程序制度构造具有重大差别的两种不同的解纷方式同时作为行使民事审判权的方式，如何正确处理法院调解与判决之间的关系（以下简称调判关系），就成为开放民事诉讼理论和运作民事诉讼程序制度必须面对的课题。同时，法院调解是中国民事审判和民事司法的鲜明特色。与国外不同，中国的法院调解与判决在民事诉讼程序制度中是“合一”构造的，是完全融为一体的。[①] 如何评价这种“合一”性构造，这种构造是否具有合理性，是否要进行改革，怎样进行改革，也当然成为正确处理调判关系无法回避的问题。

基于制度层面，调解与判决同时作为我国法院行使民事审判权的方式，以及在民事诉讼程序中的同构（合一）模式，学理上就需要在两个方面作出检视。一方面，将调解与判决同时作为法院行使民事审判权的方式，并在民事诉讼程序中予以同构，在正当性原理上，调解所要求的当事人合意性与判决所强调的国家强制性会不会产生一个悖论，进而引发二者在目的和功能上相互矛盾、相互冲突、相互排斥和相互削弱？如果把讨论的视野进一步限缩到法院调解本身，我们就要追问法院调解究竟是一种什么样的解纷方式？法院调解本身是否就是当事人合意与国家强制的矛盾体，法院调解本身是否就蕴含着矛盾和冲突？要彻底地从根本上消除调解与判决的冲突和紧张，是否只有消灭法院调解一途？另一方面，针对司法实践中反复出现的强制调解、先行调解、调解优先，学界从政治上、政策上、法院绩效考核上、法官知识结构和偏好上、调解解纷方式上、判决解纷方式上等所作的种种解读、评判和由此开

---

① 日本的民事调停，美国的法院调解都是设置于民事审判程序之外独立运行的，与判决程序完全是分离的。大陆法系国家的诉讼和解，也主要是由当事人主导的。

出的“药方”,我们又当如何解读和评判这些“解读”、“评判”和“药方”？所有这些问题都是笔者长期关注并试图解决的问题。

学理上有关调判关系的争论,一方面源自制度设计,另一方面则直接肇始于司法实践。甚至可以说,正是司法实践决定和驱动着理论前行的景况。法院调解与判决的关系问题是我国民事诉讼理论上和实践中的基本问题,新中国民事诉讼的历史,在某种意义上就是调判关系兴衰沉浮的历史。从中华人民共和国成立初期的“调解为主”,到 1982 年《民事诉讼法(试行)》的“着重调解”,再到 1991 年《民事诉讼法》的“自愿、合法”调解,这中间经历了一个从强调调解到弱化调解、从轻视判决到重视判决的过程。但好景不长,从 20 世纪末期和 21 世纪初期的“自愿调解”到 2009 年前后的“全程调解”和“调解优先”,调判关系又经历了一个调解从惨淡到复兴甚或鼎盛、从重视判决到排斥判决的过程。这样,调判关系就刚好走完了一个轮回。然而,鼎盛往往就是另一个阶段的开始。2012 年党的十八大以后,在正规化、专业化、职业化司法改革的大背景下,法院调解又进行了一定程度的调整,判决重塑社会秩序的功能又得到“青睐”和“赏识”。至此,我们不仅发出疑问,这究竟是历史轮回的终点,还是又一个新的轮回的起点,是终点又仿佛是起点,难道终点就是起点、起点就是终点吗?

二、为什么聚焦于“矛盾化解与权利保护”之下

任何有实际意义的法律都不是自在的,都是人有意识、有目的的制定行为,任何一个法律体系、任何一部法律都有自己的目的。产生于 19 世纪的“目的法学”的著名代表性人物鲁道夫 · 冯 · 耶林曾经宣称:“目的是全部法律的创造者,每条法律规则的产生都

源于一种目的,即一种事实上的动机。”①在他看来,法律是根据人类希望实现某些预期结果的意志而有意识地制定的,在很大程度上是国家为达到一定目的而有意识地制定的。法律目的既是立法和司法的出发点,也是制定法律和实施法律的归宿。民事诉讼目的,即民事诉讼制度的目的,也即民事诉讼法的目的,主要解决“民事诉讼为什么而存在”的问题,它既是立法者制定民事诉讼法要实现的目标,也是运作和解释民事诉讼法的指向针。

基于调判关系在民事诉讼中地位的“显赫性”,在学理上争辩的长期性,尤其是在司法实践中的反复性、循环性和不确定性,非常有必要从“民事诉讼目的”这一统领民事诉讼全局的“指向标”出发来研究调判关系。首先,确定我们究竟需要什么样的民事诉讼,我们的民事诉讼究竟要达到什么样的目标。其次,根据民事诉讼目的再来具体审视调判关系的理论和现实,探究其能否达到立法者预期要达到的民事诉讼的目标,以及达到的程度如何。实际上,调判关系之所以在理论上和实践中长期处于不确定状态,与民事诉讼目的不明确或对民事诉讼目的理解有误直接相关。

矛盾化解是我国政治、司法政策和国家体制要求民事诉讼要实现的目的,权利保护是世界各国均承认的民事诉讼应当实现的一种目的。基于我国调判关系、民事诉讼和法律控制的实际,我们需要深入讨论矛盾化解和权利保护作为我国民事诉讼目的的正当性和实效性,进而在两种不同民事诉讼目的的视阈内,具体审视和辨析调解与判决各构成要素在不同诉讼目的的导引下的本真与变貌,整合、提炼出调判关系的理论模型,以解答有关调判关系的重

---

① [美]E. 博登海默:《法理学——法哲学及其方法》,邓正来、姬敬武译,华夏出版社 1987 年版,第 104 页。

大理论与现实问题,并为相关部门的决策提供有价值的参考。

第二节 研究述评

一、国外研究述评

判决是现代西方法治社会的支柱,以判决方式解决纠纷本身就是微观层面的法治,是法治付之于实践的最重要、最鲜活的一面。法治与判决的“直系血缘关系”主要是通过司法历史传承打通的,司法在现代法治社会中的特殊地位和作用更彰显出判决的重要性,使判决在现代法治理论和实践中的地位更加不可动摇。可以认为,在国外司法理论和实践中,判决始终处于统治地位。20世纪50年代后,为弥补判决功能之不足,调解作为替代性争议解决方式(alternative dispute resolution,ADR)最主要的纠纷解决机制之一逐渐引起了人们的注意。一般认为,国外民事诉讼中的诉讼和解与中国语境的法院调解最为接近,二者当然也存在一定差别。[①] 国外对于法院调解(诉讼和解)与判决关系的研究主要体现为三个方面:一是欧文·费斯(O. M. Fiss)、理查德·阿贝尔(Richard Abel)、川岛武宜等基于现代法治理念对调解的批判性研究。他们认为,调解只能达到一种“二流正义”,将调解纳入审判体系是统治者支配社会和压制市民权利的一种政治策略。欧文·

① 国外的诉讼和解与中国的法院调解的共同点在于,二者均发生在民事诉讼程序进行的过程中,二者均是在法官的参与下达成解决纠纷的协议,二者均具有与判决大致相当的法律效力。二者最主要的区别是,国外称为诉讼和解,我国的称谓是法院调解(诉讼调解)。一个是“和解”,另一个是“调解”,虽然只有一字之差,但却非常根本。“和解”反映的主要是当事人自愿解决纠纷的一面,而“调解”则主要体现的是法官积极介入当事人之间的纠纷并解决纠纷的一面。

费斯在其《反对和解制度》一文中，主要从“权力失衡”“权威式合意的缺失”“可监督基础的缺失”“正义而非和平”“正确的分类”等方面对诉讼和解进行了批判。在他看来，和解是对裁判制度的一种冲击，只能达到一种二流正义。“和解与民事的请求权交易相类似，在这两种情况下，合意经常是在强制力的影响下实现的。交易却可能会被一个没有强制力的人破坏；而且合意中司法裁判的缺失使得在合意出现问题时，司法权的介入会产生更多问题。并且，尽管诉讼记录可以做得很规整，正义可能并未得到实现，和请求权交易一样，和解只是公众社会中的一种妥协方式，既不值得鼓励，也不值得推崇。”“司法裁判利用的是公共资源，作出判决的人不是当事人选出的第三人，而是通过公众参与选出的公共官员。这些官员和立法与行政机关的成员一样，他们的权力由公法而非私人间的合意界定并授予。他们的任务不是保证当事人双方的利益最大化，也不仅仅是维持和平，而是阐明并适用体现在诸如宪法和法律这些权威性文件中的价值。他们的任务是解释这些价值并依据它们处理具体的案件。如果当事人和解，这一任务就得不到执行。”①美国学者戈尔丁认为，“尽管我们期待坚持公正标准，但调解过程比我们所习惯的民事诉讼还是有一种更大的流动性和非正式性的特征”。② 川岛武宜在《现代化与法》一书中对调解与裁判作出这样的描述，调停这样的纷争解决方式是以“润滑”争议为目的，在纠纷当事人之间制造“友好关系”，消除纠纷的“角”，“大事化小、小事化无”，而现代法的裁判则以判定纠纷当事人某一方

① ［美］欧文・费斯：《如法所能》，师帅译，中国政法大学出版社 2008 年版，第 122-138 页。

② ［美］戈尔丁：《法律哲学》，齐海滨译，三联书店 1987 年版，第 223 页。

“正确”为目的。[1] 他还认为,在传统社会解体、市民权利关系生成的过程中,把调解纳入审判体系并使其制度化,是通过运用调解这种非权利的纠纷处理方式来压制权利意识或权利观念的一种政治策略。[2] 他坚信,“今后人们会更强烈地意识到权利所在、并坚持其权利。而且作为手段之一,将会更频繁地利用诉讼、裁判制度。人们从‘法’,即依据法的基准判断出的明确且固定性的关系所感知的,不仅仅是个人与个人间的关系,而且包括个人与政府间关系。其结果,法与裁判所在人们生活中将变得更加重要;相应地,裁判官的社会地位也将得以提高。这样的法意识,至今仍未全面地决定‘行动上的法’。不过尽管如此也毋庸置疑,历史正朝着这一方向行进。我想不管人们好与恶,这只是时间的问题”。[3] 在德国,也曾经出现过企图用调解取代判决的思潮。“20 世纪 70 年代出现的带有强烈的社会性烙印的潮流根据‘调解好于判决’的格言试图排斥诉讼判决”,但“法官的调解行为必须总是尊重当事人的主观权利和自由意志。法院不可以操纵当事人的决定,不应当将和解‘强加’给当事人。‘调解的狂热’在实践中并没有实现”。[4]

二是 Bok、Galanter、Flanders 等对调解的现实主义研究。在他们看来,调解比判决的司法质量更高、成本更低、耗时更少,且已成为判决程序的一部分。从 20 世纪 70 年代中期开始,美国首席大

---

① 参见[日]川岛武宜:《现代化与法》,王志安等译,中国政法大学出版社 2004 年版,第 183 页。

② 参见季卫东:《调解制度的法律发展机制》,载强世功编:《调解、法制与现代性:中国调解制度研究》,中国法制出版社 2001 年版。

③ [日]川岛武宜:《现代化与法》,王志安等译,中国政法大学出版社 2004 年版,第 209-210 页。

④ [德]罗尔夫·施蒂尔纳、阿斯特里德·施塔德勒:《法官的积极角色——司法能动性的实体和程序》,载[德]米夏埃尔·施蒂尔纳编:《德国民事诉讼法学文萃》,赵秀举译,中国政法大学出版社 2005 年版,第 415 页。

法官伯格就呼吁司法界寻找司法裁判的替代方案。ADR 的发起人之一 Bok 也同样反对裁判,他呼吁法学院培养学生"调和与迁就的温和技术"(in the gentler arts of reconciliation)。伯格和 Bok 认为,司法裁判只是一种纠纷解决的手段,其他更有效的替代方式也同样能达到这一目的。诉讼和解比司法裁判更可取,因为它建立在当事人一致同意的基础上,并且避免了冗长的判决程序。[①] 正是受到该思潮的影响,《美国联邦民事程序规则》第 16 条在 1983 年因此被修改,"便利和解程序"成为审前会议的明确目标。Galanter 曾经指出,法官之所以认同和解,是因为在大多数案件中,司法质量最高的并非是那种从审判中获得的"要么全有、要么全无"或非黑即白的结果,而是在一种灰色的领域之中——对大多数案件而言,通过自由协商谈判达成和解的司法质量比审判更高,同时费时更少,成本更低。[②]

三是小岛武司、棚濑孝雄等基于纠纷解决多元化视角对法院调解与判决关联性的研究。小岛武司教授在《纠纷解决体系的再认识》一文中,把民事纠纷解决方式分为裁判中心主义的解纷方式、裁判与 ADR 并行的协动主义解纷方式、介于两者之间的解纷方式。并且认为,这些不同的解纷方式组成了一个"正义的综合体系",这个体系是以裁判为中心的。"在以裁判为中心的同心圆中,配置有中立的第三方参与和实施的救济途径(仲裁、诉讼和解、调停等);由第三方与当事人双方或单方进行联系并实施的各种形式调整活动的救济途径(斡旋、会谈、民政专员制度、投诉处理制度

---

① 参见[美]欧文・费斯:《如法所能》,师帅译,中国政法大学出版社 2008 年版,第 117-122 页。

② See Flanders, *Case Management in Federal Courts: Sore Controversies and Score Result*, Justice System Journal 4 (1978), p. 147, 150.

等);以及按照不由第三方介入的当事人相互交涉方式之顺序来拓展外延的各种途径。"①棚瀬孝雄先生则以程序主体相互作用为视角,抽象出一个"决定性与合意性、状况性与规范性"的理论框架,从而开了调解与判决联系、互动的先河。在他看来,多元化的不同的解纷方式可以通过一个由"规范性——状况性"与"决定性——合意性"这两条基轴垂直相交而构成的坐标图呈现。"规范性——状况性的基轴反映纠纷解决的内容是否受实体规范制约,与此相对,决定性——合意性的基轴则表示纠纷的解决是根据第三者的判断还是根据当事者之间的合意。但是,两条基轴显示的是两极之间的一种逐渐的变量关系,因此,这个类型轴并不意味着用决定或合意、依据规范的解决还是依据状况的解决这种单纯的二分法来把握现象。将现实的纠纷解决过程置于这个坐标图的某个位置,同时联系该纠纷解决的社会背景来考察的话,就能够获得阐明各种社会条件与纠纷解决形态内在联系的钥匙。"②在此意义上,包括判决和法院调解在内的所有纠纷解决方式并没有实质性的区别,只不过是"强制性"与"合意性"、"规范性"与"状况性"程度的不同而已。

基于以上梳理可以看出,国外有关调判关系的研究主要伴随ADR浪潮的兴起逐渐深入,研究的视角主要是法社会学、政治学、经济学、人类学等,既注重调判之间的区别,也重视它们之间的联系和互动。但总的来说,他们对调判关系正面的研究相对薄弱,尤

① [日]小岛武司:《ADR·仲裁法教室》,有斐阁2001年版。转引自陈刚主编:《自律型社会与正义的综合体系——小岛武司先生七十华诞纪念文集》,陈刚、林剑锋、段文波等译,中国法制出版社2006年版,第15页。

② [日]棚瀬孝雄:《纠纷解决与审判制度》,王亚新译,中国政法大学出版社1994年版,第25页。

其缺少中国语境的调判关系的研究。

二、国内研究述评

将调解作为民事审判权的主要运作方式是中国民事司法的鲜明特色。中华人民共和国成立以来,我国有关民事调判关系的司法政策和司法实践大致经历了一个“调主判辅——调判自愿——调优判次——调判回调”的演变过程。[①] 与这个演变过程最重要的两个节点即从“调主判辅”到“调判自愿”再到“调优判次”相呼应,理论研究也形成了两个不同的阶段。第一阶段持续整个 20 世纪 90 年代,研究的主要内容是,为建构市场经济和法治社会所要求的正规审判程序应怎样对待法院调解和判决。对于这一问题,主要形成了两种截然不同的观点。第一种观点认为,判决是与市场经济和法治社会要求相适应的纠纷解决方式,调解则不符合市场经济和法治社会的要求,应当将我国民事审判方式由法院调解主导转换为判决主导,使调解与判决分立,或将调解从判决程序中分离出去,甚或直接废除法院调解。江伟教授等在《完善我国民事诉讼立法的若干理论问题》一文中认为,为了落实调解的自愿与合法原则,避免造成调解与审判的对立,消除实践中存在的调解代替审判的现象,应在法院内设置专门的调解机构,使调解与审判分立,并将调解程序前置,实行先调后审,在案件调解不成进入审判程序后不能再行调解。[②] 王亚新教授在《论民事、经济审判方式的

① 这里的“调判回调”是指“调解优先”和“零判决”的司法政策及司法实践自 2012 年以来开始回调,至于说现在是否已经回调结束,调判关系是否已经位处其应当在的位置,还有待理论研判和实践检视。

② 参见江伟、王强义:《完善我国民事诉讼立法的若干理论问题》,载《中国社会科学》1991 年第 5 期。

改革》一文中，把民事审判方式抽象为“调解型”和“判决型”两种，并认为改革开放给中国社会带来的深刻变化，在相当大的程度上改变了适合于“调解型”审判方式的社会条件，“调解型”审判方式的根本问题是，程序的展开和处理结果在审判人员的裁量下高度个别化，从而缺少某种外在的客观标志来判断其是否具有妥当性、正确性。为了应对这种局面，一个可供选择的策略就是通过缩小法官的裁量权来减轻其责任，并为当事者和法官在诉讼中的行动及角色分工提供一个外在的、较为客观的标准，而这一策略正好就是“判决型”程序结构的特色。因此，我国民事、经济审判方式确实需要从“调解型”模式向“判决型”模式转换。[①] 李浩教授在《论法院调解中程序法与实体法约束的双重软化——兼析民事诉讼中偏重调解与严肃执法的矛盾》一文中认为，调解不仅软化了程序法的约束，造成了法官行为的失范和审判活动无序，而且还软化了实体法的约束，导致了调解结果的隐性违法和审判权的滥用。[②] 他在《论调解不宜作为民事审判权的运作方式》一文中深刻分析道，将调解作为民事审判权运作的主导性方式是我国民事诉讼制度存在的误区，要走出该误区，需要按照依法审判的理念改造和重置民事审判权的运作方式，把判决作为人民法院处理民事纠纷的主导方式。[③] 他在《民事审判中的调审分离》中进一步指出，法院调解与判决是两种存在重大区别的纠纷解决方式，如果把二者并列作

---

① 参见王亚新：《论民事、经济审判方式的改革》，载《中国社会科学》1994 年第 1 期。

② 参见李浩：《论法院调解中程序法与实体法约束的双重软化——兼析民事诉讼中偏重调解与严肃执法的矛盾》，载《法学评论》1996 年第 4 期。

③ 参见李浩：《论调解不宜作为民事审判权的运作方式》，载《法律科学》1996 年第 4 期。

为法院行使审判权的方式,并且在实务中主要运用调解而不是判决处理民事、经济纠纷,其结果必然是模糊司法解决与司法外解决的界线,致使纠纷虽然得到了解决,但法律的公平与正义无论是在解决过程中,还是在解决结果上,均未得到充分体现,并最终可能使司法迷失本性。因而必须对现行调审不分的民事诉讼制度进行重大改革,将调解从审判程序中分离出去,使它们按照各自的特点、规律、程序和方式运行。① 章武生教授等在《论我国法院调解制度的改革》一文中,在对各种调判关系改革方案评判的基础上认为,我国法院调解制度改革的主导方向应是建立诉讼和解制度,以诉讼和解重塑现行的法院调解。② 张晋红教授在《法院调解的立法价值探究——兼评法院调解的两种改良观点》一文中则提出了最为彻底的解决方案。在她看来,法院调解无论改良为取消其基本原则的法律地位,还是设立专门的调解程序以实行调审分立,都难以避免其适用上的负面效应,而且所付出的代价太过高昂。我国民事诉讼法应当完全取消法院调解。③ 第二种观点认为,对法院调解的改革应当在现有的框架内进行,通过对具体制度的完善来消除其弊害。汤维建教授在《市场经济与民事诉讼法学的展望》一文中认为,应当平等对待调解与判决,调解符合市场经济派生的契约自由、意思自治等自主性原则,我国调解制度的发展方向

---

① 参见李浩:《民事审判中的调审分离》,载《法学研究》1996 年第 4 期。

② 参见章武生、吴泽勇:《论我国法院调解制度的改革》,载陈光中、江伟主编:《诉讼法论丛》第 5 卷,法律出版社 2000 年版,第 458-506 页。

③ 参见张晋红:《法院调解的立法价值探究——兼评法院调解的两种改良观点》,载《法学研究》1998 年第 5 期。

应当是完善和改进,恢复其本来的机能,而不是淡化甚至取消。①

第二阶段的研究从 2002 年至今,主要有两个问题点:一是如何阐释、回应司法政策对调解的强化和优先;二是应否实行调审分离和如何进行调审分离。对于第一个问题点,学界主要形成了三种观点。第一种观点认为,调解应当优先于判决。范愉教授在《调解的正当性与发展趋势》一文中认为,"作出调解优先于判决的价值判断,不仅是我国法院对社会需求作出的一种司法回应,也与当代全球性的调解趋势形成呼应。这一理念是对传统法学思维和司法传统的重大突破,也反映了人类社会和法治自身在发展中的一种反思和进步"。② 她在《诉讼调解:审判经验与法学原理》一文中更加坚定地指出,调解作为一种优质的纠纷解决和结案方式,其效果事实上优于判决。当代社会对调解正当性的认同实际上已经超越和升华了传统法治原理,尤其是逐步脱离了国家中心和诉讼迷信。"调解优先"是司法机关立足于我国现行体制和司法环境,应对社会纠纷解决需求而作出的选择。"调解优先"的认知代表了一种先进的纠纷解决文化,它既是一个重要的司法政策和工作原则,也是对调解和判决价值优先性作出的判断。③ 第二种观点明确否定"调解优先"。张卫平教授在《诉讼调解:时下势态的分析与思考》一文中认为,"着重调解"再次呈现出一种强势作为是司法政策对政治形势的简单对应和"过度反应"。这种导向影响了法律规定的诉讼调解所应遵循的基本原则的实施,在很大程度上

① 参见汤维建:《市场经济与民事诉讼法学的展望》(下),载《政法论坛(中国政法大学学报)》1997 年第 2 期。

② 范愉:《调解的正当性与发展趋势》,载《人民法院报》2009 年 10 月 14 日,第 5 版。

③ 参见范愉:《诉讼调解:审判经验与法学原理》,载《中国法学》2009 年第 6 期。

偏离了诉讼调解的正确定位和运行轨道,对我国法治的发展和民事纠纷的公正解决产生了消极影响。因此,应当以实事求是的态度对待诉讼调解,使诉讼调解回归应有的定位。① 周永坤教授在《论强制性调解对法治和公平的冲击》一文中更是直接指出,调解是不发达社会主导的纠纷解决制度,是人治社会的一部分,判决的权威是法治社会的标志,强制性调解构成对法治基本价值的损害。既然我国已经选择了法治之路,我们就只有选择以判决为主导的纠纷解决制度,并对调解进行法律规制。② 田平安教授等在《"调解优先"质疑论》一文中认为,"'调解优先'无异于是'调解为主'的翻版,既模糊是非,破坏规则之治,又违反了'自愿、合法'原则,不能彻底解决纠纷,也无助于真正实现社会和谐"。③ 范电勤在《"调解优先、调判结合"的宪法审视》一文中也认为,"强调'调解优先、调判结合'将使审判权的运行偏离宪法的规定,从而破坏国家权力的分工"。④ 徐昕教授在《"调解优先"的司法政策应当调整——从彭宇案的调解说起》一文中指出,"调解优先"可能导致权利打折、规则缺失和司法权威的削弱。⑤ 第三种观点基本属于折中性的看法,认为"调解优先"原则并无不妥,只是如何理解的问题。章武生教授等在《法院调解与判决的关系》一文中指出,调解与判决是两种互有优劣的不同的纠纷解决方式,只有配合得当

---

① 参见张卫平:《诉讼调解:时下势态的分析与思考》,载《法学》2007 年第 5 期。

② 参见周永坤:《论强制性调解对法治和公平的冲击》,载《法律科学(西北政法学院学报)》2007 年第 3 期。

③ 田平安、吕辉:《"调解优先"质疑论》,载《河南大学学报(社会科学版)》2013 年第 1 期。

④ 范电勤:《"调解优先、调判结合"的宪法审视》,载《法学》2012 年第 8 期。

⑤ 参见徐昕:《"调解优先"的司法政策应当调整——从彭宇案的调解说起》,载《中国社会科学报》2010 年 3 月 25 日,第 4 版。

才能取得好的效果,不能过分夸大其中一种纠纷解决方式,贬低另一种纠纷解决方式。[①] 王福华教授在《大调解视野中的审判》一文中认为,调解和审判各有自身的优劣长短,具有互补性,任何一种方法包揽所有纠纷解决,既不现实也不可能,在司法政策上过分强调调解的作用而压制审判,只会对我国的纠纷解决生态造成破坏,正义也会越来越遥不可及。[②] 肖建国教授在《认真对待"调解优先、调判结合"工作原则》一文中也说道,"'调解优先'原则只是法院的一项工作原则,服从并服务于民诉法中的自愿、合法调解原则;同样,调解只是法院的一种解决争议的方法,总体上服从并且服务于判决"。[③]

第二个问题点即是否应当实行调审分离,是第一阶段讨论的继续。对于该问题点,学界主要形成了两种相互对立的观点。第一种观点认为,在调判关系问题上,必须进行调审分离。李浩教授在《调解归调解,审判归审判:民事审判中的调审分离》一文中,全面、集中地表达了他关于"调审分离"的最新思考。他首先概括出审判与调解在十二个方面存在的不同面相,其次从七个方面论证了"调审分离"对我国民事诉讼制度的优化,最后又从四个方面第一次详细地阐述了"调审分离"的具体路径,即调解员与审判员的人员分离、调解人与法官的角色分离、调解程序与审判程序的程序

---

① 参见章武生、肖国玉:《法院调解与判决的关系》,载《政法论坛》2012 年第 6 期。

② 参见王福华:《大调解视野中的审判》,载《华东政法大学学报》2012 年第 4 期。

③ 肖建国:《认真对待"调解优先、调判结合"工作原则》,载《人民法院报》2010 年 9 月 15 日,第 5 版。

分离、调解室与审判庭的地点分离。[①] 这四个方面的“调审分离”的内容极大地丰富了他有关“调审分离”理论的一贯主张。刘金华教授在《民事诉讼法专题研究》一书中也说,调解与审判是两种不同的纠纷解决方式,现行民事诉讼法对调解与判决设置了同样的前提条件,即调解必须在查明事实、分清是非的基础上进行,变相扭曲调解的本质,势必会对调解的灵活性与自愿性造成伤害。因此,调解程序与判决程序分离具有更多的合理性。[②] 郭晓光在《民事诉讼调解新论》一书中主张“有限的调审分离”,调解既可以在开庭前进行,也可以在开庭后进行,只是进行过开庭前调解的法官不得参与该案的开庭审理;准备参与开庭审理的法官不得参与该案开庭前的调解,即开庭前从事调解的法官与开庭后进行审判的法官相分离。[③] 这种观点认为,调审完全分离“一方面不利于法院利用一切有利的时机适时调解,另一方面也剥夺了当事人随时请求调解和自行和解的权利”。[④] 第二种观点则旗帜鲜明地反对“调审分离”。范愉教授在《诉讼调解:审判经验与法学原理》一文中,积极肯定“调审合一”模式在我国现行民事诉讼中的存在价值,反对把调解从审判中分离出去。并认为,尽管调审分离原理仍然被很多国家奉为基本原则,但其意义却每每被证伪。不仅操作者和当事人经常忽略其界限,而且从当代世界纠纷解决的实践中

---

① 参见李浩:《调解归调解,审判归审判:民事审判中的调审分离》,载《中国法学》2013 年第 3 期。

② 参见刘金华:《民事诉讼法专题研究》,中国政法大学出版社 2014 年版,第 23 页。

③ 参见郭晓光:《民事诉讼调解新论》,中国政法大学出版社 2013 年版,第 151-152 页。

④ 张英俊、裴秀峰:《诉讼调解的价值分析与改革构想》,载《政法论丛》2005 年第 3 期。

发展出的评价性或指导性调解模式，正是利用当事人对调解人专家身份和权威性的依赖，将调解与结果评估、提案建议、裁决等结合起来，以节约解纷成本和时间。“调审分离”的设计构想并不能代表当事人的意愿，也不符合法官的审判经验。以“调审分离”为目标来改造诉讼调解并不具有当然的合理性。① 田平安教授等在《调审分离论：理想图景与双重背反——兼与李浩教授商榷》一文中更是针锋相对地认为，“调审合一”诉讼模式在我国现阶段具有现实合理性，而且法官调审结合的角色不会必然导致调审异化现象的发生，“调审分离”与司法效益原则相冲突。“经济纠纷调解中心”的前车之鉴和“调审适度分离”的改革尝试，从实践层面否定了“调审分离”的可行性。②

特别需要指出的是，潘剑锋教授等在《论法院调解与纠纷解决之关系——从构建和谐社会的角度展开》一文中，从民事诉讼的目的即纠纷解决的视角，对法院调解的功能和“调解优先”的司法政策进行了反思，并认为现实中存在的法院调解话语与纠纷解决实践的分离，背弃了法院调解的基本原则，挤压了其他纠纷解决方式的发展空间，混淆了法院调解与其他纠纷解决机制的关联，最终导致民事纠纷可能无法通过最恰当的方式解决。③ 相对于该文的观点创新，其有关民事诉讼目的的站位也许更值得赞赏。基于同样纯化程序目的和功能的思路，潘剑锋教授在《论民事司法与调解关系的定位》一文中，对司法裁判与调解的关系作了更为深入的分

---

① 参见范愉：《诉讼调解：审判经验与法学原理》，载《中国法学》2009 年第 6 期。

② 参见田平安、杨成良：《调审分离论：理想图景与双重背反——兼与李浩教授商榷》，载《湖南社会科学》2015 年第 5 期。

③ 参见潘剑锋、刘哲玮：《论法院调解与纠纷解决之关系——从构建和谐社会的角度展开》，载《比较法研究》2010 年第 4 期。

析。认为司法与调解之间的应然关系,不应当主要是效力上的支持,即将司法最具特质的元素"借给"调解,导致调解的本质属性元素模糊;司法对调解的支持和帮助更多地应当来自过程、理念以及纠纷解决的一些共同性经验的交流,为调解提供良好的运行环境。①

以上研究可分为两条路径:一是"冲突性"研究;二是"契合性"研究。前者主要以法治目标为理想图景和逻辑起点,将研究焦点置于自愿性调解与强制性判决的冲突上,结论是纯化程序、调判分开。后者主要从社会自治、多元等法治目标的社会基础出发,将研究注意力集中于调解的自主性与判决对当事人主体地位尊重的契合上,结论是调解与判决在民事诉讼中并存交错的现实是合理的。这两种不同路径的研究组合在一起,恰好揭示了调解与判决既冲突又契合的全景,为后续研究奠定了坚实基础。但也有其局限性:第一,主要以司法政策为导向、以诉讼调解的兴衰为主线,对调解和判决自身性质、特征、构造等的研究居多,从诉讼目的之角度对调判关系的类型化研究还非常少见。第二,"冲突性"论者将调解与判决分离的条件意定为市场经济和法治目标的确立上,对条件发生与条件成熟的差别有所忽略;"契合性"论者对调解与判决在现代社会治理中应以何者为中心避而不谈,也未在理想的"自主性"调解与现实的"强制性"调解之间划出一条明确的界线。在实质性问题上,二者均忽视了我国司法附属于政治策略、附属于行政动员、附属于国家体制的现实。第三,对调解与判决的互动和连接注意较少。第四,基于法治主义的"抑调扬判"或基于社会自治主义、多元主义的"抑判扬调"均有过度之嫌。

---

① 参见潘剑锋:《论民事司法与调解关系的定位》,载《中外法学》2013年第1期。

第三节　研究线路、方法和框架

一、研究线路

诉讼目的与调判关系模式是互为前提的，诉讼目的决定、引导着调判关系模式的定位和形成，同时又受到调解与判决自身功能构造的制约。矛盾化解是民事诉讼最基本、最直接的目的，在该目的下，追求纠纷整体解决和对案件事实模糊化处理的调解将备受推崇，判决将被异质化为调解；权利保护是当事人主义视角的诉讼目的，受该目的调控，以本案权利义务关系为诉讼标的，以发现真实为导向，注重程序正义的判决将受到热捧，调解将被判决所同化。民事诉讼仅以矛盾化解或权利保护为唯一目的，只是理论上的假设，现实中的民事诉讼目的从来都是多元、交叉和叠合的。由此，调解与判决虽有各自的正当化原理及独立性，但行动中的调解与判决既并存又叠加，既同化又排斥，只不过在某一特定历史阶段以何者为主导与核心不同而已。民事诉讼的目的受制于司法政策，司法政策最终又是由社会物质生活条件决定的，因此，市场经济的成熟程度和政治体制的构造决定着我国诉讼目的之定位及其转换，进而也决定着调判关系的特定模式。但这一“决定链条”只能是自发与能动、必然与偶然、历史与现实的统一。未来的调判关系是多线条、多向度的，可同向、同行、吸收、同化，也可异向、异行、相斥、分化。在我国市场经济日趋成熟和法化程度不断提升的大势下，以判决为核心的社会公平正义生产供给体系将逐渐形成。

本课题将在梳理、归纳和评述国内外学界对“调判关系”不同观点的基础上，以诉讼目的为视角提出本课题的假设和结论，分别对“矛盾化解”和“当事人权利保护”两种目的下调判关系的位相及变貌进行研究，根据模型背后支撑因素的变化，探讨诉讼目的在现实层面的交叉、转换及其条件，进而审视中国现行诉讼目的的定位及调判关系的现状，并对其未来作出预判。

二、研究框架

本书主要由十章构成。

第一章是“导论”。导论部分首先提出本书的问题意识，即为什么研究民事诉讼中调判关系这一主题，为什么要把民事诉讼中的调判关系聚焦到矛盾化解和权利保护下来研究。其次是对国内外有关调判关系的研究进行述评，意在明确国内外最前沿的研究成果和进一步研究的空间。最后是对本书的研究线路、方法和框架予以说明。

第二章是“调判关系的迷思”。该章是第一章问题意识的进一步展开，首先对本书研究的法院调解、判决和调判关系等关键词作出界定，重点提出调判关系在价值、性质、因果关系和结构上的四层关系。其次详细分析了调判关系的理论困境、实践迷茫、立法和教科书的质疑。

第三章是“调判关系的影响因素（一）”。该章主要是考察民事诉讼目的、司法政策和法院绩效考核制度对调判关系的影响。首先是对民事诉讼目的的含义、民事诉讼目的论的有关学说进行阐述，然后从理论逻辑上就民事诉讼目的对调判关系的影响进行了分析。其次是界定了司法政策的概念和范围，并通过我国民事司法发展和演变的实际情况，阐释了司法政策对调判关系的影响。最后是根据法院绩效考核的有关指标，具体考察了其对调判关系的影响情况。

第四章是“调判关系的影响因素(二)”。本章是第三章的继续,主要由两方面内容组成:一是考察法院调解和判决作为两种正当性原理根本不同的纠纷解决方式对调判关系的影响;二是考察法官、当事人及其诉讼代理人作为最主要的民事诉讼主体对调判关系的影响。

第五章是“矛盾化解与调判关系”。该章意在创新性地总结和提炼出实际上在我国一直发挥作用的有关民事诉讼目的论的“矛盾化解说”,并在此基础上讨论矛盾化解对调判关系的影响。本章主要由三部分组成:一是对矛盾和矛盾化解的语义、矛盾化解说的由来、矛盾化解说的要义、矛盾化解说与纠纷解决说异同等进行了挖掘和梳理;二是从主体、客体、程序、事实认定、法律适用等多个方面,就矛盾化解对法院调解和判决的影响进行了讨论;三是阐释了矛盾化解促成了“调解型”诉讼模式的形成及特点,并对其后果作出了基本评估。

第六章是“权利保护与调判关系”。与第五章相对应,本章首先阐明了权利保护说的缘起、逻辑及在民事诉讼中的意义,其次讨论了权利保护对法院调解和判决的影响,最后深刻剖析了权利保护与“判决型”诉讼模式的形成和实践方面的关系,并对“判决型”诉讼模式作出了基本评判。

第七章是“两种诉讼目的的选择与调判关系”。在讨论前两章内容的基础上,本章首先对矛盾化解和权利保护这两种民事诉讼目的进行了比较。其次通过考察设立民事诉讼制度的初衷、经典民事诉讼构造的理念、民事实体法的宗旨、法治国家和法治社会的要求、我国当下的实际需要等得出结论,相对于矛盾化解,应当选择权利保护作为民事诉讼的目的。最后,又对权利保护目的下的调判关系及相应的制度安排进行了探讨。

第八章是“民事诉讼中的先行调解”。该章是作为前期研究成果已经发表的两篇论文,重在探讨先行调解两个方面的突出问题。首先讨论了先行调解在诉讼调解的意义上、在非讼调解的意义上、在诉讼调解与非讼调解交错的意义上的三重含义,其次根据先行调解的类别论证了先行调解协议的两种效力。

第九章是“以审判为中心视阈下的调判关系”。该章意在说明我国当下正在推进的以审判为中心的诉讼制度改革也同样适用于民事诉讼,并且以审判为中心的民事诉讼与以权利保护为目的之民事诉讼在本质上是完全一致的。其具体内容主要由两部分组成,即民事诉讼必须从调解中心主义转变为裁判中心主义,进而在裁判中心主义的前提下保障民事诉讼庭审的实质化。

第十章是“结论”。该章主要是对全文的主要观点进行总结,对主要的创新和局限予以提示,并对中国调判关系的未来作出预判。

第二章　调判关系的迷思

问题是学术研究的基点,没有问题就没有研究,也不可能有创新。法院调解与判决的关系问题是民事诉讼中的重大理论和现实问题,也是民事诉讼中变动幅度最广、变化节拍最快、变数最大的问题。因此,首先弄清楚该问题是什么,该问题的关键和要害是什么,是本研究讨论和解释调判关系必须完成的基础作业。

第一节　调判关系的基本认知

一、什么是法院调解

法院调解,又称为诉讼调解,①是指在人民法

---

① 也有学者认为法院调解与诉讼调解不能划等号,"法院调解是由审判组织或审判人员'主持'的调解,即进行调解的主体是审判组织或审判人员。而诉讼调解是指在当事人向法院提起民事诉讼后,由法院'主持'或'主导'下的调解。'诉讼调解'强调的是调解发生的阶段"。并且认为,"诉讼调解概念的外延要

院审判人员的主持下,双方当事人通过自愿协商,达成协议,解决民事纠纷的活动和方式。民事纠纷的解决方式主要有和解、调解、仲裁和判决四种,调解只是其中的一种。调解包括民间调解(人民调解)、行政调解和司法调解。司法调解,也即法院调解,主要是相对于民间调解和行政调解而言。

作为一种民事纠纷的解决方式,法院调解因其主持者必须是人民法院的审判人员而区别于其他调解(民间调解、行政调解等),又由于其必须以双方当事人自愿协商达成协议为前提而与法院判决相区别。因此,法院调解既是人民法院通过行使审判权解决纠纷的一种方式,也是双方当事人通过自愿协商行使私人处分权解决纠纷的方式,是法院行使审判权解决纠纷与当事人行使处分权解决纠纷的结合。一言以蔽之,法院调解是人民法院代表国家通过行使公权力引导、推动当事人运用私权利自主解决民事纠纷的一种方式。

法院调解应当遵守自愿、合法原则。这里的"合法",一般理解为"不违法",即不侵犯国家利益、社会公共利益、案外人利益,不违反法律和行政法规的禁止性规定。这里的"自愿",既包括调解程序上的自愿,也包括调解结果(实体)上的自愿。自愿的最低标准应当是"不强制"。法院调解应当公开进行,当事人也可以申请不公开进行。调解时当事人各方应当同时在场,但根据调解需要,法院主持调解人员也可以对当事人分别作调解工作。当事人

比法院调解概念的外延广泛,诉讼调解既包括法院调解(由审判组织或审判人员主持的调解),也包括由法院委托或委派的其他调解组织或个人进行的调解。诉讼调解既包括立案前的调解,也包括立案后的调解。而法院调解仅包括立案后的调解。诉讼调解是大概念,法院调解是小概念"。这种观点虽有一定道理,但尚不具有足够的说服力。参见郭晓光:《民事诉讼调解新论》,中国政法大学出版社 2013 年版,第 22 页。

可以自行提出调解方案,主持调解的人员也可以提出调解方案供当事人协商时参考。法院调解的对象既可以是当事人起诉时提出的诉讼请求,也可以是整个民事纠纷,还可以包括本案纠纷以外的内容。法院调解达成协议后,人民法院应当制作调解书。调解书应当写明诉讼请求、案件的事实和调解结果,并由审判人员、书记员署名,加盖人民法院印章,送达双方当事人。调解书经双方当事人签收后,即具有法律效力。不需要制作调解书的调解协议,法院应当记入笔录,由双方当事人、审判人员、书记员签名或者盖章后,即具有法律效力。[①] 法院调解的调解书与法院判决产生同样的法律效力。

二、本书研究的判决

法院判决,是指人民法院审判人员在对案件审理终结时就本案实体问题所作的具有法律效力的结论性判定。具体而言,法院判决在范围上是针对诉讼案件或非讼案件的实体问题作出的,而不是程序或其他问题的。在时间上是在案件审理终结时,既不是开始也不是中间阶段。在法律效力上因其是人民法院代表国家作出的,因此,该判定具有既判力和执行力。但在这里,我们要强调的不是法院判决的概念,而是作为一个整体的纠纷解决方式。

作为民事纠纷解决方式的一种,法院判决整体上的程序制度安排更加严密、更加精致化。在诉讼判决对象上,严格实行"不告不理"原则,即当事人诉什么,法院判决什么,判决原则上不能超出当事人诉讼请求的范围。在判决主体上,世界各国一般都奉行法

---

① 以上内容可参见《民事诉讼法》第 96~98 条,最高人民法院《关于人民法院民事调解工作若干问题的规定》第 5~7 条、第 10 条。

定法官原则和直接言词原则,审理案件的法院和法官必须是预先规定好的,不能是随机的,更不能是案件发生后根据个案的具体情况有意安排的。并且,作出判决的法院和法官,必须是审理案件的法院和法官,严禁“审者不判,判者不审”的情况出现。当然,最重要的是产生判决的过程。判决的作出,必须遵行法定的审级和程序,案件事实的认定,实行严格证明制度。必须确保当事人发生争议的所有案件事实都有证据证明,证明案件事实的所有证据都经过法定的质证程序,认定案件事实的所有证据之间不存在矛盾,都指向同一个结论。必须确保证据提出在法庭、质证在法庭、案件事实认定在法庭、判决结果形成在法庭。在法律适用上,《民法典》第 10 条要求,应当依照法律判决;法律没有规定的,可以适用习惯,但是不得违背公序良俗。判决的结果(判决书)一律公开,判决要接受社会监督,判决要经得起时间的考验、历史的考验。

三、调判关系的意涵

“调判关系”,是指在民事诉讼中,法院调解与判决作为两种民事纠纷解决方式之间的关系的简称。因为“判决”一词又往往与“审判”或“诉讼”在同等意义上使用,所以,“调判关系”也可以称为“调审关系”或“诉调关系”。在这里,特别需要指出两点:一是在民事诉讼中的关系。这是本书研究调判关系的语境,也是法院调解与判决发生关系的制度环境。离开了民事诉讼,我们一方面不可能再谈调判关系,另一方面也失去了研究意义。二是法院调解和判决作为两种纠纷解决方式的关系。这是先假设法院调解和判决是两个相互独立的解纷方式,然后再探讨这两个整体的解纷方式相互之间的关系,而不是仅涉及其中的一部分或某一个方面。

根据调判关系本来的语义，通过调判关系的历史和现实，本书研究指向的调判关系主要包括以下四个方面的含义：

1. 价值上的关系。

研究两个事物之间的关系，按照归纳思维的套路，我们一般都习惯于先作出好与坏、善与恶、优与劣的价值评价。这好像是最简单的关系，实际上却是最复杂的、最高层级的关系。就调判关系而言，也就是对法院调解与判决谁好谁坏、谁优谁劣在价值方面作出判决。在现行《民事诉讼法》中规定有"先行调解"，在司法政策中也有"调解优先"，有人就将"先行调解"和"调解优先"理解为法院调解与判决的价值评价关系。当然，有更多的人并不认同这是对二者的价值评价。姑且不论发生争论的何方主张更接近实际，但该争论至少表明，法院调解与判决这两种解纷方式之间确实存有价值层面的评价关系。

2. 性质上的关系。

性质上的关系，是指法院调解的性质与判决的性质相互之间的比较。就此而言，判决的性质是明确的，判决毫无疑问是法院代表国家对民事案件行使审判权的活动，即判决属于法院在民事诉讼中的审判行为。关键是法院调解，如果法院调解也被视为法院行使审判权的行为，那么，法院调解与判决的性质就是一样的。既然二者在性质上是完全一样的，二者的程序制度构造和要求就不能有太大的差别。如果认为法院调解不属于法院审判的行为，法院调解在性质上不同于判决，那就要解明它究竟属于什么性质的行为，就要解释清楚法院调解为什么要规定在诉讼之中，为什么法院调解协议能够发生与判决同样的法律效力。对于法院调解与判决在性质上的关系，学界已有讨论，但还远远不够。

3. 因果上的关系。

因果上的关系，是指法院调解与判决有没有何者为条件和原因、何者为后果和结果的问题。由于调解和判决均为民事纠纷的解决方式，目标一致，又身处民事诉讼这一完全相同的时空平台，因此，二者在源头上、在运作过程中、在法律效果和社会影响效果上肯定会有这样或那样的关系。有学者认为，诉讼审判是纠纷的“法律”解决的典型形式，它所提供的是一种法律的标准答案，因此，也是其他解决方式的参考系数。在这个意义上，诉讼制度正好也为现代非诉讼解决方式的存在提供了前提条件。实际上，无论调解的案件多与少，它们都是审判程序的副产品，是判决的继续。虽然许多国家也鼓励当事人和解，但制度设计的着眼点却是审判程序。[①] 当然，也有学者并不赞同这种说法。这就表明，法院调解与判决确实需要从因果上探讨二者之间的关系。

4. 结构上的关系。

结构上的关系，是指法院调解和判决在民事诉讼中是“合一”进行还是“分开”进行，以及怎样“合一”和怎样“分开”的关系。关于这一点，纯粹逻辑上的结构关系可能有四种：先调解后判决的关系；先判决后调解的关系；调解与判决同时进行的关系；调解与判决交互进行的关系。但第二种关系和第三种关系是不可能允许其存在的，因为如果先判决，就不可能再调解。判决不存在判成或判不成的问题，判决具有强制性，只要进行判决，就一定能够作出判决。再者，如果法院调解和判决同时进行，分别解决同一个民事纠纷，首先是没有必要，因为这显然是在浪费司法资源，同时也会给

---

① 参见章武生：《我国法院调解的定位与发展方向》，载《郑州大学学报（哲学社会科学版）》2011 年第 6 期。

当事人造成不必要的负担。更要命的是,这有可能最终针对同一个民事案件形成一个调解协议和一个判决书,而这两个纠纷解决方案又具有同等法律效力,按哪一个解决呢。因此,法院调解与判决实际上的结构关系只能有两种,即先调解后判决和调解与判决交互进行。

《民事诉讼法》规定的"先行调解"是否就是这里的"先调解后判决"呢?对于这个问题,本书的理解是,是也不是。先行调解确实要求先使用调解的方式解决纠纷,在无法调解结案的情况下再使用判决的方式强制性解决纠纷。但先行调解一般是就部分案件而言,不是要求所有的案件都先行调解。同时,先行调解一般也是针对第一审程序中的审前程序而言的,上诉审程序和再审程序也不要求先行调解。而先调解后判决则是在最一般意义上来说的,根据法院调解和判决的原理,不管什么案件,不管使用何种程序,只要可能使用调解和判决,都只能是先调解后判决,而不可能是相反。

第二节　调判关系的理论困境

一、法院调解与判决的价值优劣之争

为最大限度地化解社会矛盾,维护社会和谐稳定,最高人民法院于 2008 年确立了"调解优先、调判结合"工作原则(以下简称"调解优先"),2009 年在哈尔滨召开的全国法院调解工作经验交流会上又进一步强调了该原则,2010 年最高人民法院发布《关于进一步贯彻"调解优先、调判结合"工作原则的若干意见》(以下简称《调解优先工作意见》),明确指出"调解是高质量审判,调解是

高效益审判,调解能力是高水平司法能力。调解有利于化解社会矛盾,实现案结事了,有利于修复当事人之间的关系,实现和谐”。并且要求“各级法院要深刻认识调解在有效化解矛盾纠纷、促进社会和谐稳定中所具有的独特优势和重要价值,切实转变重裁判、轻调解的观念,把调解作为处理案件的首要选择,自觉主动地运用调解方式处理矛盾纠纷,把调解贯穿于立案、审判和执行的各个环节,贯穿于一审、二审、执行、再审、申诉、信访的全过程,把调解主体从承办法官延伸到合议庭所有成员、庭领导和院领导,把调解、和解和协调案件范围从民事案件逐步扩展到行政案件、刑事自诉案件、轻微刑事案件、刑事附带民事案件、国家赔偿案件和执行案件,建立覆盖全部审判执行领域的立体调解机制”。至此,“调解优先”作为一种司法政策得以正式确立。

对于作为司法政策和司法实践中的“调解优先”,理论界和实务界存在激烈争论,并主要形成了三种观点:第一种观点高度赞同“调解优先”。认为“作出调解优先于判决的价值判断,不仅是我国法院对社会需求作出的一种司法回应,也与当代全球性的调解趋势形成呼应。这一理念是对传统法学思维和司法传统的重大突破,也反映了人类社会和法治自身在发展中的一种反思和进步”。[①] “调解作为一种优质的纠纷解决和结案方式,其效果事实上优于判决。”[②]第二种观点明确否定“调解优先”。认为“‘调解优先’无异于是‘调解为主’的翻版,既模糊是非,破坏规则之治,又违反了‘自愿、合法’原则,不能彻底解决纠纷,也无助于真正实现

---

① 范愉:《调解的正当性与发展趋势》,载《人民法院报》2009 年 10 月 14 日,第 5 版。

② 范愉:《诉讼调解:审判经验与法学原理》,载《中国法学》2009 年第 6 期。

社会和谐”。[①]“强调‘调解优先、调判结合’将使审判权的运行偏离宪法的规定,从而破坏国家权力的分工。”[②]“调解优先”可能导致权利打折、规则缺失和司法权威的削弱。[③] 第三种观点基本属于折中性的看法,认为“调解优先”原则并无不妥,只是如何理解的问题。调解与判决是两种互有优劣的不同的纠纷解决方式,只有配合得当才能取得好的效果,不能过分夸大其中一种纠纷解决方式,贬低另一种纠纷解决方式。[④]“‘调解优先’原则只是法院的一项工作原则,服从并服务于民诉法中的自愿、合法调解原则;同样,调解只是法院的一种解决争议的方法,总体上服从并且服务于判决。”[⑤]“所谓‘调解优先’应当理解为在当事人自愿通过调解解决纠纷而该纠纷亦适宜调解的情况下,尽可能使用调解的方式解决纠纷。”[⑥]

关键问题是,对于理论和实践中的“调解优先”,究竟有没有正当性,法院调解在价值上是否优于判决,还是其他?司法政策制定者并没有勇敢地站出来,作出应有回应,以澄清认识上的是是非非,而是一直让“子弹飞”。学界也没有达成任何共识,争论还在继续,这可能在今后相当长的时间内都是无解的。

---

① 田平安、吕辉:《“调解优先”质疑论》,载《河南大学学报(社会科学版)》2013年第1期。

② 范电勤:《“调解优先、调判结合”的宪法审视》,载《法学》2012年第8期。

③ 参见徐昕:《“调解优先”的司法政策应当调整——从彭宇案的调解说起》,载《中国社会科学报》2010年3月25日,第4版。

④ 参见章武生、肖国玉:《法院调解与判决的关系》,载《政法论坛》2012年第6期。

⑤ 肖建国:《认真对待“调解优先、调判结合”工作原则》,载《人民法院报》2010年9月15日,第5版。

⑥ 张立平:《为什么调解优先——以纠纷解决的思维模式为视角》,载《法商研究》2014年第4期。

二、法院调解与判决的制度安排之争

在制度安排上，调判关系的迷思主要体现为“调审合一”与“调审分离”的激烈论争和交锋。“调审合一”，也可称为“调判合一”，是指在民事诉讼程序相同的时间和空间内，调解和判决可以就同一个案件交互进行和展开的运行模式。在“调审合一”运行模式中，调解者与审判者是完全合一的，调解程序与审判程序可以灵活转换、相互衔接、交互运行。“调审分离”，也可称为“调判分离”，是指在民事诉讼程序中，实行调解程序与审判程序在时间上、空间上、调解者和审判者相分离，使之各自围绕自己的目标独立运行。从中华人民共和国成立一直到今天，我国先后颁行的四部《民事诉讼法》实行的都是“调审合一”。同时，在具体司法实践中，尽管在某一阶段、某个地方也曾经推行过或正在试点推行“调审分离”的改革，但仍有不少地方与《民事诉讼法》的规定保持一致，实行的还是“调审合一”。更具体地说，诉前调解、庭前调解（立案调解）一般都实行“调审分离”，而速裁庭的调解、正式庭审中的调解大多仍实行“调审合一”。因此，可以说，目前呈现出“调审合一”与“调审分离”共处并存的状态。

关于“调审合一”与“调审分离”的论争在法学界由来已久。存在不一定是合理的，李浩教授旗帜鲜明地主张“调审分离”，是“完全的调审分离论”者。在他看来，“调解软化了程序法约束，造成了法官行为失范和审判活动无序”“调解软化了实体法约束，导致了调解结果的隐形违法和审判权的滥用”。[①] 他在《论调解不宜

---

① 李浩：《论法院调解中程序法与实体法约束的双重软化——兼析民事诉讼中偏重调解与严肃执法的矛盾》，载《法学评论》1996年第4期。

作为民事审判权的运作方式》一文中，分析了调解模式与判决模式四个方面的不同。即案件处理结果是否必须得到当事人认同；查明案件事实对形成处理结果的意义不同；案件处理结果是否严格依据实体法形成不同；案件处理结果不同。基于这些不同，调解模式是难以完成民事诉讼法设定的任务的，难以成为法院行使审判权的恰当方式。[①] 明确提出“调审分离”的是《民事审判中的调审分离》一文，他首先总结出调解主导型民事审判方式存在的四组矛盾：法官的调解偏好与调、审并重的矛盾；强制与自愿的矛盾；严格依法解决纠纷与适用法律的流动性、随意性的矛盾；让步息讼与权利保护的矛盾。然后指出，调解在欲达到的目标、正当性原理、受程序法和实体法约束的程度等方面，与以裁判方式解决纠纷存在着重大区别。将两者同一规定在民事诉讼程序中，必然会引起程序的不和谐与紧张，法官的调解偏好又必然使我国的民事诉讼制度仍然保持着“调解为主”的传统格局。要从根本上解决问题，就必须要将调解从审判程序中分离出去，使它们按照自己的特点、规律、程序和方式运行。[②] 李浩教授 2013 年发表的《调解归调解，审判归审判：民事审判中的调审分离》一文，集中表达了他关于“调审分离”的最新思考。在该文中，他首先概括出审判与调解在十二个方面存在的不同面相：获得判决与达成合意；宣告规则与解决纠纷；限于本案请求、事实与灵活对待请求、事实；公开与非公开；面对面与背靠背；面对过去与面向将来；黑白分明与调和处理；方法固定与方法多样等。并且由此得出结论，二者在本质上是存在重大区别的两种纠纷解决机制。紧接着，他还从七个方面论证了“调

① 参见李浩：《论调解不宜作为民事审判权的运作方式》，载《法律科学》1996 年第 4 期。

② 参见李浩：《民事审判中的调审分离》，载《法学研究》1996 年第 4 期。

审分离"对我国民事诉讼制度的优化,即有利于自愿原则切实有效的实施、有利于保密原则的落实、有利于维护司法公正、有利于维护司法的权威、有利于厘清调解与审判的关系、有利于规制审判权的正当行使、有利于消解对民事权利保护不力的批评等。最重要的是,他还从四个方面第一次详细地阐述了"调审分离"的具体路径,即调解员与审判员的人员分离、调解人与法官的角色分离、调解程序与审判程序的程序分离、调解室与审判庭的地点分离。[①]也有学者主张在"诉讼内的调审分离",即在保留法官调解制度的前提下实行"调审分离"。具体运作方式是,在法院内部对调解的运作方法进行改革,调解仍然是由法官主持的诉讼内调解,但在审前准备程序和庭审程序中应当由不同的法官就同一案件进行调解和审判,以此达到调审分离的目的。[②] 相对于李浩教授等主张的将法院调解从审判程序中分离出去,或在诉讼程序内独立出专门的调解程序,有学者主张"有限的调审分离"。调解既可以在开庭前进行,也可以在开庭后进行,只是进行过开庭前调解的法官不得参与该案的开庭审理;准备参与开庭审理的法官不得参与该案开庭前的调解,即开庭前从事调解的法官与开庭后进行审判的法官相分离,而不是主张开庭后不得进行调解。[③] 这种观点虽然也承认"完全分离说"有利于避免调解程序与审判程序不和谐的冲突,但又认为,调审完全分离"一方面不利于法院利用一切有利的时机适时调解,另一方面也剥夺了当事人随时请求调解和自行和解的

① 参见李浩:《调解归调解,审判归审判:民事审判中的调审分离》,载《中国法学》2013 年第 3 期。

② 参见江伟主编:《民事诉讼法专论》,中国人民大学出版社 2005 年版,第 311 页。

③ 参见郭晓光:《民事诉讼调解新论》,中国政法大学出版社 2013 年版,第 151-152 页。

权利”。[①]

此外，还有不少学者从总体上表示赞同“调审分离”。韩波教授认为，将调解权与审判权混同在一起，明显存在法理冲突。为妥当处理调解程序与审判程序的关系，进一步推动调解向高水平发展，有必要明确调解权并非审判权，而是审判辅助权。[②] 刘金华教授认为，“调审合一”存在诸多弊端。即法官在调解过程中的权力过分集中，并且缺乏必要的监督；“事实清楚、分清是非”原则的运用，限制了当事人的处分权，调解与审判是两种不同的纠纷解决方式，现行民事诉讼法对调解与判决设置了同样的前提条件，即调解必须在查明事实、分清是非的基础上进行，变相扭曲调解的本质，势必会对调解的灵活性与自愿性造成伤害。因此，调解程序与判决程序分离具有更多的合理性。[③] 刘慧、陈红元认为，实行“调审分离”是“调判结合”办案方式改革的现实出路。在“调判结合”模式中，法官集调解权与审判权于一身，可以在诉讼全过程中对案件进行调解，调解不成的再作出判决，该模式制度设计松弛，软化了程序法和实体法对法官的约束，造成了审判行为的非规范化和随意性。实行“调审分离”，有利于把法院调解程序从审判程序中分离出来，以人员的分离实现职能的分工，从机构设置上保证法院自愿合法原则的落实。[④] 还有学者认为，法院调解中双方当事人之

---

① 张英俊、裴秀峰：《诉讼调解的价值分析与改革构想》，载《政法论丛》2005 年第 3 期。

② 参见韩波：《诉讼调解的实证分析与法理思辨——对最高人民法院〈关于人民法院民事调解工作若干问题的规定〉的实施调查》，载《法律适用》2007 年第 4 期。

③ 参见刘金华：《民事诉讼法专题研究》，中国政法大学出版社 2014 年版，第 23 页。

④ 参见刘慧、陈红元：《民事案件调判结合办案方式的改革》，载《湖北社会科学》2010 年第 5 期。

间的讨价还价过程,可以被模型化为一个不完全信息动态博弈,运用博弈理论分别考察在“调审分离”与“调审合一”两种情况下双方当事人的和解情况,可以得出“调审分离”更有利于提高调解的成功率的结论。[①]

对于“调审分离”的主张,田平安教授等表示坚决反对,他认为,“调审合一”诉讼模式在我国现阶段具有现实合理性,而且法官调审结合的角色不会必然导致调审异化现象的发生,“调审分离”与司法效益原则相冲突。“调审分离论”意在通过诉讼调解与审判相分离的改革,克服“调审合一”制度“强制调解”的弊端,以实现诉讼公正的价值目标,达成诉讼调解回归法治轨道的理想图景。然而,“经济纠纷调解中心”的前车之鉴和“调审适度分离”的改革尝试,从实践层面否定了“调审分离”的可行性。在理论层面,“调审分离”自身的矛盾性、概念的模糊性以及对调解规律的误判、改革路径选择的非现实性等因素,共同致其理想愿景的乌托邦化。“调审分离”遭遇理论自足性缺失和实践可行性证伪双重背反。面对能动司法错位、调解优先异化、调解指标离谱、调解依赖加剧等调解乱象,“调审分离”的改革设想无疑是“头痛医脚”。取消“调解优先”、坚守“调判结合”的司法观是诉讼调解回归常态化、实现司法公正与效率价值目标平衡追求的基础。[②] 范愉教授也积极肯定“调审合一”模式在我国现行民事诉讼中的存在价值,反对把调解从审判中分离出去,主张在现有“调审合一”的框架内进一步完善调解制度,保障调解“自愿”“合法”原则的落实,进而

---

① 参见张辉、张德峰:《我国法院调解制度的博弈分析——再论调审分离》,载《时代法学》2005 年第 3 期。

② 参见田平安、杨成良:《调审分离论:理想图景与双重背反——兼与李浩教授商榷》,载《湖南社会科学》2015 年第 5 期。

处理好调解与判决的关系,必要时约束法官的调解行为,防范和抑制强制性调解,克服“调审合一”模式的消极效果,做好与其他程序的衔接。并认为,“调审分离”的设计构想并不能代表当事人的意愿,也不符合法官的审判经验。以“调审分离”为目标来改造诉讼调解并不具有当然的合理性。[①]

“调审合一”与“调审分离”的论争是调判关系论争的一部分,也是对调判关系更深层次的论争。关于“调审合一”与“调审分离”的争论从 1996 年起算迄今已有 20 多年,但在理论上尚未形成真正的共识,这就使本来就复杂多变的调判关系更是“雪上加霜”,莫衷一是。

第三节　调判关系的实践迷茫

一、调判关系的历史循环

学理上对法院调解与判决的关系说不清楚,究其原因,一方面是理论研究不足,另一方面也与调判关系在历史进程中的反复和循环有关。理论研究不足成为历史循环的成因之一,历史的循环又反过来加重了理论认识的迷茫。法院调解与判决在中华人民共和国成立后的司法实践中,随着不同历史时期和不同历史阶段社会物质生活条件的变化,二者的实际地位呈现出跌宕起伏、循环往复的历史特征。

对于调判关系的历史循环,宋朝武教授等认为,我国的法院调解经历了“调解为主”阶段(联系群众,调查研究,调解为主,就地

① 参见范愉:《诉讼调解:审判经验与法学原理》,载《中国法学》2009 年第 6 期。

解决)、"着重调解"阶段(1982年《民事诉讼法(试行)》颁布后)、"自愿、合法调解"阶段。[①] 张卫平教授认为,我国的诉讼调解经历了一个"U"形演变的过程,从中华人民共和国成立后以"着重调解"为主要标志的"马锡五审判方式"的正式确立开始,到20世纪80年代末期民事审判方式改革弱化诉讼调解、比较强调判决,再到进入21世纪后(从2004年开始)诉讼调解又开始受到重视,形成明显"U"形回归态势。[②] 吴志明的观点与此大体一致,他总体上把调判关系分为三个阶段:一是以"马锡五审判方式"为代表的审判调解方式的确立及推广阶段。这个阶段一直持续到中华人民共和国成立后,本阶段奉行"调解为主"和"着重调解"的审判原则。二是"诉讼时代"和司法调解冷却期。20世纪90年代以来,随着我国法治现代化建设的展开,全国法院系统以公开审判为核心的审判方式改革得到了迅速发展,我国实际上进入了"诉讼时代",这一时期的特征就是将民事诉讼机制上升为解决民事纠纷的主要方法和手段。调解以其反程序性而受到人们的冷落,曾一度形成了"重判轻调"的局面,调解结案率大幅度下降,上诉、申诉率急剧上升。三是"能调则调,能判则判"的调解与审判和谐发展时期。以2002年为司法调解新动向的起点,逐步确立了"能调则调,当判则判"的审判理念。[③] 梁平和杨奕认为,调判关系的演进主要分为四个阶段:第一阶段是"调解为主"。在新民主主义革命时期,由于革命根据地的政权刚确立不久,尚不稳固,政治形势要求司法机关尽可能以平和的方式解决民事纠纷。实践中最具代表性的就是

---

① 参见宋朝武等:《调解立法研究》,中国政法大学出版社2008年版,第44页。

② 参见张卫平:《诉讼调解:时下势态的分析与思考》,载《法学》2007年第5期。

③ 参见吴志明主编:《大调解——应对社会矛盾凸显的东方经验》,法律出版社2010年版,第15页。

“马锡五审判方式”,强调司法工作遵循的原则为“调解为主,审判为辅”,而后演绎至“十二字方针”“十六字方针”,1979 年《人民法院审判民事案件程序制度的规定(试行)》规定坚持贯彻“调解为主”。第二阶段是“着重调解”。1982 年,鉴于“调解为主”有悖于法院作为审判机关的性质和职能,《民事诉讼法(试行)》中将“调节为主”修改为“着重调解”。同时,囿于中华人民共和国成立以来我国实体法规范欠缺、审判人员专业水平不高、法学理论相对简单等因素,为防止法官怠于研究法律问题,避重就轻地选择“和稀泥”的调解方式,或者片面追求调解结案率而强迫调解的情形发生,《民事诉讼法(试行)》还要求“应当在查明事实、分清是非的基础上进行调解,促使当事人互相谅解,达成协议”。1984 年最高人民法院提出,法院调解应坚持自愿与合法原则,要防止强迫调解和久调不决。在这个阶段,法院调解的原则中逐步放弃了调解为主的工作原则,并初步形成了法院调解制度所遵循的原则体系。第三阶段是“调判并重”。20 世纪 80 年代末,随着社会改革的扩展和推进,民事审判方式改革作为中国社会改革的一个组成部分在全国推广开来。1988 年召开的全国第 14 次审判工作会议正式启动民事审判方式改革,在这次会议上提出“调整诉讼调解与判决的关系”,其实质就是弱化诉讼调解在民事诉讼中的地位,强调“该调则调,当判则判”。1991 年《民事诉讼法》在法条表述上不再使用“着重”二字,可以认为实质上是改为“调判并重”。在实践中,人们开始对法院在法治社会中所负担的职责进行反思,把关注的焦点聚集于程序公正,调解以其反程序性而受到人们的冷落,曾一度形成了“重判轻调”的局面。“调判并重”实质上演变为判决的迅速扩张。第四阶段是“调解优先”。进入 21 世纪后,调解又被赋予了新的使命,形成了明显的回归态势。法院“调解优先”的提出和确立，蕴含着多方面的正当性，文化传统与调解制度的高度契合、法院调解具有自身独特优势、法院判决结案在社会转型时期遭遇困境、法院调解顺应国际解纷思潮、法院调解能够实现多重效果的统一等最终促成了“调解优先”。[①] 刘金华教授则把调判关系的演变划分为五个阶段：一是“调解为主”阶段。此阶段主要指自中华人民共和国成立后至1982年《民事诉讼法（试行）》颁布施行时期。由“调查研究，就地解决，调解为主”的民事审判工作十二字方针，发展成“依靠群众，调查研究，调解为主，就地解决”的十六字方针，再到“处理民事案件应坚持调解为主，凡是可以调解的，就不用判决，需要判决的，一般也要先行调解”的明文规定。在当时社会生活高度政治化、法律控制手段极为薄弱的历史背景下，强调调解的做法适应了形势的需要，取得了很好的社会效果。二是“着重调解”阶段。这一阶段主要指1982年《民事诉讼法（试行）》颁布施行至1991年《民事诉讼法》颁布实施时期。为提高民事诉讼中审判的地位，避免造成审判与调解的对立，1982年《民事诉讼法（试行）》将“调解为主”的提法改为“着重调解”，并作为民事诉讼的一项基本原则加以规定。法律这样规定，具有两方面的益处，一方面可以避免调解和判决的对立，另一方面亦可以突出法院审判机关的性质。虽然“着重调解”的法律规定在用语上避免了调解与判决的对立，但实质上仍然保持着“调解优先”的倾向性。三是“自愿合法调解阶段”。这一阶段主要指1991年《民事诉讼法》颁布施行到2005年司法政策发生变化。修改的原因主要是为了纠正个别人认为“着重调解”就是“轻视判决”的看法，也是为了解决

① 参见梁平、杨奕：《纠纷解决机制的现状研究与理想建构》，中国政法大学出版社2014年版，第45-54页。

实践中存在的强迫调解、违法调解、片面追求调解率以及久调不决等问题。四是“调判结合”阶段。2005 年《最高人民法院工作报告》中首次提出了“能调则调、当判则判、调判结合、案结事了”的十六字方针,期间各项文件积极贯彻此方针的实施,2007 年最高人民法院重申了“能调则调、当判则判、调判结合、案结事了”作为民事审判工作的指导方针,要求各级人民法院大力推进诉讼调解工作。五是“调解优先”阶段。2009 年最高人民法院《关于进一步做好 2009 年人民法庭工作的通知》明确提出,法院要贯彻“调解优先、调判结合”的司法原则,最高人民法院常务副院长代表最高人民法院在全国调解工作经验交流会上第一次提出了“三全调解”,即“全面、全程、全员”调解。需要注意的是,2012 年修订的《民事诉讼法》第 122 条的法律规定,虽体现了诉讼中的“调解优先”,但并不贯穿民事诉讼始终,不具普适性。①

以上有关调判关系历史循环的“三阶段论”、“四阶段论”和“五阶段论”的划分方法虽然有所不同,但在关键问题上并无实质性差别。

二、调判关系的现实迷失

上述对调判关系历史阶段的划分,都是把 2004 年以来的调判关系作为一个阶段即“调解复兴”或“调解优先”来看待的。实际上,这并不客观,也不准确。如果具体考察可以发现,从 2004 年(或 2002 年)到 2012 年,法院调解确实经历了从复兴到优先的黄金期,但到 2012 年党的十八大以后,情况还是发生了很大的变化,

---

① 参见刘金华:《民事诉讼法专题研究》,中国政法大学出版社 2014 年版,第 11-14 页。

法院调解占领的地盘有所收缩,至少没有在原有的基础上再度扩张。相应地,民事诉讼程序和制度正在一点一滴地重拾正规化、规范化、规则化,一步一步地十分艰难地向民事司法的职业化、专业化、精英化迈进。

从有关征象看,2012 年党的十八大以来,运用法治思维、法治方式治国理政,建设法治国家、法治政府、法治社会的呼声一浪高过一浪。从党的十八大到十八届三中全会,再到十八届四中全会最终通过《中共中央关于全面推进依法治国若干重大问题的决定》,这一方面说明依法治国已成为党、国家和人民的共识,全面推进依法治国已成为党和国家的重大决策;另一方面也吹响了实质性建设法治的号角。在这个全面推进依法治国的纲领性决定中,不仅提出了全面推进依法治国的总目标、目的、原则,而且还从法治道路和法治体系、立法、执法、司法、守法、队伍建设、党的领导等七个方面,对全面推进依法治国作出了战略部署。特别是在"公正司法"部分,提出了一系列具有开创性的改革思路,从而拉开了新一轮司法改革的序幕。这些具有开创性的提法和思路主要有:完善确保依法独立公正行使审判权和检察权的制度;健全行政机关依法出庭应诉、支持法院受理行政案件、尊重并执行法院生效裁判的制度;完善司法体制,推动实行审判权和执行权相分离的体制改革试点;最高人民法院设立巡回法庭,审理跨行政区域重大行政和民商事案件;改革法院案件受理制度,变立案审查制为立案登记制,对人民法院依法应该受理的案件,做到有案必立、有诉必理,保障当事人诉权;完善审级制度,一审重在解决事实认定和法律适用,二审重在解决事实法律争议、实现二审终审,再审重在解决依法纠错、维护裁判权威;完善主审法官、合议庭、主任检察官、主办侦查员办案责任制,落实"谁办案,谁负责";坚持以事实为根据、以法律为准绳,健全事实认定符合客观真相、办案结果符合实体公正、办案过程符合程序公正的法律制度;推进以审判为中心的诉讼制度改革,确保侦查、审查起诉的案件事实证据经得起法律的检验,全面贯彻证据裁判规则,严格依法收集、固定、保存、审查、运用证据,完善证人、鉴定人出庭制度,保证庭审在查明事实、认定证据、保护诉权、公正裁判中发挥决定性作用;明确各类司法人员工作职责、工作流程、工作标准,实行办案质量终身负责制和错案责任倒查问责制,确保案件处理经得起法律和历史检验;逐步实行人民陪审员不再审理法律适用问题,只参与审理事实认定问题;加强法律文书释法说理,建立生效法律文书统一上网和公开查询制度;落实终审和诉讼终结制度,实行诉访分离,保障当事人依法行使申诉权利,对不服司法机关生效裁判、决定的申诉,逐步实行由律师代理制度;规范媒体对案件的报道,防止舆论影响司法公正等。可以说,这里的每一个提法熠熠生辉,闪耀着司法正规化和规范化的光芒。随后,中共中央和最高人民法院又针对这些创新性提法的不同情况,专门出台了改革文件和司法解释,如立案登记制、设置跨行政区划法院、人民陪审员制度改革等,从而为司法规范化改革方案的供给和落地铺平了道路。在此大背景下,2014 年最高人民法院院长周强在《最高人民法院工作报告》中对诉讼调解与裁判的地位问题,提出"坚持合法自愿原则,规范司法调解""按照让审理者裁判、由裁判者负责的原则,推进审判权运行机制改革试点,解决审判权运行中的行政化问题"。从相反的方面来看,2012 年以后,至少 2014 年作出《中共中央关于全面推进依法治国若干重大问题的决定》后,对"大调解""全程调解"不再强调了,"零判决"也消失不见了。

第四节　调判关系立法及教科书的质疑

调判关系是我国理论界长期争论迄今仍未解决的重大理论问题。在司法实践中,法院调解与判决受重视的程度和地位可以说是反反复复、时上时下、时盛时衰,但从总体上看,法院调解基本上居于统治和支配地位。在立法和教科书中,法院调解却又一直处于弱势地位。这样,调判关系在理论、立法、实践及教科书中存在着一个非常怪异的“交互失衡”现象。

一、立法内容失衡

在民事诉讼的司法实践中,绝大多数情况下法院调解均处于强势地位,而《民事诉讼法》规定的内容却与此相反。现行《民事诉讼法》共有 27 章 284 条,绝大部分条款规定的都是与判决相关的内容,集中规定法院调解的内容只有 1 章(第 8 章)共 7 个条款。即便把所有涉及调解的条文加到一块,也不会超过 20 条。

就《民事诉讼法》有关法院调解的具体规定而言,其内容也很不完善。首先,对于法院调解的规定太过宏观、太过笼统,除了“自愿”与“合法”以外,似乎再无其他要求。而“自愿”与“合法”又是宽泛的概念,其具体指向又含混不清。其次,对于司法实践中颇有争议的法院调解的属性问题,即法院调解究竟是否属于法院行使审判权的行为,《民事诉讼法》仍未作出明确规定。因为学界很早就提出了这个问题,现行《民事诉讼法》于 2012 年修订颁行时完全能够对该问题予以明示,却没有这样做。再次,对于理论和实务均高度关注的法院调解的适用范围问题没有作出规定。其实,该问题在2004年最高人民法院公布实施的《关于人民法院民事调解工作若干问题的规定》(以下简称《民事调解规定》)中已经作出规定,明确指出,“对于有可能通过调解解决的民事案件,人民法院应当调解。但适用特别程序、督促程序、公示催告程序、破产还债程序的案件,婚姻关系、身份关系确认案件以及其他依案件性质不能进行调解的民事案件,人民法院不予调解”(第2条),并且经过此后多年的司法实践,已经基本达成共识。也因此,2015年《最高人民法院关于适用〈中华人民共和国民事诉讼法〉的解释》(以下简称《民事诉讼法解释》)第143条规定:“适用特别程序、督促程序、公示催告程序的案件,婚姻等身份关系确认案件以及其他根据案件性质不能进行调解的案件,不得调解。”最后,《民事诉讼法》未对法院调解的程序作出规定。有不少人把司法实践中屡屡出现强制调解的原因归结为法院调解没有程序要求,当事人可以申请调解,法院也可以强制发动调解;法院既可以在双方当事人在场时调解,也可以“背对背”进行调解等。实际上,2003年《最高人民法院关于适用简易程序审理民事案件的若干规定》(以下简称《简易程序规定》)第14条强调,人民法院对婚姻家庭纠纷和继承纠纷、劳务合同纠纷、交通事故和工伤事故引起的权利义务关系较为明确的损害赔偿纠纷、宅基地和相邻关系纠纷、合伙协议纠纷和诉讼标的额较小的纠纷六类民事纠纷,在开庭审理时应当先行调解。同时,2004年《民事调解规定》、2015年《民事诉讼法解释》均对诸多程序问题作出了规定。这些规定表明,法院调解的有关程序问题也已经基本达成共识,应当规定于《民事诉讼法》之中。

二、教科书的问题

在民事诉讼法的教科书中,集中撰写法院调解的内容最多是

1 章,这是目前绝大多数教科书的安排。也有不少教材把法院调解的有关内容缩写在一节之中。如张卫平教授独著的普通高等教育"十一五"国家级规划教材、普通高等教育法学精品教材,[①]"法院调解"的全部内容只是第二十一章"普通程序"中的一个大的问题(相当于一节的内容)。该章主要讲了 11 个大问题,除"法院调解"外,还包括"起诉与受理""开庭审理前的准备""开庭审理""延期审理""审结期限""撤诉""缺席判决""反诉""诉讼上的抵消""诉讼中止和诉讼终结"共 10 个大问题。还有少数教科书,把"法院调解"的内容作为某一节下面的一个问题撰写。如王福华教授独著的教材,[②]"法院调解"的问题在目录中根本找不到,只是第三章"民事诉讼基本原则与制度"第三节"民事诉讼法层面的基本原则"中的一个问题。诚然,把"法院调解"按照一章或一节或一节中的一个问题来写没法说对错,甚至连是否合适都没法说,但这起码反映出在专家学者心目中,法院调解在民事诉讼中的地位。并且,不同法教科书的差别很大。在实际教学活动中,尽管授课教师一般都会讲授法院调解的内容,但也有少数教师因为种种原因会直接跳过不讲。

总之,法院调解在立法和教科书中的地位与其在司法实践中长期强势的地位是不相称的,《民事诉讼法》中的规定只有寥寥数条,几成例外。民事诉讼法教科书也更加"精瘦",有的甚至还不到一节的内容,而课堂教学也相当的随机、任性。这就使本来就仁智互见、喋喋不休的调判关系更加扑朔迷离。

---

① 参见张卫平:《民事诉讼法》,法律出版社 2016 年版,第 310-317 页。

② 参见王福华:《民事诉讼法学》,清华大学出版社 2012 年版,第 55-59 页。

第三章　调判关系的影响因素(一)

第一节　民事诉讼目的

一、民事诉讼目的的含义

在民事诉讼法学理论体系中,诉讼目的论、诉权论和既判力本质论同被视为传统民事诉讼的三大抽象而重要的基础理论。[①] 民事诉讼目的是民事诉讼程序和制度设立的起点和归宿,耶林曾言,“目的是全部法律的创造者,每条法律规则的产生都源于一种目的,即一种事实上的动机”。[②] 民事诉讼目的一方面承载着社会生活的需求和社会主体的愿望,另一方面又将这种需求和愿望通过立法技术和司法技术贯通于每一个

---

① 参见陈荣宗:《举证责任分配与民事程序法》,台北,三民书局 1984 年版,第 153 页。

② [美]E. 博登海默:《法理学——法哲学及其方法》,邓正来、姬敬武译,华夏出版社 1987 年版,第 104 页。

诉讼法规范之中。

在哲学上,目的首先是人的一种主观活动,是人的意识和观念的产物,具有主观性。人作为社会实践活动的主体,总是按照一定的意图和目的去认识世界和改造世界。人的任何社会实践活动都是有目的的,目的总是与人的实践活动相伴并贯穿其始终。目的"并不是指某种客观的趋势、自然的走向,不是指那种由自然的原因所引起的自然的结果,而是指那种通过意识、观念的中介被自觉地意识到了的活动或行为所指向的对象和结果"。[①] 但这并不是说目的是人的纯主观想象,它源于人对活动对象的本质和规律的认识与把握,是人对自身需要与活动对象之间内在联系的主观映象。目的是人主观上的理想设计,是未实现的愿望,它存留于人的大脑并待机支配人的活动。因此,目的是指主体通过实践活动希望达到的结果或理想状态,是主观介之于客观的东西,既具有主观性又具有客观性。民事诉讼的目的是指民事诉讼主体期望通过民事诉讼制度所要达到的目标和结果。其主观性是民事诉讼的主体期望通过民事诉讼应当达到的结果,其客观性则是现实中已经进行的民事诉讼活动实际上达到的结果。需要注意的是,由于民事诉讼的主体主要包括法院和当事人,而法院又是代表国家在民事诉讼中行使审判权力的,因此,国家设立民事诉讼制度所要实现的目的与当事人利用民事诉讼制度所要实现的目的肯定是不一致的。"对于这种从制度设立、运营者出发的合理化路线,应当从(通过民事诉讼来要求保护权利的)利用者立场出发,经常予以严厉的批评和反省。国家不能在效率化的名义下,拒绝提供保护权利之服务或缩减服务的内容,进而使民事诉讼制度沦为无法利用

① 夏甄陶:《关于目的的哲学》,上海人民出版社 1982 年版,第 227 页。

的腐朽制度。”①

为什么要研究民事诉讼的目的？这是一个不得不回答的问题。我们认为，研究民事诉讼目的的意义在于：第一，任何制度的设计和建立都是人们有意识、有目的的理性行为，厘清制度设计和建立的目的，有助于更好地运行该制度。“目的论研究对于民事诉讼实践的意义主要在于它可以为民事诉讼制度设计提供一种基本理念。”②第二，制度总是由若干规范构成的，这些规范本身以及这些规范的搭建和组合应当与该制度的目的整合，否则必然导致不亲和甚至矛盾，从而影响整个制度的运行，甚至达不到制度设立的目的。第三，制度的目的与制度的完善有密切的关系，制度的结构与制度的部分构件的组合一旦与制度的目的不一致，就应该加以调整或调谐，以保持与目的的一致性。第四，人们设计制度时对制度目的的思考是人们的主观认识，主观意识中的目的并不能替代制度本身应有的目的，对制度目的的研究有助于我们认识制度应有的目的，即目的设定的科学性问题。总之，民事诉讼的目的主要解决民事诉讼为何而存在的问题，是民事诉讼立法论和解释论的指向标。③

二、民事诉讼目的的学说

民事诉讼目的学说，或称之为民事诉讼目的理论（民事诉讼目的论），是指为回答“国家为何设立民事诉讼制度”或“民事诉讼制度为什么而存在”这一民事诉讼的根本理论问题而形成的有关理论学说。20 世纪 90 年代中期以后，在国外民事诉讼理念的影响

---

① [日]新堂幸司：《新民事诉讼法》，林剑锋译，法律出版社 2008 年版，第 8 页。
② 章武生、吴泽勇：《论民事诉讼的目的》，载《中国法学》1998 年第 6 期。
③ 参见许少波主编：《民事诉讼法》，知识产权出版社 2011 年版，第 6 页。

下,我国民事诉讼法学者开始介绍和阐述大陆法系国家的民事诉讼目的理论,并为满足民事诉讼制度改革和修订民事诉讼法的需要展开了对该基本理论问题的探讨。

在国外民事诉讼目的理论中,对我国产生重大影响的主要是德国和日本的有关学说体系。这些关于民事诉讼目的的学说主要有权利保护说(私权保护说)、维护法律秩序说(维护私法秩序说)、纠纷解决说、程序保障说、权利保障说、多元说等。[①] 权利保护说认为,国家制定私法制度行为本身表明,其禁止公民通过"私力救济"的方式保护自己的权利,作为一种代价,国家必须设立民事诉讼法律制度取代私力救济,由法院代表国家按照民事实体法的规定保护私法规定的当事人的权利。因此,民事诉讼的目的是为了保护社会成员的私法权利。该说产生于私法至上的年代,在实体法比较完备的今天,不可否认,民事诉讼应当具有保护或实现民事实体权利的功能和目的。维护法律秩序说认为,民事诉讼制度是国家设立的,国家设立民事诉讼制度的目的在于满足社会的整体需要,而不是维护某个当事人的私法权利。因为这里的权利不是天赋的权利,也不是自然法倡导的自然存在的权利,而是实体法规定的权利,尽管客观上民事诉讼制度会起到保护私法权利的作用,但从设立者的角度看,其根本目的是维护社会现存的私法秩序。民事诉讼是国家的司法制度之一,而国家设立司法制度的目的除了在于保护个人的权利外,更在于维护国家的法律秩序,因而民事诉讼制度的目的是维护国家的民事法律秩序。该说侧重于从

① 有关学说的介绍可参见许少波主编:《民事诉讼法》,知识产权出版社 2011 年版,第 6 页;江伟:《市场经济与民事诉讼法学的使命》,载《现代法学》1996 年第 3 期;刘荣军:《论民事诉讼的目的》,载《政法论坛》1997 年第 5 期;[日]竹下守夫:《民事诉讼法的目的与司法的作用》,载《现代法学》1997 年第 3 期。

国家的角度来解读民事诉讼的目的。纠纷解决说认为,在实体权利产生之前就存在诉讼或审判制度,近代实体法只不过是民事诉讼或审判经验的总结。因此,民事诉讼的目的不是保护私权和维护私法秩序,而是纠纷的强制解决。该说为日本学者兼子一所创,兼子一通过对罗马法以来的民事诉讼制度史的考察认为,民事诉讼早在私法不发达的时代就已经存在,以实体法为前提的民事裁判观念是近代法治国特有的法思想,因此,从历史的视角看,解决纠纷的要求比法具有更先行的地位。但纠纷解决说因不承认实体法(私法规范)对民事诉讼的前提性,而蕴含有与法治国相抵触的因素。程序保障说认为,民事诉讼的正当性来自其程序的正当,而不是其结果的正当,民事诉讼程序本身并不是为了达到正确判断的手段,该程序和过程本身就是民事诉讼的目的。因此,对高度尊崇正当程序理念的程序保障说而言,民事诉讼的目的就在于,"为实现当事人自律性的纷争解决提供程序保障",法院应从"以判决为中心"转向"以诉讼的过程本身为中心"。权利保障说是从宪法上权利保障的角度来阐释民事诉讼目的的,该说认为,民事诉讼的目的是保障实体法上的"实质权",即经济贸易、社会生活和各种政治活动中的实质性利益和价值,而不是"请求权"。"请求权"只是救济"实质权"的手段,保障"实质权"的实现才是目的。可以看出,权利保障说是将"请求权"和"实质权"一并作为民事诉讼应予保护的对象。多元说认为民事诉讼的目的既要体现诉讼制度设立者的意志,又要反映制度利用者的要求。居于国家和国民的双重立场,纠纷解决、法律秩序维护、程序保障及权利保护都应成为民事诉讼制度的目的,这些不同的目的在民事诉讼制度的具体运作中各有侧重。

受国外以上学说的影响,我国学者在对民事诉讼目的论研究的过程中,产生了以下几种观点:第一,纠纷解决。[①] 该观点认为,古往今来,人们在创建社会制度的同时,还创设了解决社会中所发生纠纷的各种制度,这些制度可以因国家政体、社会制度的不同而包含不同的内容,但设立这些制度的目的,毫无例外地要通过这些制度来解决纠纷。当事人主义与职权主义交错的诉讼构造,其重要特征表现为既要顾及当事人选择民事诉讼制度的目的,也要尊重设立民事诉讼制度的国家的利益和目的。从当事人一方出发,他们选择民事诉讼的目的在于要求法院通过行使审判权确认他们的权利,从而获得权利的满足。从法院一方看,以审判方式确认当事人之间存在的权利义务关系,并根据法律作出裁决,这种裁决的作出,同时也意味着以国家强制力宣布纠纷的解决。第二,程序保障。[②] 鉴于诉讼程序本身在民事诉讼中的核心地位及其在经验和理念层次都表现出的重要性,民事诉讼的目的可归结为程序保障。现代民事诉讼制度的一切功能都只有在程序的运作中才能得以发挥,其一切价值追求也只有在程序的不断完善中才能得以实现,因此,只有"程序保障"才能作为指导民事诉讼制度设计的核心理念。第三,利益保障。[③] 宪法在赋予国民主权时,也赋予国民自由权、财产权及生存权等基本权利,为保障和实现这些基本权利,宪法又赋予人民诉讼权,并设立司法机关,尤其是行使审判权的人民法院,使其依法确保人民以权利主体的资格获取精神性和物质性利益的愿望得以实现。为发挥此项司法作用,国家更是设立民事

---

① 参见刘荣军:《论民事诉讼的目的》,载《政法论坛》1997 年第 5 期。

② 参见章武生、吴泽勇:《论民事诉讼的目的》,载《中国法学》1998 年第 6 期;章武生等:《司法现代化与民事诉讼制度的建构》,法律出版社 2000 年版,第 164 页。

③ 参见李祖军、田毅平:《民事诉讼目的论纲》,载《现代法学》1998 年第 5 期;李祖军:《民事诉讼目的论》,法律出版社 2000 年版,第 156 页。

诉讼制度,委由人民法院负责实施和运作。因此,民事诉讼制度的目的应是利益的提出、寻求、确认和实现,即利益保障。第四,解决纠纷(维护社会秩序)与保护民事权益双重目的。[①] 从民事诉讼形成的历史过程分析,民事诉讼制度是随着国家的出现而出现的。一方面,国家设置民事诉讼制度是为了实现其社会统治职能,即通过对民事纠纷的解决实现社会秩序正常化。另一方面,民事纠纷是因民事权益不明引起的,不对民事权益加以归属上的明确,则无法解决纠纷;使个人意志下的权益符合国家意志下的权益并加以保护是国家的责任。由此可见,民事诉讼制度具有双重目的:一是解决纠纷(维护社会秩序);二是保护民事权益(确认权利义务关系)。第五,多元目的。[②] 该种观点认为,现代民事诉讼价值的多元化和相对性,决定了民事诉讼目的论的多重性。民事案件事实审理中追求客观真实仍应是民事诉讼的最高理念,不应当随意抛开这个理念。基于当事人的程序保障、诉讼促进、诉讼经济等因素的考虑,人民法院在诉讼中必须兼顾当事人的实体利益及程序利益。因此,民事诉讼的目的并非仅仅是法院审判的目的,同时也是程序主体(当事人)参与诉讼的目的。

以上有关民事诉讼目的的诸多学说,可以说各有侧重,也因此各有其合理性,进而也就意味着多元说因兼顾各种观点的合理成分而更具说服力。然而,多元并不等于没有主次之分,更不等于绝对折中和平均适用。笔者认为,根据我国实际情况,以及民事诉讼的本体性特质,将权利保护作为民事诉讼的主要目的,并在此基础上兼顾其他多元目的更具合理性,更契合我国民事诉讼制度在新

---

① 参见陈刚、翁晓斌:《论民事诉讼制度的目的》,载《南京大学法律评论》1997 年春季号。

② 参见江伟:《市场经济与民事诉讼法学的使命》,载《现代法学》1996 年第 3 期。

时代条件下所进行的正规化、规范化、专业化和职业化的改革,更有利于我国社会的长治久安。

三、民事诉讼目的对调判关系的影响

民事诉讼目的要探寻的问题是“民事诉讼为何而存在”,这是蕴含在民事诉讼程序制度最深层面的最根本问题。如果弄不清该问题或在该问题上存在模糊认识,关于民事诉讼的立法和司法将失去方向。在此意义上,民事诉讼目的是民事诉讼程序制度所要实现的最高价值,也是其追求的最高目标。换言之,民事诉讼的目的,即民事诉讼所要实现的最高价值,既是民事诉讼的出发点和归宿,也是关于民事诉讼程序制度立法论和解释论的指向标。具体言之,“目的论发挥着‘使某种解释论容易被接受’以及‘使某种解释论受被倡导’之跳板(spring board)的作用。换言之,在这一层面上,目的论能够发挥的是,‘创造使某种具体性见解容易被接受’之‘学问共通氛围’的机能,或者说是,‘使某种具体性见解容易被推导出来’之催化剂机能”。[①] 因此,民事诉讼目的不仅对诸多民事诉讼解释论的理论会产生重要影响,而且会对民事诉讼实践发生指导作用。就调判关系而言,因为法院调解与判决作为两种不同的纠纷解决方式,在制度理念、正当性原理、功能等方面的巨大差别,在实现民事诉讼目的方面也有很大不同。有什么样的民事诉讼目的,就会有什么样的调判关系。更准确地说,在不同民事诉讼目的的导引下,调判关系就会有不同的面相。所以,从民事诉讼目的的视角来研究和分析调判关系,就显得尤为必要。鉴于后

---

① [日]高桥宏志:《民事诉讼法:制度与理论的深层分析》,林剑锋译,法律出版社 2003 年版,第 15-16 页。

文还要深入分析权利保护说对调判关系的影响,这里不再赘述。

(一)法律秩序维持说与调判关系

根据《牛津法律大辞典》对法律秩序的界定,“法律秩序是从法律的立场进行观察,从其组成部分的法律职能进行考虑的,存在于特殊社会中的人、机构、关系原则和规则的总体……法律秩序这个术语被一些法学家在不同的意义上用作制度或法律体系,甚至是法律的同义词”。[①] 可见,法律秩序首先必须以法律的存在为前提,法律秩序是从法律的立场来观察的,没有法律就没有法律秩序。同时,法律秩序说的是法律整体上形成的秩序,而非某一个法律规范的秩序。事实上,秩序本身就意味着整体性,某一个人的行为或某几个人的行为根本无所谓秩序。法律秩序维持说诞生于20世纪初期,是在批判和否定权利保护说的基础上建立起来的。法律秩序维持说重在强调民事诉讼的国家性,即民事诉讼制度是国家设立的,民事诉讼程序制度的实施具有强制性,民事诉讼的结果依靠国家强制力保证实施。站在国家的立场上,国家设立民事诉讼的目的不仅仅是为了保护私人的权利,而是为了维护整体上存在的法律秩序,进而保障社会秩序的良性运转。在民事诉讼的过程中,或者说通过民事诉讼,虽然也会起到保护当事人权利的作用,但这只是国家通过民事诉讼维护法律秩序的一个环节,只是法律秩序维护的一种手段。民事诉讼的目的是消除实体争议对私法秩序所产生的消极影响,保护私权仅是民事诉讼在客观上所起的作用而已。从世界范围来考察,20世纪初期恰巧处于西方发达国家从自由资本主义向垄断资本主义过渡和转型期。自由资本主义

---

① [英]D. M. 沃克:《牛津法律大辞典》,邓正来译,光明日报出版社1988年版,第539页。

以个人为本位,强调自由竞争和对个人权利的保护。垄断资本主义则以国家为本位,强调国家对社会生活的干预,排斥绝对的自由竞争,在一定范围内限制个人的权利,进而达到维持整个国家和社会秩序运转的功效。法律秩序维持说正是在这样的社会背景下兴起的。

相对于权利保护说,法律秩序维持说在对民事诉讼程序制度的塑造上更加突出法院的职权因素,相对弱化当事人权利的实施。正如德国 1961 年《民事法院裁判权改革准备委员会报告》所指出的那样,“如果人们将诉讼的主要目的视为是维护法律规范,那么将会得出下面这样的结论:在法院的裁判中必须不问当事人行为而考虑法律规范;另外这也将导致法院的职权调查优先于(当事人的)提出原则。相反如果人们强调将权利保护的观念作为诉讼目的,那么就必须为当事人提供可以对诉讼进行处分的自由空间”。[①] 其实,不管是法院职权调查优先,还是先行考虑当事人个人行为法律规范,有一点是人们不能否认的,那就是法律秩序维持说对法律的特别强调和厚爱。法律秩序维持说既然主张民事诉讼的目的是“法律秩序”维护,而不是维护其他秩序,那就是说,在法律秩序维持说下,民事诉讼以法律的实际存在为前提,以法律的严格遵循为程序运作的依凭,以法律规定为作出诉讼结果的基准。所有这些,都与判决的构造和要求相一致,而与法院调解的目标追求基本相左。因此,在法律秩序维持说下,判决会受到更多的重视,整个民事诉讼会逐渐形成以判决为中心的“判决型”诉讼模式,法院调解只存在于当事人完全自愿请求法院解决纠纷的场合。

---

① 德国联邦司法部编辑:《民事法院裁判权改革准备委员会报告》,第 166-167 页。转引自[德]米夏埃尔·施蒂尔纳编:《德国民事诉讼法学文萃》,赵秀举译,中国政法大学出版社 2005 年版,第 23 页。

(二)纠纷解决说与调判关系

第二次世界大战之后,百废待兴,遭受战争洗礼的社会迅速得以恢复和发展。与此同时,由于社会的迅猛发展,产生了大量法律没有明文规定的新型民事纠纷,这也就是所谓的社会发展的步伐超过了立法的速度。虽然没有法律规定,纠纷仍在每时每刻地发生,甚至可以说,正是因为没有法律规定才发生了更多的纠纷,法院却不能因为法律没有规定而拒绝裁判纠纷。在社会的特殊需求下,纠纷解决说应运而生。

纠纷解决说为日本学者兼子一首创,并得到三月章等学者的支持,在日本一度成为民事诉讼法学界的通说。如果说法律秩序维持说是在批判权利保护说的基础上产生的,那么纠纷解决说则是在既批判权利保护说又否定法律秩序维持说的基础上建构起来的。按照纠纷解决说的观点,“即使在私法尚不发达的时代,以裁判解决纠纷的诉讼和审判制度既已存在,所以私法实际上是以裁判方式为合理解决纠纷的过程中逐渐发展形成的;将民事诉讼目的视为维护私权或私法秩序实在是本末倒置;民事诉讼也如调解、仲裁一样是解决民事纠纷的一种方式,而不是从既存的实体权利出发来确认当事人之间原有的权利义务关系”。[①] 在此意义上,民事诉讼的目的不是确认原已存在的法律规定的权利义务关系,而是不以法律先在为前提地解决当事人之间产生的民事纠纷。也因此,实体法是在不断进行的一次又一次裁判的基础上形成的,而不是相反,民事诉讼以保护实体法规定的权利或维护法律秩序为目的。

就纠纷解决说与调判关系而言,判决本身作为一种纠纷解决

---

① 李祖军:《民事诉讼目的论》,法律出版社 2000 年版,第 109 页。

方式,必须依法裁判,不仅要以实体法为判决的基准法,而且民事诉讼每一个程序环节还必须严格遵守程序法。正如拉德布鲁赫所说:“法律不仅想成为用以评价的规范,而且欲作为产生效果的力量。法官就是法律由精神王国进入现实王国控制社会生活关系的大门。法律借助法官而降临尘世。”[①]就此而言,判决是诸多的纠纷解决方式中尊法、崇法和守法的典范,其正规性、规范性、严格性是其他任何纠纷解决方式所不具备的。“诉讼方式的严格特点为其他纠纷解决方式提供了压力和动力,而其他纠纷解决方式又往往是以诉讼为标准而进行各种各样的简化。”[②]相对比而言,在有关法律的问题上,法院调解要比判决宽松得多。法院调解根本不必以法律的先在为前提,当然也不需要严格依照法律进行调解,这也许正是调解的魅力和生命力所在。正如科特威尔所言:“最好的办法或许是不要把基于法律的法院判决,看作主要是为了解决冲突,而应该看作是为了维护规范秩序,是为了理解某一特定社会情况或关系,作出以法律原则为根据的说明。”[③]鉴于此,在纠纷解决说下,由于判决的构造及要求与纠纷解决说理论基石相悖,而法院调解内在的规定性却与纠纷解决说的法理不谋而合,判决会在自觉不自觉、有意无意中被放逐,法院调解则会得到不间断的重视和加强。

(三)程序保障说与调判关系

程序保障的核心问题是如何看待和处理实体正义与程序正义

---

① [德]拉德布鲁赫:《法学导论》,米健译,法律出版社 2012 年版,第 120 页。

② 曹新华:《现代和谐理念下的司法与纠纷解决》,载《河南科技大学学报(社会科学版)》2008 年第 3 期。

③ [英]罗杰·科特威尔:《法律社会学导论》,潘大松等译,华夏出版社 1989 年版,第 242 页。

的关系。传统理论一向认为,程序正义只是发现客观真实和实现实体正义的手段,实体正义才是民事诉讼程序制度要实现的目的和结果。程序保障说的突破在于将程序保障的重心从实体正义转向程序正义,认为程序正义才是目的所在,实体正义只是程序正义的逻辑结论,程序正义条件充分即可获取实体正义。程序保障的思维方式与实体正义向程序正义转化的思想具有内在的密切联系,旨在以程序本身确保裁判的正当性。民事诉讼的正当性在于程序正当,而非结果正当。程序保障说的要义是保障当事人平等地参与诉讼,并在该程序结束时,使当事人的争执得以终结。与权利保护说和法律秩序维持说相比,权利保护说和法律秩序维持说在某种意义上来说追求的都是实体正义,或者说是外在于程序的正义,而程序保障说追求的则是程序内在的正义,程序过程的正义。如果与纠纷解决说相比,纠纷解决说也许根本无所谓程序,不管是怎样的程序,只要能够达到解决纠纷的结果即可。从这个角度来说,纠纷解决说要达到的目的也是外在的结果正义而非程序本身的正义。

就调判关系而言,法院调解与判决对程序保障的要求有很大不同。在程序保障说下,法院调解和判决呈现出完全不同的形态。法院调解对程序保障并没有严格要求,"法院调解的实质,是进行法制宣传教育和思想政治工作,其目的是促成当事人达成协议,解决纠纷。因此,方式是多样的,形式是灵活的,一般没有严格的要求"。[①] 调解以当事人的合意为基础,只要不违背法律的强制性规定,调解的程序灵活多变,呈现非程序化的特征。判决则不一样,判决必须严格遵循程序法规定。从受理案件、送达、证据交换到庭

---

① 杨荣新:《民事诉讼法学》,中国政法大学出版社 1990 年版,第 293 页。

审以及判决的执行,均受到程序法的严格拘束。王亚新教授对程序在调解和审判中的作用进行过深入的分析,他认为:"由于'判决型'模式里的程序在规定纠纷处理结果具体内容和保证其正当性上的重大作用,遵守关于程序的规范就成为诉讼的中心之一,对这种规范的违反有时即使看起来微不足道,也可能引起判决无效等实体处理方面的后果……但是在'调解型'的模式中,程序除了作为帮助在实体方面达到正确结果的手段,没有更多的意义。"①

基于以上分析,程序保障适用的对象就是判决,程序保障本身就是针对判决来说的,一句话,程序保障就是作出判决的程序保障。因此,在程序保障说下,判决是程序保障的核心和目标,法院调解会逐渐被削弱,甚至最终被抛弃。

(四)多元说与调判关系

多元说是在对以上目的论诸说进行检讨和反思的基础上形成的。多元说认为,权利保护说、法律秩序维持说、纠纷解决说、程序保障说等都是以民事诉讼的某一个侧面为视角,将民事诉讼中某个单一的最高价值作为民事诉讼的目的,但这并不符合民事诉讼立法和司法实践的真实情况,民事诉讼目的并不限于将民事诉讼的某个单一方面的价值作为制度追求。在此意义上,权利保护、法律秩序维持、纠纷解决、程序保障等均为民事诉讼的目的。多元说承认,将诸多不同的价值均作为民事诉讼的目的肯定会发生冲突和紧张,也承认,在不同社会历史条件下,民事诉讼的目的肯定会有所不同,但在多元说看来,这并非目的论要解决的问题,而应当留待立法者和法学理论工作者来解决。也即在每一个具体问题中,"应当侧重于选择其中的哪一个价值,并应当侧重到何种程度,

① 王亚新:《论民事、经济审判方式的改革》,载《中国社会科学》1994年第1期。

就成为民事诉讼法解释及立法的重要工作”。①

如果更简单和通俗地理解，多元说也就意味着民事诉讼要同时追求权利保护、法律秩序维持、纠纷解决、程序保障等目的。在这些目的中，权利保护或法律秩序维持或纠纷解决或程序保障等其中的某一个目的，可能在某些情况下、在某些案件中成为民事诉讼最主要的目的，但究竟哪一个、何时、何种条件下是民事诉讼的最高价值追求，却具有不确定性。由于民事诉讼目的不同对法院调解和判决的影响程度也不同，以纠纷解决为目的会导致对法院调解的倚重，甚至会使法院调解走向绝对化；以权利保护或法律秩序维持或程序保障为目的，会对判决更加偏爱，尤其是以程序保障为目的，则会造成对判决的绝对肯定，从而否定法院调解。因此，多元说对多元目的的同时追求，并且其主次侧重又具有高度不确定性，那么调判关系也会因之流动不居、跌宕起伏，时而“重调轻判”，时而“重判轻调”，就会成为常态。这样的调判关系是公众所不愿意看到的。

第二节 司法政策

一、司法政策的概念、形式和功能

政策，也可以称为公共政策，主要是指“以政府为核心的政策主体依据特定时期的目标，通过对社会中多元利益主体的各种利益矛盾进行协调、对各种利益诉求进行选择与整合，在追求有效增进与公平分配社会利益、实现利益平衡与和谐的过程中所制定的

① ［日］新堂幸司：《新民事诉讼法》，林剑锋译，法律出版社2008年版，第8页。

行为准则”。[①] 简单理解,即国家有权机构针对某一重要问题而制定的行动策略。根据中国的实际情况,执政党的领导地位必须在公共政策中作为决策主体予以体现。因此,在中国的语境中,(公共)政策就是党和国家在某一特定时期针对某一问题而制定并要求实施的行动策略和方案。处于“政策”与“司法政策”之间的一个概念,即政策的下一级概念和司法政策的上一级概念,应当是“法律政策”。法律政策是公共政策的一种形式,公共政策包括但不限于法律政策。简单来说,法律政策就是党和国家关于法律的策略和方案。由于法律包括民事法律、刑事法律、行政法律、经济法律等,法律政策可以类型化为民事法律政策、刑事法律政策、行政法律政策、经济法律政策等。同时,由于法律作为一个动态的行为体系,包括立法、执法、司法、守法四个基本环节。因此,法律政策又可以分为立法政策、执法政策、司法政策和守法政策四种情况。在此意义上,法律政策包括司法政策,司法政策是法律政策的一个方面,是法律政策运行体系中的一个环节。

对于什么是司法政策,学界有较大争议。概括起来主要有三种观点,第一种观点是从广义上界定司法政策,认为“司法政策是司法领域的与司法活动有关的公共政策,通常是指有关国家机关为实现一定的司法目的而制定的司法策略和司法准则”。[②] 第二种观点是从最狭义上理解司法政策,认为“其他没有法律、法令为依据且不符合习惯法形成条件的司法解释,应视为司法政策,仅在

---

① 冯静、杨志云:《利益视角下的公共政策过程分析》,载《中国行政管理》2009 年第 1 期。

② 刘武俊:《司法政策的基本理论初探》,载《中国司法》2012 年第 3 期。

一定时期内指导法院的司法活动”。[①] “司法解释成为贯彻、落实党和国家政策,具体指导司法实践的重要纽带,司法解释是政策在司法领域具体为司法政策的表现形式,因此司法解释等司法文件就成为研究司法实践中政策因素这一论题的主要对象和重要素材。”[②]第三种观点则介于前两种观点之间,认为“所谓司法政策,是指国家司法机关为了实现一定的目的而采取具体的、积极的司法策略和措施”。[③] “司法政策是一国司法机关为了解决一定历史时期司法活动中所面临的问题或实现特定的目的而制定的各种具体行为准则和方针策略。”[④]有学者将这三种对司法政策的不同理解解读为,“党和国家有关司法的方针、路线等为党和国家的政策,最高人民法院为贯彻这一政策而提出的应对策略为司法政策。而如果该司法政策若想法律化或司法解释化,那就需要全国人大针对此问题制定法律或者修改法律或者由最高法院出台的相关司法解释”。[⑤]

应当说,上述三种对司法政策的理解都有其独到之处,对该三种不同理解的解读,不仅合情合理,而且还起到了融通三者的作用。但司法政策的概念并非纯理论的。从理论逻辑出发,党和国家有关司法的政策只能说是党和国家的政策,真正的司法政策只能是国家司法机关制定的有关司法的政策,也即以司法解释为主

---

① 宋亚辉:《公共政策如何进入裁判过程——以最高人民法院的司法解释为例》,载《法商研究》2009 年第 6 期。

② 张大海:《2008 年以来人民法院司法政策实证研究——以最高人民法院司法解释为主要对象的分析》,载《南阳师范学院学报》2011 年第 5 期。

③ 江必新:《构建和谐社会与司法政策的调整》,载《人民论坛》2005 年第 11 期。

④ 王晨:《司法公正的内涵及其实现路径选择》,载《中国法学》2013 年第 3 期。

⑤ 张嘉军:《政策抑或法律:民事诉讼政策的概念界定》,载《河北法学》2014 年第 11 期。

要载体的司法策略和措施。我们应当注意的是,在我国多数情况下,党和国家的司法政策直接对司法实践发生作用,但有时党和国家的司法政策转换为司法机关的司法政策存在滞后现象。例如,根据2012年通过的《民事诉讼法》规定,检察机关并非提起公益诉讼的当然主体,但2014年十八届四中全会提出"探索建立检察机关提起公益诉讼制度"后,地方检察机关就开始尝试提起公益诉讼,而最高人民法院和最高人民检察院《关于检察公益诉讼案件适用法律若干问题的解释》于2018年3月2日才开始施行。因此,笔者认为,在新时代中国特色社会主义司法条件下,司法政策采广义说更符合中国司法的实际。也就是说,中国语境下的司法政策,是指党和国家有关权威机关为实现一定的司法理想而制定的司法目标及其实施策略或行为准则。就此而言,司法政策的特点主要有:第一,有权制定司法政策的机关包括党的机关、国家行政机关、司法机关等。党的机关绝大多数情况下是指中共中央,国家行政机关包括国务院、公安部、司法部等,司法机关主要是指最高人民法院和最高人民检察院。第二,在内容方面,司法政策主要是党和国家有权机关根据总体的司法理想制定的实施司法活动的目标,以及为达成该目标而必须实施的策略和方案。换言之,司法政策即"目标+策略"。第三,在具体形式上,司法政策既可以体现为党和国家有关司法的种种有效文件,也可以体现为司法机关颁行的司法解释及有效的规范性法律文件,以及司法机关领导人重要讲话、重要批示等。当然,最集中的表现形式即为司法解释。

由于司法政策是党和国家权威机关制定的专门针对司法的行动策略和方案,其目的就是要为司法理论和司法实践提供方向上和方法上的指引,因此,司法政策必然影响司法,甚至直接型塑司法。具体言之,司法政策主要具有以下几个方面的功能。第一,方向指引功能。没有法律规定、法律制度供给不足,或法律规定相互矛盾冲突是司法政策发挥方向指引功能的基础和前提。法律一经制定出来就滞后于社会发展,实际情况虽然不一定有这么夸张,但法律不能朝令夕改这是常识,一经制定就要保持稳定,必须具有稳定性,这是法律固有的属性和特性所在。这样,如何把已经变化的党和国家最新的方针、政策和战略部署反映到司法中去,如何使业已制定的保持稳定的法律法规,能够适应已经发生变化的或正在发生变化的社会发展,尤其是社会转型期的剧变,就成为司法面对的重大课题。这时候就需要有关司法政策发挥方向引领的功能,将党和国家最新的价值理想和意识形态融汇贯彻到司法实践之中。司法政策也具有这方面的功能,司法政策本身就是执政党政策在司法领域的转化,带有浓厚的指导意义,能够彰显主流司法观念对司法机关、当事人乃至社会公众的强制和影响。“法律秩序的恒久特点就在于立法机关总是轻易地宣布一些实质性政策,而不是作出使之具有操作性的恰当规定。”①我国在社会发展不同时期制定实施的“调解为主”“着重调解”“自愿调解”“先行调解”“调解优先”等司法政策,发挥的就是方向指引功能。第二,填补法律缺失功能。法律不完备,法律并非完美无缺,这是法学家的共识,也是世界各国法治的现实。“当法律留下了不为任何先前的既成规则所涵盖的情况时,法律是无能为力的。”②但司法的一项重要原则是,法官不得以无法律规定或法律规定模糊为理由而拒绝裁判。1804 年法国《民法典》第 4 条规定:“法官借口法律无规定、规

---

① [美]詹姆斯·威拉德·赫斯特:《美国史上的市场与法律——各利益间的不同交易方式》,郑达轩等译,法律出版社 2006 年版,第 23 页。

② [美]本杰明·卡多佐:《司法过程的性质》,苏力译,商务印书馆 1998 年版,第 89 页。

定不明确或不完备而拒绝审判者,得以拒绝审判罪追诉之。"《欧洲人权公约》第13条规定:"不论任何人,若其公约规定的权利和自由遭到侵犯,理应得到国内当局给予的有效救济,即使这种侵犯是由行使官方职权的人所为。"这时就需要司法政策发挥其填补功能,填补法律规定的缺少。第三,法律解释功能。"宜粗不宜细"是我国立法一直坚持的一项原则,这本身也是立法主要解决突出实践问题,避免过分枝节纠缠和高效立法的重要方法。但这毫无疑问会给法官适用法律(司法)带来困难。"代议制立法机关的立法是那样复杂,要在法庭上再现立法者意图的形成和表述的历史过程,将是一件风险重重之事。绝大多数的立法历史表明,立法机关并不能预见法官所可能遇到的问题,因而也就不存在任何与这种问题相联系的'意图'。"[①]这时,法律政策就要承担解释法律,使之规范化、具体化,使之具有可操作性的功能。当然,这种解释是全方位的,也包括对模糊概念、法律不一致的解释。

二、司法政策对调判关系的影响

在我国民事司法中,法院调解与判决的关系是无法回避的问题。法院调解与判决作为两种正当性原理及制度构造存在结构性矛盾的纠纷解决方式,司法政策在调判关系的运作和循环中起着举足轻重的作用,有时甚至直接决定着调判关系的演变。政治正确、经济发展和社会稳定始终是党和国家的头等大事,其实这三个方面都是政治,这三者合为一体也就形成了我国长期的政治追求,即"维稳",也可以理解为"稳定第一"。在此意义上,维稳就成为

---

① [美]约翰·亨利·梅利曼:《大陆法系》,顾培东、禄正平译,法律出版社2004年版,第45页。

党和国家制定和实施各项政策的基础和方向。这种政策诉求投射到司法领域,就要求司法必须正确应对和化解各种纠纷和矛盾,妥善协调各方的利益关系,有效平息矛盾纷争,大力促进社会和谐稳定,为党和国家的工作大局服务。由此形成的司法政策就成为沟通司法和政治的桥梁,成为一种专门调整司法领域的公共政策。这样,"司法政策既决定着司法解决纠纷的基本价值取向,也在很大程度上反映了一国具体诉讼制度的发展和诉讼理念的更新"。[①]

司法地方化是我国司法的"顽疾",也是新一轮司法改革的重点。正是基于这样的认识,2013 年 11 月,中国共产党十八届三中全会通过的《中共中央关于全面深化改革若干重大问题的决定》提出"探索建立与行政区划适当分离的司法管辖制度"。2014 年 10 月,中国共产党十八届四中全会通过的《中共中央关于全面推进依法治国若干重大问题的决定》再次提出"探索设立跨行政区划的人民法院和人民检察院"。2014 年 12 月,作为非典型意义上"跨行政区划"法院的北京市第四中级人民法院和上海市第三中级人民法院迅即设立。本轮司法改革的主要问题导向是司法去"地方化",主要目标是确保人民法院审判权和人民检察院检察权依法独立公正行使,保证国家法律适用统一。司法管辖制度是司法体制的重要组成部分,司法去"地方化"改革首当其冲的是司法管辖制度去"地方化"改革。司法本为中央事权,法院无论设在哪里,都是国家的法院,执行的都是国家的法律,但在司法地方化的影响下,却偏袒本地人或企业,损害外地人或企业的合法权益,破坏司法统一,危害司法公正,消解司法权威。[②] 司法"地方化"最主

① 王晨:《司法公正的内涵及其实现路径选择》,载《中国法学》2013 年第 3 期。

② 参见陈卫东:《跨行政区划人民法院改革研究》,载《财经法学》2016 年第 6 期。

要的原因在于我国的司法管辖区划与行政管理区划的设置高度重合,地方法院的人、财、物完全由地方政府控制。因此,逻辑上的思路和对策自然是改革地方法院管辖区划的设置,增设跨行政区划的地方法院,使之与行政管理区划相分离。这无疑是正确的思路,也是学界和决策部门提出的唯一的主导性改革进路。

实际上,司法地方化只是表象,司法行政化才是实质。在中国语境下,法院不仅仅是解决纠纷的司法机构,其还被视为社会综合治理的一环。但这是法院必须承担和完成的历史使命,也是中国语境下司法政策的正当性所在。

就调判关系来说,1982 年之前,我国尚未颁行民事诉讼法典,民事诉讼及调判关系主要是由司法政策指导的。或者说,在这一特殊历史时期,党和国家的司法政策即为民事诉讼所依凭的法律。中华人民共和国成立后,作为革命根据地时期审判经验总结的“马锡五审判方式”成为当时民事审判的基本指南,调解也作为一项民事司法原则确定下来。1950 年颁布的《中华人民共和国诉讼程序试行通则》对调解作了专门的规定;1956 年《最高人民法院关于各级人民法院民事案件审判程序总结》又进一步确认了自愿、合法、非必经程序三个基本原则。此时,调解和判决成为并行的民事诉讼结案方式,至少在立法上并未处于优越地位。[①] 1957 年 2 月 27 日,毛泽东同志在最高国务会议第十一次会议上作了《关于正确处理人民内部矛盾的问题》的报告。在该集中反映当时执政党主张和政策并影响深远的报告中,在党的最高领导人即最高决策者的理念中,矛盾分为敌我矛盾和人民内部矛盾两大类。敌我矛盾是

---

① 参见刘敏:《当代中国的民事司法改革》,中国法制出版社 2001 年版,第 203 页。

人民和敌人之间的对抗性矛盾,人民内部矛盾是劳动人民内部的非对抗性矛盾。根据人民民主专政理论,敌我矛盾要用专政的方法解决,人民内部矛盾则要用民主的方法解决。民主的方法,就是说服教育的方法,团结——批评——团结的方法。这种说服教育、批评团结的方法直接嫁接到民事诉讼领域,就是调解的方法。[①]《关于正确处理人民内部矛盾的问题》作为党和国家层面的司法政策,很快就转换为司法机关进行司法活动的司法政策。1963 年最高人民法院召开了第一次民事审判工作会议,在这次会议上正式将"调查研究,就地解决,调解为主"确定为民事审判工作的指导方针。1963 年 7 月 11 日,时任最高人民法院副院长的吴德峰在总结民事审判工作经验时说道,"民事案件一般是人民内部矛盾,但也混杂某些敌我矛盾,必须加以严格区分。……因此,在工作中,严格区分两类矛盾,是首先应该注意的一个重大问题""不仅要严格区分两类不同性质的矛盾,而且要采取不同的处理方法,区别情况,分别对待。如果两类矛盾混在一起,要先分是非,后分敌我……对于那些完全属于先进与落后,正确与错误的人民内部矛盾,必须坚持说服教育的方法。对错误的思想要批评,但不能简单生硬,强制压服""'调查研究,就地解决,调解为主'的方针是民事审判工作的基本方针,它体现了主席关于正确处理人民内部矛盾的思想,是党的群众路线在民事审判工作中的具体化""调解是处理民事案件的基本方法……调解的目的是解决纠纷,不是为调解

① 参见中共中央文献研究室编:《关于正确处理人民内部矛盾的问题》,载《毛泽东文集》第 7 卷,人民出版社 1999 年版,第 204-211 页。

而调解。对那些调解无效,提起诉讼的,应当判决”。[①] 时任最高人民法院副院长王维纲也说,“民事案件大量的是人民内部矛盾问题,其中主要的是人民内部的是非问题,先进与落后问题和某些实际需要问题”“对于人民内部的两条道路和两种思想斗争的民事案件,只要它还没有转化为敌我矛盾或触犯刑律,只能采取解决人民内部矛盾的方法,即团结——批评——团结的方法,决不能采取对敌人专政的方法去处理。即对他们的各种错误行为和思想既要进行严肃的斗争,又要防止简单生硬,强制压服。当然,有些案件调解不成,就需要法院进行判决”。[②] 1964 年最高人民法院在此基础上又提出了“依靠群众,调查研究,调解为主,就地解决”的十六字方针。此后在很长的一段时间,十六字方针作为我国民事审判的基本政策导向,调解成为民事审判的主要方式。可以看出,“调解为主”的司法政策是以《关于正确处理人民内部矛盾的问题》为基础的,是后者在法律领域的司法化。“‘调查研究、调解为主、就地解决’的方针,是在系统地总结了我国司法工作的先进经验的基础上,针对民事纠纷的性质和特点而制定出来的一条处理民事案件的正确方针。这一方针集中地体现了毛泽东同志关于正确处理人民内部矛盾的光辉思想和我们党的实事求是、一切从实际出发、调查研究的马克思列宁主义辩证唯物主义的工作作风;充分发挥

① 《最高人民法院副院长吴德峰在全国民事审判工作会议上的讲话》,载中国社会科学院法学研究所民法研究室民诉组、北京政法学院诉讼法教研室民诉组合编:《民事诉讼法参考资料·第二辑·第一分册》,法律出版社 1981 年版,第 307-309 页。

② 《最高人民法院副院长王维纲在全国民事审判工作会议上的讲话》,载中国社会科学院法学研究所民法研究室民诉组、北京政法学院诉讼法教研室民诉组合编:《民事诉讼法参考资料·第二辑·第一分册》,法律出版社 1981 年版,第 313-314 页。

了我国审判工作大走群众路线的优良传统。”[1]同时,在1964年第三届全国人民代表大会第一次会议上,最高人民法院的工作报告中指出:“处理民事案件,必须具有坚强的阶级观点,必须坚决贯彻执行党中央和毛主席指示的依靠群众、调查研究、调解为主、就地解决的方针。”[2]此时,调判关系呈现“重调轻判”的形态,调解为主的做法并未引起过多的质疑,反而被誉为“东方经验”加以宣传。在当时实体法和程序法严重缺乏,强调调解,或“重调轻判”,适应了形式的需要,“基本上实现了解决纠纷和政治教化的双重功能”。[3] 1979年制定的《人民法院审判民事案件程序制度的规定(试行)》更进一步将“调解为主”的司法政策上升为司法解释。该规定明确指出:“处理民事案件应坚持调解为主。凡可以调解解决的,就不要用判决,需要判决的,一般也要先经过调解。处理离婚案件,必须经过调解。调解要尽量就地进行。”

1982年我国第一部民事诉讼法典的诞生也不是偶然的,我们不排除社会物质生活条件的变化,但党和国家重大决策的变化,有关法律政策和司法政策的变化则是直接原因。1978年12月22日通过的十一届三中全会报告明确提出,“为了保障人民民主,必须加强社会主义法制,使民主制度化、法律化,使这种制度和法律具有稳定性、连续性和极大的权威,做到有法可依,有法必依,执法必严,违法必究。从现在起,应当把立法工作摆到全国人民代表大会及其常务委员会的重要议程上来。检察机关和司法机关要保持应

① 北京大学法律系五年级政法业务科研小组:《“调查研究,就地解决,调解为主”——处理民事纠纷的正确方针》,载《法学研究》1961年第2期。

② 彭君熹:《进一步发扬依靠群众处理民事案件的优良传统——学习“依靠群众、调查研究、调解为主、就地解决”方针的体会》,载《法学研究》1965年第3期。

③ 江伟主编:《中国民事诉讼法专论》,中国政法大学出版社1998年版,第293页。

有的独立性;要忠实于法律和制度,忠实于人民利益,忠实于事实真相;要保证人民在自己的法律面前人人平等,不允许任何人有超于法律之上的特权”。这短短不到 200 字的一段话,内涵非常丰富。这段话不仅指出了民主与法制的关系、法律制度的权威性、实施法治的十六字方针,而且还要求把“立法工作摆到全国人民代表大会及其常务委员会的重要议程上来”,要求检察机关和司法机关“保持应有的独立性;要忠实于法律和制度”。这段话不仅为 1982 年《民事诉讼法(试行)》的诞生开辟了道路,创造了条件,而且还指明了方向。尽管党和国家的法律政策和司法政策已经发生重大变化,要求重视法律、强化立法和司法,但人们长期形成的对调判关系的认识还没有立即发生变化。刚好是在十一届三中全会报告通过的同一日,时任最高人民法院副院长的曾汉周在第二次全国民事审判工作会议上所作的报告仍然是按照“正确处理人民内部矛盾”的思路,把民事审判工作作为政治工作的一部分进行总结和要求,强调说服教育和调解。报告指出,要“严格区分和正确处理这两类不同性质的矛盾,特别是正确处理人民内部矛盾,是实现新时期总任务的一个十分重要的课题”“在社会主义条件下,正确处理人民内部矛盾,只能用民主的方法、说服教育的方法,而不能用压迫的、专政的方法”“民事审判工作,实质上是一项向人民群众进行思想教育的政治工作。要把民事审判工作当作群众工作去做,当作政治思想工作去做。只有这样,才能把民事审判工作真正做好。这是民事审判工作实践经验反复证明了的一条真理”。[①]

① 《最高人民法院副院长曾汉周在第二次全国民事审判工作会议上的报告》,载中国社会科学院法学研究所民法研究室民诉组、北京政法学院诉讼法教研室民诉组合编:《民事诉讼法参考资料 · 第二辑 · 第一分册》,法律出版社 1981 年版,第 355-356 页。

也许正是基于这样的思路和认识,1982年制定的《民事诉讼法(试行)》就调判关系的规定仍然是"着重调解",要求人民法院审理民事案件,能够调解的应当在查明事实、分清是非的基础上促使当事人相互谅解,达成调解协议。"着重调解"尽管与此前的"调解为主"相比,其强度有所降低,但"重调轻判"惯行思路依旧未变,更何况因在实践中很难区分"着重调解"与"调解为主",法院和法官对调判关系的认识及具体做法几乎没有任何改变。

由于1982年《民事诉讼法(试行)》确定的"着重调解"并不适应1978年十一届三中全会后改革开放的需要,即不适应我国社会从计划经济到市场经济转型的需要,我国民事审判方式自20世纪80年代后期,由实务部门发起自发性变革,变革的方向主要是强调判决、淡化调解,向审判的正规化和规范化发展。1988年7月最高人民法院召开第十四次全国法院工作会议,会议提出要进行法院审判方面的改革,改革的目的是加强和完善法院自身机制,充分发挥宪法和法律赋予的审判职能,改变审判工作中存在的与法不符的陈旧观念和习惯做法,全面准确地执行宪法和法律的规定,提高司法水平。要求各级法院必须坚持依法独立审判的宪法原则;认真执行公开审判制度;改进合议庭的工作;强化当事人的举证责任。要求本着"谁主张,谁举证"的原则,由当事人及其诉讼代理人提供证据,法院则应把主要精力用于核实、认定证据上,在必要时,法院有权也有责任依照法定程序收集和调查证据。① 1990年12月第五次全国民事审判工作会议召开,会议提出要全面深入地推进民事审判方式改革工作,并强调主要从三个方面展开:第

① 参见时任最高人民法院院长任建新在1988年7月18日在第十四次全国法院工作会议上的报告《充分发挥国家审判机关的职能作用更好地为"一个中心、两个基本点"服务》。

一,公开审判。以公开审判为重心,推动民事审判方式的改进,带动民事诉讼制度的全面执行。第二,强调当事人的举证责任。人民法院主要是审查、判断证据,准确认定案情。第三,应当充分发挥合议庭、独任审判员的职能作用。也正是在此基础上,1991 年颁行的《民事诉讼法》对调判关系作出了最理性的规定,将民事诉讼中的法院调解规定为"自愿调解",不再要求"调解为主"或"着重调解"。自此,判决与法院调解在民事诉讼法典中终于可以平起平坐了。可以毫不夸张地说,这在调判关系的历史上是具有里程碑意义的。1992 年,最高人民法院在其颁布的《关于适用〈中华人民共和国民事诉讼法〉若干问题的意见》中对"自愿调解"作出了具体规定。

从 1991 年到 2002 年前后,判决在中华人民共和国民事诉讼的历史上经历了其发展的"黄金期"。1994 年,时任最高人民法院副院长唐德华在第三次全国经济审判工作会议上所作的工作报告强调,要进一步推进民事审判方式改革并遵循四个方面的原则:一是法制原则;二是保护当事人诉权原则;三是有利于提高办案效率原则;四是有利于审判人员严肃执法原则。① 1995 年最高人民法院召开第十七次全国法院工作会议,又提出要大力推行审判方式改革,并要求坚持公开审判,强化庭审功能,强化当事人举证责任,强化合议庭和独任庭审判员的职责。1996 年 7 月最高人民法院召开了中华人民共和国成立以来第一次全国法院审判方式改革工作会议,将审判方式改革的指导思想确定为:以宪法和诉讼法等法律为依据,以保障裁判公正为目的,以公开审判为重心,以强化庭

① 参见唐德华:《全面加强经济审判工作,为经济建设和社会主义市场经济体制的建立提供司法保障》,1994 年 10 月 21 日在第三次全国经济审判工作会议上的工作报告。

审功能,强化公诉人、辩护人和当事人举证责任,强化合议庭和独任审判员职责为内容,大胆探索,努力完善具有中国特色的社会主义审判制度。1997 年 4 月,最高人民法院召开了全国法院民事、经济审判方式改革试点工作座谈会,要求审判方式改革必须坚持和遵循四个方面的基本原则,即法制原则、实事求是原则、“两便”原则、裁判公正原则。会议还特别强调要理顺四个方面的关系:一是正确处理当事人举证和法院调查收集证据的关系;二是正确处理合议庭、独任审判员同庭长、院长、审判委员会的关系;三是正确处理开庭审理与做好庭前准备的关系;四是正确处理调解与判决的关系。对于调判关系,会议的定调是,既不能强调及时判决而忽视调解,也不能强调调解而久拖不决。1998 年 7 月最高人民法院为了建立与社会主义市场经济体制相适应的民事经济审判机制,保证依法、正确、及时地审理案件,在总结各地实践经验的基础上,又专门出台了《关于民事、经济审判方式改革问题的若干规定》,对民事、经济审判方式改革中的有关问题作出了规定。这些问题主要有当事人举证和法院调查收集证据问题;做好庭前必要准备及时开庭审理问题;改进庭审方式问题;对证据的审核和认定问题;加强合议庭和独任审判员职责问题;第二审程序中的有关问题等。该规定一方面是对审判方式改革成果的全面总结和肯定,另一方面又对以“判决”为核心和直接目标的审判方式改革,作出了更加正规化和精细化的规范。1999 年,最高人民法院制定了《人民法院五年改革纲要》,要求进一步完善举证制度,建立举证时限制度,庭审前交换证据制度,完善人民法院收集证据制度,进一步规范当事人举证、质证活动,切实解决好证人尤其是关键证人出庭的问题。2001 年 12 月,最高人民法院又颁布了《关于民事诉讼证据的若干规定》,对有关民事诉讼证据问题作出了系统的司法解释。至此,最高人民法院通过一系列司法政策将本轮司法改革推到了巅峰,将我国民事诉讼程序制度的正规化和规范化推到了巅峰,将判决相对于法院调解的地位推到了巅峰。

从2002年到2012年是法院调解的复兴期,当然也是判决的由盛转衰期。早在2000年5月,时任最高人民法院副院长的王怀安在江苏系统考察期间发表讲话,强调应加大调解的分量。上海市第一中级人民法院也在同年颁布了《关于加强法院调解工作的若干规定》。2000年8月,最高人民法院颁布的《关于加强人民法院基层建设的若干意见》中,要求基层法院"加强依法调解"。2002年以来司法政策开始发生转变,并促成了复兴和重构法院调解的热潮。2002年9月,中共中央办公厅转发了《最高人民法院、司法部关于进一步加强新时期人民调解工作的意见》,最高人民法院和司法部分别制定了关于人民调解的司法解释及规定,并共同召开了全国人民调解工作会议,这标志着我国的纠纷解决机制开始了一次重大的调整,司法政策出现了明显的变化。肖扬在亚太首席大法官会议上发表题为"让'东方经验'重放光彩"的演讲,充分肯定了调解的价值和功能,表达了重兴和再构法院调解的决心。2003年1月,最高人民法院出台《关于审理证券市场因虚假陈述引发的民事赔偿案件的若干规定》,重新提出了"着重调解"的原则。2003年9月,最高人民法院发布了《简易程序规定》,要求人民法院对以下几类案件在开庭审理时应当先行调解:(1)婚姻家庭纠纷和继承纠纷;(2)劳务合同纠纷;(3)交通事故和工伤事故引起的权利义务关系较为明确的损害赔偿纠纷;(4)宅基地和相邻关系纠纷;(5)合伙协议纠纷;(6)诉讼标的额较小的纠纷。但是根据案件的性质和当事人的实际情况不能调解或者显然没有调解必要的除外。该规定的实质是要求法院必须就这些案件在判决之前首先使用调解的方式解决纠纷。最高人民法院在 2003 年度全国高级法院院长会议上将“加强诉讼调解工作,提高诉讼调解结案率”作为落实司法为民的重要举措进行布置。肖扬在十届全国人大二次会议上的工作报告中指出:“加强诉讼调解,充分发挥调解解决纠纷的职能作用。”2004 年 8 月 18 日,最高人民法院通过了《民事调解规定》。根据《民事调解规定》,进一步扩大法院调解适用的案件范围,对于有可能通过调解解决的民事案件,人民法院应当调解。对受理的第一审、第二审和再审民事案件,人民法院可以在答辩期满后裁判作出前进行调解。在征得当事人各方同意后,人民法院可以在答辩期满前进行调解。在调解主体、调解方法和调解方案达成上持更加开放的态度,规定当事人在和解过程中申请人民法院对和解活动进行协调的,人民法院可以委派审判辅助人员或者邀请、委托有关单位和个人从事协调活动。当事人申请不公开进行调解的,人民法院应当准许。调解时当事人各方应当同时在场,根据需要也可以对当事人分别作调解工作。当事人可以自行提出调解方案,主持调解的人员也可以提出调解方案供当事人协商时参考。调解协议内容超出诉讼请求的,人民法院可以准许。人民法院对于调解协议约定一方不履行协议应当承担民事责任的,应予准许。调解协议约定一方不履行协议,另一方可以请求人民法院对案件作出裁判的条款,人民法院不予准许。调解协议约定一方提供担保或者案外人同意为当事人提供担保的,人民法院应当准许。案外人提供担保的,人民法院制作调解书应当列明担保人,并将调解书送交担保人。担保人不签收调解书的,不影响调解书生效。与《民事诉讼法》的规定相比,《民事调解规定》最突出的一点是对调解协议生效和效力的保障。其明确规定:“根据民事诉讼法第九十条第一款第(四)项规定,当事人各方同意在调解协议上签名或者盖章后生效,经人民法院审查确认后,应当记入笔录或者将协议附卷,并由当事人、审判人员、书记员签名或者盖章后即具有法律效力。当事人请求制作调解书的,人民法院应当制作调解书送交当事人。当事人拒收调解书的,不影响调解协议的效力。一方不履行调解协议的,另一方可以持调解书向人民法院申请执行。"(第 13 条)"当事人不能对诉讼费用如何承担达成协议的,不影响调解协议的效力。人民法院可以直接决定当事人承担诉讼费用的比例,并将决定记入调解书。"(第 14 条)"对调解书的内容既不享有权利又不承担义务的当事人不签收调解书的,不影响调解书的效力。"(第 15 条)"当事人就部分诉讼请求达成调解协议的,人民法院可以就此先行确认并制作调解书。当事人就主要诉讼请求达成调解协议,请求人民法院对未达成协议的诉讼请求提出处理意见并表示接受该处理结果的,人民法院的处理意见是调解协议的一部分内容,制作调解书的记入调解书。"(第 17 条)"调解书确定的担保条款条件或者承担民事责任的条件成就时,当事人申请执行的,人民法院应当依法执行。"(第 19 条第 1 款)可以认为,《民事调解规定》从形式到内容、从程序到结果对法院调解作了全面扩充和加强。"通观《调解规定》之全部内容,可以说自始至终体现出了对法院调解制度的高度尊崇与诸多完善。"[①]显然,《民事调解规定》是法院调解再兴的标志性司法政策。2005 年 3 月,时任最高人民法院院长肖扬在十届全国人大第三次会议上作《最高人民法院工作报告》,首次提出了"能调则调、当判则判、调判结合、案结事了"的十六字方针。在 2005 年 4 月最

---

① 赵钢、王杏飞:《我国法院调解制度的新发展——对〈关于人民法院民事调解工作若干问题的规定〉的初步解读》,载《法学评论》2005 年第 6 期。

高人民法院发布的《关于增强司法能力、提高司法水平的若干意见》中，强调“要大力加强诉讼调解工作，坚持‘能调则调、当判则判、判调结合、案结事了’的要求，尽量通过诉讼调解达到平息纠纷的目的”。2006年10月，党的十六届六中全会作出《中共中央关于构建社会主义和谐社会若干重大问题的决定》，从全面建设小康社会、加快推进社会主义现代化事业全局出发，提出了构建社会主义和谐社会的任务。为了回应执政党构建社会主义和谐社会的政治诉求，2007年最高人民法院发布《关于进一步发挥诉讼调解在构建社会主义和谐社会中积极作用的若干意见》，重申了“能调则调、当判则判、调判结合、案结事了”作为当前民事审判工作的指导方针。为最大限度地化解社会矛盾，维护社会和谐稳定，2008年9月，时任最高人民法院院长王胜俊对黑龙江省法院调解优先工作作出重要批示，要求各级法院把“调解优先、调判结合”确立为民事审判的工作原则。同年10月20日，王胜俊在当天刊出的“国内动态清样”《黑龙江法院强化民事调解当好社会“减压阀”》上批示，“‘调解优先’应作为人民法院审理民事案件、化解社会矛盾纠纷的原则。在这方面，一是要解放思想，真正实现观念的转变；二是要认真总结经验，把这项工作规范化。请研究室及有关单位认真研究，切实提高人民法院化解社会矛盾纠纷的能力”。“调解优先”原则就是在这样的语境中出笼的。2009年2月11日，最高人民法院下发了《关于进一步做好2009年人民法庭工作的通知》，明确要求法院贯彻“调解优先、调判结合”的司法原则，这是第一次在最高人民法院的正式文件中出现“调解优先、调判结合”司法原则这样的表述。2009年3月10日，在十一届全国人大二次会议上，时任最高人民法院院长王胜俊在作《最高人民法院工作报告》时，指出要坚持“调解优先、调判结合”的原则，这是王胜俊院长代表最高人民法院第一次在正式场合宣示最高人民法院关于调解工作的新原则,即“调解优先、调判结合”的原则。2009 年 7 月在哈尔滨召开的全国法院调解工作经验交流会上,又再次强调了该原则。2009 年 12 月全国政法工作电视电话会议作出了关于深入推进社会矛盾化解、社会管理创新、公正廉洁执法工作的部署,要求各级政法部门抓住影响社会和谐稳定的源头性、根本性、基础性问题,深入推进社会矛盾化解、社会管理创新、公正廉洁执法三项重点工作,保障社会和谐稳定。随后,王胜俊强调要深入学习全国政法工作电视电话会议精神,努力做好社会矛盾化解工作,坚持“调解优先、调判结合”,在案结事了上下功夫,努力化解社会矛盾。2010 年最高人民法院发布《调解优先工作意见》,明确指出“调解是高质量审判,调解是高效益审判,调解能力是高水平司法能力。调解有利于化解社会矛盾,实现案结事了,有利于修复当事人之间的关系,实现和谐”。并且要求“各级法院要深刻认识调解在有效化解矛盾纠纷、促进社会和谐稳定中所具有的独特优势和重要价值,切实转变重裁判、轻调解的观念,把调解作为处理案件的首要选择,自觉主动地运用调解方式处理矛盾纠纷,把调解贯穿于立案、审判和执行的各个环节,贯穿于一审、二审、执行、再审、申诉、信访的全过程,把调解主体从承办法官延伸到合议庭所有成员、庭领导和院领导,把调解、和解和协调案件范围从民事案件逐步扩展到行政案件、刑事自诉案件、轻微刑事案件、刑事附带民事案件、国家赔偿案件和执行案件,建立覆盖全部审判执行领域的立体调解机制”。2011 年 3 月最高人民法院发布《关于人民调解协议司法确认程序的若干规定》,使一般的民间调解协议通过司法确认程序即可具有法院调解强制执行的效力。该司法解释的出台标志着“调解优先、调判结合”的原则最终确立。

从2012年至今,通过司法政策的调整,判决再度被强调,法院调解的过度膨胀得以有效抑制。2012年党的十八大以来,建设法治国家、法治政府、法治社会的呼声一浪高过一浪。从党的十八大到十八届三中全会,再到十八届四中全会最终通过了《中共中央关于全面推进依法治国若干重大问题的决定》。该决定提出了一系列全面深化司法改革的创新性论断,描绘了我国司法理想的未来图景及司法改革的具体方案。特别需要说明的是,"推进以审判为中心的诉讼制度改革"这一论断的提出,成为调判关系历史上一个新的强调判决和抑制调解的里程碑。从此,调判关系的面貌焕然一新,"大调解"和"全程调解"已不再高调,"零判决"因备受批判也已踪影难觅。

必须作出说明的是,自1991年以来,调判关系从"自愿调解"到"调解优先"再到"以审判为中心"刚好走完了一轮。我们发现,就民事诉讼法典来说,自愿、合法调解的原则始终未曾改变,但调判关系却大起大落,这是很多人最为困惑的地方,也是我国现在正在进行和未来将要进行的司法改革必须面对的重大课题和难题所在。

第三节　法院的绩效考核

一、法院的绩效考核及其指标体系

绩效考核是法院管理法官的一种模式,是微观层面的司法政策,也可以说是法官进行具体审判活动的"指挥棒",直接影响着法官对调解和判决这两种解纷方式的选择。实事求是地说,法院绩效考核与党和国家宏观层面的司法政策相对比,对法官的影响更直接、更具体、更有效。因此,法院对调解或判决所进行的考核对调判关系的影响也不可忽视、不可低估。

在现代社会,绩效考核是政府部门和企事业单位为提升工作效能而普遍采用的一种管理模式。根据管理学理论和实践,绩效是成绩和效果的简称。具体言之,绩效是指个人、团队或组织从事一种活动所获取的成绩和效果。绩效考核有广义和狭义之分,广义的绩效考核是指通过组织与员工的沟通确定绩效目标,通过持续的和不断改进的绩效考核来肯定组织部门和员工的价值并保证组织绩效的实现,通过管理者与员工的绩效面谈增强组织的凝聚力和创造力,通过绩效改进与培训使组织部门和员工实现更大的价值,通过绩效考核结果实施绩效激励来保证组织的不断发展。狭义的绩效考核是运用科学的考核方法,评价组织部门和组织部门中员工的工作业绩、工作成果的过程。人们一般都是在广义上来理解和使用绩效考核。绩效考核体系是指各级管理者和员工为了达到组织目标,共同参与的绩效计划制定、绩效辅导沟通、绩效考核评价、绩效结果应用、绩效目标提升的持续循环过程,其目的是持续提升个人、部门和组织的绩效。[①] 法院(法官)绩效考核,是指通过一套客观化的指标来衡量法官工作努力程度以及工作能力(审判水平)的法院(法官)管理制度。

2005 年 10 月,最高人民法院发布的《人民法院第二个五年改革纲要(2004-2008)》第 32 条提出,要"改革司法统计制度,建立能够客观、真实反映各级人民法院审判工作情况并适应司法管理需要的司法统计指标体系。扩大公开数据的范围,加强统计信息

---

① 参见杨薇:《基层人民法院司法绩效考核体系的完善》,载《人民法治》2017 年第 3 期。

的分析和利用”。第41条要求“建立科学、统一的审判质量和效率评估体系。在确保法官依法独立判案的前提下,确立科学的评估标准,完善评估机制”。第42条要求“改革法官考评制度和人民法院其他工作人员考核制度,发挥法官考评委员会的作用。根据法官职业特点和不同审判业务岗位的具体要求,科学设计考评项目,完善考评方法,统一法官绩效考评的标准和程序,并对法官考评结果进行合理利用。建立人民法院其他工作的评价机制”。2008年1月,最高人民法院发布了《关于开展案件质量评估工作的指导意见(试行)》,要求构建科学、统一的人民法院案件质量评估体系。该意见将案件质量分为审判公正、审判效率和审判效果三个方面,提出33个指标并赋予其不同的权重。2009年3月发布的《人民法院第三个五年改革纲要(2009-2013)》第21条提出,要“改革和完善人民法院队伍管理制度。配合有关部门完善人民法院主要负责人跨地区跨部门交流任职制度。建立人民法院领导班子成员和中层领导定期轮岗制度。建立健全院长、庭长的‘一岗双责’制度,落实院长、庭长一手抓审判、一手抓队伍的双重职责。建立法官流动和交流制度。建立健全以案件审判质量和效率考核为主要内容的审判质量效率监督控制体系,以法官、法官助理、书记员和其他行政人员的绩效和分类管理为主要内容的岗位目标考核管理体系,以综合服务部门保障的能力和水平为主要内容的司法政务保障体系”。2011年1月,最高人民法院发布了《关于加强人民法院审判管理工作的若干意见》,明确将“审判质效考评”作为审判管理的基本形式。2011年3月,最高人民法院下发了正式版的《关于开展案件质量评估工作的指导意见》,对指标体系又进行了进一步的调整和完善,这标志着我国法官绩效考核制度的正式形成。

根据 2011 年《关于开展案件质量评估工作的指导意见》，我国法院必须努力构建“公正合理的案件质量评估体系”。该体系应当坚持正确导向，节约诉讼成本，避免片面追求高指标、损害当事人诉讼权利和其他合法权益。应当坚持管理民主的思想，要把数据收集、汇总、整理过程公开，确保评估具有良好的客观性、预期性和公信力（第 5 条）。应当“适应评估目的多元化的要求，采用模块化的指标设计方法，除对审判质量进行综合评估外，通过评估指标、评估指数的转换和组合，实现对诉讼和执行各环节、各类审判的评估，以及对法官办案质量的评估”（第 6 条）。该“评估指标体系是根据审判工作管理的需要，划分为审判公正、审判效率、审判效果 3 个二级指标。二级指标由 31 个三级指标组成。各级人民法院可以根据实际情况增加或者减少指标”（第 7 条）。根据该意见第 8 条、第 9 条、第 10 条的规定，3 个二级指标和 31 个三级指标分别是：审判公正指标 11 个，由立案变更率，一审案件陪审率，一审判决案件改判发回重审率（错误），二审改判发回重审率（错误），二审开庭审理率，对下级法院生效案件提起再审率，生效案件改判发回重审率，对下级法院生效案件再审改判发回重审率，再审审查询问（听证）率，司法赔偿率，裁判文书评分组成；审判效率指标 10 个，由法定期限内立案率，一审简易程序适用率，当庭裁判率，法定（正常）审限内结案率，平均审理时间指数，平均执行时间指数，延长审限未结比，结案均衡度，法院年人均结案数，法官年人均结案数组成；审判效果指标 10 个，由一审服判息诉率，调解率，撤诉率，实际执行率，执行标的到位率，裁判自动履行率，调解案件申请执行率，再审审查率，信访投诉率，公众满意度组成。

二、法院绩效考核对调判关系的影响

在司法实践中,各地法院一般都是在《关于开展案件质量评估工作的指导意见》规定的指标体系的范围内,结合本地区审判工作实际进行细化,使其具有可操作性。"常见的指标包括结案率、上诉率、二审发回重审及改判率(以下简称发改率)、申诉率、调解率、撤诉率、信访投诉率、重复信访率、实际执行率、执行标的到位率、裁判主动履行率等等。"①本课题主要以"调解率"和"发改率"这两个典型指标为例具体考察其对调判关系的影响。

(一)调解率对调判关系的影响

调解(结案)率,是指民事案件以调解方式结案数与民事案件结案总数的比值。把调解率的高低作为衡量一个法院民商事案件审判工作优劣的指标、作为衡量法官个人办案能力高低的一项重要考评指标,本身就说明对法院调解的重视。

最高人民法院2008年发布《关于开展案件质量评估工作的指导意见(试行)》,2011年又发布正式版的《关于开展案件质量评估工作的指导意见》,全国各地法院一般是从2009年开始进行法院调解率的考核。

在司法实践中,有部分地方法院对基层法院的民事案件调解率作出硬性指标要求。例如,《湖南省法院系统工作考评内容和评分标准》明文要求,中级法院所辖基层法院的民事案件调解率以45%为标准,每低一个百分点,对所属中级法院扣0.05分。有的地方甚至更加过分,直接提出"零判决""100%调解率"等要求,法

① 李拥军、傅爱竹:《"规训"的司法与"被缚"的法官——对法官绩效考核制度困境与误区的深层解读》,载《法律科学(西北政法大学学报)》2014年第6期。

官如果使用判决方式处理民事案件就要受到“处罚”,提拔晋职都会受到影响。这毫无疑问会强迫法官适用调解的方式解决纠纷,导致对判决的绝对放逐。

(二)发改率对调判关系的影响

发改率,是指民事一审案件被二审法院发回重审和改判案件数与民事案件结案总数的比值。发回重审或改判,是二审法院认为原审判决裁定存在事实和法律上的问题时,采用的法定的处理方式。由于对法律理解的不同及使用存在分歧,从理论上分析,一审法官出现差错在所难免,设立上诉审的目的本身就是为了纠正一审存在的问题。在程序功能上,设置第二审程序,一方面是为了给当事人提供权利救济的机会,另一方面则是通过法院系统内部审级进行自我纠错。根据《民事诉讼法》第 170 条第 1 款的规定:“第二审人民法院对上诉案件,经过审理,按照下列情形,分别处理:……(二)原判决、裁定认定事实错误或者适用法律错误的,以判决、裁定方式依法改判、撤销或者变更;(三)原判决认定基本事实不清的,裁定撤销原判决,发回原审人民法院重审,或者查清事实后改判;(四)原判决遗漏当事人或者违法缺席判决等严重违反法定程序的,裁定撤销原判决,发回原审人民法院重审。”在对法官及基层法院考核的过程中,设置发改率这一考核指标,其主要目的在于督促法院和法官尽最大可能“提高一审裁判正确率、降低发回重审或改判率”,从而在最大限度内保障当事人民事实体权利和程序权利,提高诉讼效率,合理使用国家司法资源。

然而,基于法院调解与判决正当性原理的不同,法律对调解和判决的要求是不一样的。按照《民事诉讼法》第 97 条的规定,“调解达成协议,人民法院应当制作调解书。调解书应当写明诉讼请求、案件的事实和调解结果。调解书由审判人员、书记员署名,加盖人民法院印章,送达双方当事人。调解书经双方当事人签收后,即具有法律效力”。按照第201条的规定,“当事人对已经发生法律效力的调解书,提出证据证明调解违反自愿原则或者调解协议的内容违反法律的,可以申请再审。经人民法院审查属实的,应当再审”。据此,适用调解方式处理的民事案件是不存在上诉的,当事人只能通过再审的方式寻求特殊救济,当然也就不存在被二审法院发回或改判的可能,且通过调解结案也可以在一定程度上增加结案数,进一步降低发改率,从而提高一审正确率。因此,在用“发改率”作为绩效考核指标的前提下,以调解方式结案更安全,更易满足法院绩效考核的要求,也更符合法官个人的切身利益。

需要注意的是,2014年12月23日,最高人民法院决定,取消对全国各高级人民法院考核排名,除依照法律规定保留审限内结案率等若干必要的约束性指标外,其他设定的评估指标一律作为统计分析的参考性指标,作为分析审判运行态势的数据参考;坚决杜绝以保证结案率为由,年底不受理案件的做法;各高级人民法院要按照最高人民法院的要求,取消本地区不合理的考核指标。

第四章　调判关系的影响因素(二)

第一节　法院调解和判决的功能

相对于法院调解和判决这两种纠纷解决方式来说,尽管民事诉讼目的、司法政策、法院绩效考核制度等都会对调判关系发生直接的、巨大的影响,但毕竟都属于外部因素,都是引起调判关系发生变化的外因,法院调解和判决本身功能的优劣,才是决定调判关系的内在原因,民事诉讼目的、司法政策和法院绩效考核制度等,还必须通过调解和判决对调判关系发生作用。因此,在本源意义上,民事诉讼目的、司法政策和法院绩效考核制度对调判关系的影响都是外在的、非决定性的、暂时的,调解和判决自身对纠纷解决适合的程度和状况,则是内在的、决定性的、长远的。

一、法院调解的功能优势和不足

调解是我国人民法院用以解决民事纠纷的重要方式。其他国家虽然也有诉讼当事人双方通过合意来终结诉讼的制度安排,但均把此项制度定位于诉讼上的和解。可以说,法院调解是我国民事诉讼法中最能够彰显中国特色的制度。法院调解实际上是公权力主导下对私权利的处分和让与,是在人民法院审判人员的主持下,发生争议的双方当事人通过自愿协商,达成协议,解决其民事纠纷的活动。法院调解制度的功能设定植根于我国长期的司法经验,离不开特定的政治、经济和社会文化背景。相较于其他诸多纠纷解决方式而言,其诸多的制度优势与独特的功能价值令人称道,故素有"东方经验"之誉。中国人传统观念的养成里践行着"协和"的理念,调解的理念可以说根深蒂固,法院调解的存在无疑为纠纷解决的既定性加固了一层法律保障。

从立法者的本意来看,"立法者是把调解和判决共同作为法院完成民事诉讼任务的方式来看待的。立法者要求法院能够调解的,尽量用调解方式解决,实际上反映了立法者希望用调解这一更具柔性的手段来完成民事诉讼法的任务,期待法院积极主动地做当事人的思想工作,充分利用法官所具有的专业知识和程序法赋予法官的权力帮助当事人解决纠纷,期待法官根据查明的事实和相关法律提出调解方案并劝导当事人在该方案基础上协商,从而使纠纷在法院的调解下得到公正解决"。[①] 法院调解作为一种能够充分体现当事人合意的纠纷解决方式,具有鲜明的特色和优势:一是法院调解以当事人自愿协商为存在基础,充分体现了对双方

---

① 李浩:《查明事实、分清是非原则重述》,载《法学研究》2011 年第 4 期。

当事人处分权的尊重。调解的选择与达成均须双方当事人的共同认同,纠纷解决的交涉、谈判也须以双方当事人的自愿为前提,“经过对自身利益及实体结果的权衡与评价,自愿与对方当事人达成协议,充分体现了对自己实体权利和诉讼权利的处分”。[①] 二是法院调解内容的开放性及其信息的保密性利于彻底性化解双方当事人之间的矛盾。法院的裁判不能超出诉讼请求范围,而调解中的当事人既可以就争讼时相对确定的争议进行协商,还可以处理引入的新事实,而这些事实往往是当事人真正希望解决的深层次的矛盾。而且,调解的不公开进行不会透露出当事人在调解过程中所承认的事实、作出让步的原因等交涉信息,更有利于矛盾的化解和问题的解决。[②] 三是法院调解的“友好氛围”利于当事人之间关系的缓和处理。法院调解避免了一方胜诉一方败诉的裁判结局,缓和了双方当事人因诉讼而产生的对立关系。四是法院调解程序的简易性和处理的高效性,大大节约了司法资源,缩短了纠纷争议解决的时间。调解程序相对简便、灵活,不必严格遵守正规而又复杂的解纷程序,提高了案件处理的效率。而且,调解书或调解协议的法律效力等同于判决书的法律效力,在满足当事人需求的同时,可以说是更安全、更快捷地获取司法文书的方式。原最高人民法院院长肖扬曾指出,法院调解也是作为人民法院促进社会主义和谐社会构建的重要手段,有利于在更大范围、更广大的领域内维护社会稳定;有利于促进人民内部团结,维护家庭、社区和邻里关系的安定,有效防止“民转刑”案件的发生;更能体现当事人平等主体的主体地位,发挥平等协商、平等对话的功能,创造和谐的气氛;

---

① 江伟主编:《民事诉讼法学》,北京大学出版社 2015 年版,第 53 页。

② 参见李浩:《调解的比较优势与法院调解制度的改革》,载《南京师大学报(社会科学版)》2002 年第 4 期。

更能体现法官居中的作用,体现公平公正的职能作用,体现司法公开、透明的特点;更有利于提高司法效率、节约司法资源;有着悠久的历史,更适合于中国国情等。[①] 法院调解作为社会矛盾纠纷调解机制的有效组成,对构建社会主义和谐社会具有积极作用。

然而,实践中的法院调解运作并没有想象中的那么完美,存在恶意调解、虚假调解以及案件执行“双高”等现象。法院调解既是法院行使审判的方式之一,又兼具当事人处分权的行使,法院调解的双重属性为当事人恶意调解、虚假调解提供了可乘之机。再加上当事人诚信缺失、获利大而风险小的逐利心态、法院追求调解率等原因,使当事人恶意调解、虚假调解的行为屡见不鲜。法院调解案件存在执行“双高”现象,一方面是指法院调解案件执行率过高,申请执行率已同判决案件申请执行率持平甚至超过;[②]另一方面,法院调解案件进入强制执行程序的比例在整个强制执行案件数量中占比过高。[③] “法院调解案件进入强制执行程序,实则意味着调解案件的二次‘司法化’:在同一个法院重复使用司法资源。审判的预设是强制执行,而调解的预设是自动履行,否则,另一方当事人在调解中的让步妥协就缺乏应有的回报,成了无畏的牺牲。”[④]如此一来,法院调解“案结事了”的优势功能不复存在,也严重偏离了法院调解的价值与功能,简便、灵活、高效地化解当事人之间纠纷与缓和社会矛盾的期望和目标就会化为泡影。

---

① 参见肖扬:《充分发挥司法调解在构建社会主义和谐社会中的积极作用》,载《求是》2006 年第 19 期。

② 参见朱建朝、姜金良:《构建调解与执行相衔接的工作机制》,载《人民法院报》2012 年 6 月 13 日,第 8 版。

③ 参见李浩:《当下法院调解中一个值得警惕的现象——调解案件大量进入强制执行研究》,载《法学》2012 年第 1 期。

④ 刘练军:《法院调解优先之忧思》,载《浙江学刊》2013 年第 1 期。

总之，法院调解虽然具有主体自愿、内容开放、程序灵活、个案解决妥适、信息保密、氛围和平等优势，但其天然疏离法律的倾向又使其不具有公共问责性，无法确认主流社会价值和权利义务关系，无法生产、再生产和输出社会正义及公共产品。

二、判决的功能优势与局限

法院的判决是对诉讼到法院的具体案件所作出的法律适用行为，以一定的诉讼程序，借由法的适用，用裁判的方式宣示争议纠纷的解决。判决在某种程度上来说，具有救济和制裁的双重效用，法院通过行使司法审判权，既为社会主体的合法权益提供法律上的保护和救济，亦对侵犯国家、社会及他人合法权益的行为进行法律制裁。它以一种普遍的社会规范对某一特定的社会主体和特定的社会关系产生约束力，对被破坏的社会关系和社会秩序进行强制性调整和规范，这种强制使得失衡的社会关系恢复平衡。波斯纳说："法律是功能性的。"[①]人民法院作为国家的审判机关，其作出的判决当然也应该是功能性的。"一种社会事实的功能应该永远到它与某一社会目的的关系之中去寻找。"[②]"判决以及作为其表达的判决书，不但通过公开展示审判过程和公正提供裁判结果实现对纠纷的权威、正当乃至终极的解决，实践其最为直接的基本功能，而且可能通过推动与制定公共政策、规范与制约公共权力、解释法律与统一法制、形成判例与确立规则等，实现通过司法裁判的社会治理的延伸功能。判决的功能及判决书的意蕴，不仅是针

---

① [美]波斯纳：《法理学问题》，苏力译，中国政法大学出版社1994年版，第578页。

② [法]E. 迪尔凯姆：《社会学方法的准则》，狄玉明译，商务印书馆2009年版，第124页。

对当事人而言的,更是针对社会公众,针对公共治理和针对国家法治的。”①

判决的优势功能是有层次划分的,暂且将其以直接优势功能与间接优势功能作总体上的划分。判决的直接优势功能作用于个案正义的实现和个案争议的解决:法院通过判决平等地保护每一位社会主体的人身和财产权利,使侵犯人受到应有的惩罚,完成对私人权利的救济,从而实现个案正义。判决是法律适用的典型体现。“在西方,司法具有终局裁判的权力,任何疑难问题到了法官手中都会有生效的结论。”②判决是以法的强制力为保障,法律规则明确化,判决结果具有终局性,是对社会纠纷的强制性解决,是最具权威的纠纷解决方式。判决的间接优势功能或其延伸功能是多元化的,具有法律实施和宣示的功能、教育和引导的功能、推动公共政策实行的功能和社会秩序维护的功能,等等。法律的生命力和权威在于实施,法律往往通过司法得以宣示自己的存在,而判决以一种明示化的方式将法律付诸实施。法院判决通过严格贯彻程序法宗旨要义的审判活动与符合实体法精神内涵的裁判作出,因此,判决本身就是一个实施和宣示法律的过程,将“纸面上的法律”变成“现实中的法律”的过程。它不仅将法律真正地为人所用、定分止争,而且具有通过一种潜移默化的手段引导人们的社会价值取向,树立正确的法律意识和法治观念的作用。那些可能涉及、产生或变更特定公共政策的案件判决,所带来的社会影响力更是无法估计的,公正、正确的判决是培育公共政策得以有效产出和落实的土壤,对于推进社会主流价值观,法治实践中社会共识的形

---

① 谢进杰:《判决功能的阐释:纠纷解决与社会治理》,载《学术研究》2014 年第 1 期。

② 孙笑侠:《法律家的技能与伦理》,载《法学研究》2001 年第 4 期。

成具有重要意义。[①] 而“法律必须被信仰,否则它形同虚设”,[②]宣判的作出及执行能够公开地向社会公众传递司法权威的信号,并为具有良好法治共识的公众所信服,以此逐步建立起全社会对法律的敬畏和尊重。此外,法院通过具体案件的判决更加清楚地向人们阐明法律原则、规则及条文规定的适用,可以使人们能够更好地规范自己的法律认知和行为准则,减少和避免更多纠纷的产生,维稳社会秩序。

从实际上来说,判决应然的功能和社会价值在现实生活中还是面临诸多的挑战。“在高度法治化的国度,司法的能动性及判决的功能始终有一个限度,且有其发生作用的空间及条件的限制。”[③]司法判决的权威性、公信力是其他任何纠纷解决方式不可比拟的,一旦遭到破坏,带来的灾难也是毁灭性的。我国虽不是判例法国家,但不可否认的是司法判决对后来的法律政策、规则制定的影响,因为判决会是“对社会领域的一种具体态度或‘意识’的补强与复制”。[④] 在社会转型期,我国必须高度重视法院审判工作的开展,调动法官审案、断案、判案的积极性,充分发挥司法判决的价值功能,并从司法体制和法院工作机制上提供制度保障。

基于以上分析,判决是法律通过严密程序创制的法律产品,具有程序性、公正性、公开性、强制性、规范性、公共性、可预期性等特点,能够最大限度地培育人们的规则意识和法律意识,推动公共政

---

① 参见冯辉:《判决、公共政策与社会主流价值观——“跌倒争议案”的法理省思》,载《政法论坛》2012 年第 4 期。

② [美]伯尔曼:《法律与宗教》,梁治平译,三联书店 1991 年版,第 14 页。

③ 谢进杰:《判决功能的阐释:纠纷解决与社会治理》,载《学术研究》2014 年第 1 期。

④ [美]肯尼迪:《判决的批判:写在世纪之末》,王家国译,法律出版社 2012 年版,第 191 页。

策形成和法律秩序良性运转,但也有程序繁琐、成本高昂、对抗激烈等局限性。

三、法院调解与判决的比较

综观法院调解与判决在司法纠纷解决方式体系中地位的交叠更替、此涨彼伏,我们不难发现,这与一定时期的司法政策、法律制度、社会环境及经济发展水平等因素密切相关。整个的纠纷解决方式体系呈现的一直是一种不断扩张的态势,形成多元化的纠纷解决机制。而作为以诉讼方式解决争议的两种主要解纷方式,即法院调解和判决,它们以各自适合的条件于纠纷解决方式体系中并存。但是,我们不得不承认从“自愿调解”到“调解优先”再到“以审判为中心”,调解与判决的关系一度处于畸形发展的空间。孰优孰劣、谁居主导地位的问题,无论于学术理论界还是实务界,一直热议不断。

在我国,调解与判决虽都是法院行使审判权、审结民事案件的方式,但法院调解与判决却是两种正当性原理及制度构造存在结构性矛盾的纠纷解决方式。法院调解与判决相比较,判决是法院处理诉讼案件的刚性手段,是法律意志的体现,它追求的是适用法律的准确和严格;而法院调解是法院解决纠纷的柔性手段,是当事人意志占主导地位,以当事人的处分权为基础。如前文所述,第三者(包括法官)和当事人在纠纷解决过程中的“强制”作用与“合意”作用不同。相对于法院调解,法官在判决中的强制性更强,而当事人的合意性相对减弱。反过来,相对于判决,法院调解的强制性趋弱,而合意性则增强;因调解在本质上是当事人意志的体现,所以它的达成具有任意性和偶然性。而判决的形成却是法院行使审判权的必然成果;判决经由遵循严格的法定程序、明确的规则,最终作出。法院调解不要求必须经过庭审举证、质证及法庭辩论等,它适用于诉讼案件的各审判阶段,具有程序简便灵活,诉讼成本较低等优势。也因此,法院调解对法律的贯彻实施也不如判决充分;从权利救济的角度来说,法院调解对当事人的合法权益的保护也往往不如判决充分。判决中的一方当事人无须必然作出妥协换取另一方当事人的承诺履行;法律原则、规则、制度的适用在判决中能够得到更好的体现,并对社会具有良好的示范效用,指导人们日常生活行为准则,强化法治意识;判决书往往承载着法院对各种具有典型法律意义、极易形成社会效应的社会问题的治理功能。涉及个人、家庭事务及商事活动的纠纷,调解的保密性能更好地满足当事人淡化处理的需求等。由此可以看出,法院调解与判决在制度功能及解决纠纷等方面各有优长及不足,神化或妖魔化任何一方都是片面的选择,只能说针对某一问题或是问题的某一方面,谁能更好地发挥作用。不可否认的是,判决是最为凸显司法在国家政治中的地位及彰显司法机制在现代法治国家所应有的功能的最优选择。而法院调解更倾向于私人政策,在社会功效方面相对弱化。故而有学者提出,法院调解社会化方向发展,应坚持规范化、组织化的道路。法院调解社会化的规范化重在强调对法院调解社会化的具体制度予以明确、细化;法院调解社会化的组织化,即通过设置机构、厘定规程,使法院调解社会化更加具体、明确、易操作。①

根据现行《民事诉讼法》的规定,人民法院审理民事案件,应当根据自愿和合法的原则进行调解;调解不成的,应当及时判决。

---

① 参见曾令健:《法院调解社会化的制度重构》,载《重庆社会科学》2017 年第 9 期。

我国《民事诉讼法》如今所规定的法院调解原则,应该说是对自新民主主义革命时期以来司法工作成功经验的总结,温和了法院调解与判决的关系。法院调解和判决作为人民法院行使审判权解决民事纠纷的两种方式,互有优劣,应对具体案件作以分析分别适用于不同的情况,审判人员应当根据案件的具体情况正确选择适合纠纷解决的方式,既不能只过分强调调解而忽视判决的作用,也不能只注重判决而贬低调解的功能,只有配合得当才能取得好的效果。调解以其灵活性和非正式性、充分的主体参与性、更好的解决方案、以人为本、迅速廉价和保密等优势,在这一体系中占据重要位置。但是,社会转型在客观上又暴露出调解的局限性,它已无法像传统那样包打纠纷解决的天下,不可能解决掉所有纠纷,这与其缺乏输出正式司法公共产品功能、无法确认社会价值、欠缺公共问责性和公开性等弱点有关。[①] 当然,判决也不是万能的。在社会急剧转型和变化时期,“价值多元化、利益多元化日渐明显,具体到纠纷解决的层面,一旦纠纷和矛盾产生,当事人理所应当享有纠纷解决程序选择权,现在,国家绝对垄断纠纷解决手段的时代已经一去不复返”。[②]

法院调解与判决都不是目的,它们都是实现公平正义、定分止争、诉讼效益的一种方式,更是实现维稳社会秩序、促进社会和谐发展的一种方式。尽力完善法院调解和判决制度,能够视情况让社会主体根据自己的利益和偏好选择纠纷解决的方式和方案,而无论选择哪一种都可以是最佳的解纷方案,使得纠纷解决机制进入一个良性循环的轨道。其实,当代的社会司法与纠纷解决机制

---

① 参见王福华:《中国调解体制转型的若干维度》,载《法学论坛》2010 年第 6 期。

② 李祖军:《调解制度论:冲突解决的和谐之路》,法律出版社 2010 年版,第 288 页。

始终处在不断调整和反思的过程中,与时俱进,数次的摸索和探讨对我国的法治建设具有重要意义。

第二节　法官和当事人及诉讼代理人

一、法官、当事人及诉讼代理人在诉讼中的地位和作用

法官和当事人是民事诉讼程序最主要的主体,诉讼代理人是民事诉讼程序的参与者,他们在民事诉讼中承担着不同的角色,发挥着不可替代的作用。相对于诉讼代理人,法官和当事人是民事诉讼程序最基本的主体。没有法官,就无所谓民事诉讼程序和制度,民事诉讼就无法进行;没有当事人,就没有争议,也就没有诉讼,民事诉讼程序制度也当然失去了存在的意义。这也就是"不告不理""没有原告就没有法官""没有原告就没有法院""没有原告就没有诉讼"等法谚的缘起和产生的缘由所在。因此,法官和当事人是构成民事诉讼程序制度的最基本的元素,缺少其中任何一个,民事诉讼案件、民事诉讼活动、民事诉讼法律关系,乃至民事诉讼程序制度都无从产生。

任何民事诉讼程序和制度都是为了实现一定目的而设立和发展的,不存在没有民事诉讼目的的民事诉讼程序和制度。同时,任何民事诉讼程序制度要实现其设置目的又必须通过具体的制度架构即诉讼构造来完成,没有任何制度架构的民事诉讼程序制度也是不存在的,这样的程序制度只存在于子虚乌有的理念和主观世界之中,没有任何实际意义。就民事诉讼构造来说,职权主义和当事人主义的区分,实质上就是法官和当事人在民事诉讼程序制度中的地位和权利配置模式的差别。反过来说,正是因为法官和当

事人在民事诉讼程序制度中的地位和权利配置不同,才产生了所谓的法官职权主义诉讼模式和当事人主义诉讼模式,法官和当事人的权利配置决定着民事诉讼程序制度模式的构造。职权主义主要是法官的审判权在民事诉讼程序中相对于当事人的诉权居于更为重要的地位,是由法官主导的民事诉讼程序构造;当事人主义则是当事人的诉权在民事诉讼程序中相对于法官的审判权居于更显著的位置,是由当事人主导的民事诉讼程序构造。晚近产生的民事诉讼的协同主义或合作主义也同样如此,相对于职权主义和当事人主义只不过是法官和当事人权利配置的变动而已。“它表述的是,诉讼使参与人(法院和当事人)参加到同一法律关系中来,其目标和意义在于实现诉讼目标,即确认和实现私权并恢复被破坏的法的和平。为完成这一任务需要参与人合作,在罗森贝格/施瓦布的教科书的概念中将其表述为工作组。它尤其要求法院实施以目标为价值导向的诉讼指挥。这种诉讼指挥不可能是专断的,而只能是合作式的,其原因在于当事人主义统治着民事诉讼。”“正确理解的合作主义因此在法院角色方面具有重要意义:法院在实施诉讼指挥时不得消极或专断地行为,而应当这样行为,以至于通过起重要作用的当事人活动的协助能够尽可能容易地、迅速地、完美地实现诉讼目标。”[①]在实质意义上,协同主义或合作主义诉讼模式意味着,相对于当事人主义,法官实施诉讼指挥权时应当更加积极主动,不得过分消极被动,而当事人也应当更加配合法官的诉讼指挥权,不得自由过度。因此,无论是职权主义还是当事人主义诉讼模式,或者是协同主义诉讼模式,都只不过是法官和当事人

① [德]赖因哈德·格雷格:《作为诉讼主义的合作》,载米夏埃尔·施蒂尔纳编:《德国民事诉讼法学文萃》,赵秀举译,中国政法大学出版社 2005 年版,第 443-444 页。

在民事诉讼程序中的地位和作用的不同而已。然而,不同诉讼模式的共同之处,也是其最重要的一点就在于,法官和当事人不管在何种诉讼模式中,都必须发挥公正诉讼、促进诉讼和实现诉讼目的的作用。也因此,无论是法官还是当事人,都会对诉讼发生促进或迟缓甚至启动和终结的影响。

在一般意义上,判决和调解完全可以放到同一个分析框架中解读。棚濑孝雄先生曾经提出过这样一个分析框架,即由“规范性——状况性”与“决定性——合意性”这两条基轴垂直相交而构成的坐标图。按照棚濑孝雄的提示,“规范性——状况性的基轴反映纠纷解决的内容是否受实体规范制约,与此相对,决定性——合意性的基轴则表示纠纷的解决是根据第三者的判断还是根据当事者之间的合意。但是,两条基轴显示的是两极之间的一种逐渐的变量关系,因此,这个类型轴并不意味着用决定或合意、依据规范的解决还是依据状况的解决这种单纯的二分法来把握现象。将现实的纠纷解决过程置于这个坐标图的某个位置,同时联系该纠纷解决的社会背景来考察的话,就能够获得阐明各种社会条件与纠纷解决形态内在联系的钥匙”。[①] 就此而言,包括判决和法院调解在内的所有纠纷解决方式都只不过是第三者(包括法官)和当事人在纠纷解决过程中的“强制”作用与“合意”作用的不同而已。相对于法院调解,法官在判决中的强制性更强,而当事人的合意性相对减弱;反过来,相对于判决,法院调解的强制性趋弱,而合意性则增强。

在我国,调解与判决一样是法院行使审判权、审结民事案件的

① [日]棚濑孝雄:《纠纷解决与审判制度》,王亚新译,中国政法大学出版社 1994 年版,第 25 页。

方式。法官和当事人在民事诉讼判决中会发生作用,在法院调解中也同样会发生作用,差别只在于他们在这两种不同的程序中所处的地位和所发生的作用不同而已。

二、法官对调判关系的影响

在职权主义诉讼模式中,法官处于诉讼主导者的地位,而在当事人主义诉讼模式中,主导诉讼的是当事人,但有一点是学理的共识,即无论是实行职权主义诉讼模式的国家,还是实行当事人主义诉讼模式的国家,均实行"法院进行主义"。"近世虽颇多国家对于民事诉讼乃采由当事人主导诉讼资料提出之制度设计模式,但依随社会民事诉讼观之兴起,其要求对于法院实质诉讼指挥义务之强化,以促进真实发现之效率及弥补对于弱势者之武器平等。基本上,纯粹由当事人主导之民事诉讼程序面临重大挑战,不少国家制度乃走向原则当事人主导,兼采法院职权介入之思维方式;另亦有往职权探知主义程序靠拢,而强调法官积极介入权限者,不一而足。"①法院进行主义是法院职权主义的一个方面,所谓法院进行主义,是指除了程序的启动和终结外,整个程序过程是由法院指挥进行的。在职权主义诉讼模式中,无论是程序的启动、终结还是进行,都是由法院(法官)指导指挥的,这是没有任何疑问的。但为什么在当事人主义诉讼模式中,程序的启动和终结由当事人主导和决定,而程序的进行却要交给法院(法官)呢?最主要的原因就是诉讼效率。最初,在选择适用当事人主义诉讼模式的国家,如法国,诉讼程序的进行也同样交给了当事人,但由于当事人双方的

---

①　姜世明主编:《修正辩论主义与协同主义之时代论争》,台北,新学林出版股份有限公司2017年版,第3页。

利益对立和诉讼中的对抗,往往会导致当事人滥用诉讼权利和诉讼程序,造成诉讼程序的过度迟延和不经济,大量浪费国家的司法资源。正因如此,即便原来采用当事人主义诉讼模式的国家也纷纷修订诉讼程序,将程序进行的主导权和指挥权收归法院,由具体审理案件的法官行使。因此,世界各国无论采用何种诉讼模式的国家,法官在指挥诉讼、推进诉讼程序进行方面均具有不可替代的地位和作用。

在中国,尽管自 20 世纪 80 年代末期即开始进行持续不断的司法改革,改革的总方向和总目标是司法的专业化和职业化,而司法专业化和职业化的实质就是逐渐强化当事人在民事诉讼程序中的权利和责任,弱化法院的职权。易言之,我国司法改革的中心线索就是由原来的法院职权主义诉讼模式转换为当事人主义诉讼模式。30 多年过去了,虽然有不少专家学者认为,我国的民事诉讼模式已经转化为当事人主义,但却有更多的理论界人士认为,我国的民事诉讼模式仍然属于法院职权主义,只不过职权主义的成分和强度有所减弱而已。其实,即便是在当事人主义诉讼模式下,法官除了享有诉讼程序指挥权外,在诉讼程序的启动和终结环节的作用也不可忽视。

中国民事诉讼程序的一个重要特色是,法院调解与判决一样是法官行使民事审判权的基本方式,并且法院调解和判决程序在民事诉讼中是“同构”的、“合二为一”的,这就是所谓的“调判结合”或“调审合一”。而“调判结合”或“调审合一”的旗杆性构成元素即为法官身份的重叠性,或称为二元性。这种二元性是指,法官在民事诉讼程序中,既是判决(审判)程序的裁判者,又是调解程序的主持者(第三者)。这就使中国的法院和法官与国外的同行相比,在民事诉讼中具有了更多的职权,更多的自由裁量空间,其对诉讼程序的指导和指挥也会更加积极主动。易言之,尽管在诉讼原理上我们一直在背诵当事人享有程序选择权,也即就某一个案而言,究竟是选择调解程序还是选择判决程序解决纠纷的决定权在当事人。但我们永远都不能忘记,法院调解之所以称为法院调解,从某种意义上就在于法官可以主动开启调解程序,动员当事人选择,甚至强制当事人选择调解程序解决纠纷。尤其是在"大调解""全程调解""零判决"的时代背景下,当事人理论上的程序选择权早已转换为法官实实在在的程序主导权。因此,法官对法院调解和判决的选择适用,实际上决定着调判关系走势。换言之,法官对法院调解和判决所持的态度及适用的频率就形成了调判关系的"晴雨表"。在此意义上,对调判关系有重大影响的司法政策只有通过法院、法官才能产生其预期的效果。换言之,法官是调判关系的直接创造者,是司法政策的推进者和实施者。

法官对调判关系的影响,除了司法政策的推力外,其自身因素也至关重要。作为一种职业,法官既需要理论也需要经验。在有法律规定时,法官必须依法裁判;在没有法律规定时,法官可以依据习惯裁判,也可以依据法理裁判。不管是依法裁判,还是依习惯或依法理裁判,尤其是依习惯和依法理裁判,都要求法官既要具有深厚的法学理论功底,又要积累丰富的实践经验。法院调解也同样如此。"调解的成功,还取决于法官的技艺,这种技艺需要由丰富的社会经验来培育,但并不是每个法官都具备这种经验。"①根据法官受教育经历的不同以及经验的多寡,可以大致将法官分为学院派法官和经验派法官。前者接受了完整的法学教育,更具有

① 邵六益:《悖论与必然:法院调解的回归(2003-2012)》,载《华东政法大学学报》2013年第5期。

职业化和专业化特征，更偏向于判决；后者来源广泛，虽未受过专门的法学训练，但是长期在法院系统工作，有着丰富的社会经验，更是随着在法院的学习、培训和工作积累了丰富的办案经验，对于调解更加热衷和推崇，往往在基层法院起着主力的作用。学院派法官精通法学原理，注重法律的技术性。“他们追求办理疑难案件中通过主持对抗性的庭审弘扬司法权威，通过周密的程序和证据规则体现法律技术和程序公正，通过精确的法律解释和推理阐释法律的精神和判决的法理，通过是非分明的裁判教育当事人和民众。”[①]所以，他们往往更注重判决，而忽视调解。经验派法官则不同，其有着丰富的人生阅历和社会经验，对于案件所联系着的人情世故也更了解，他们对纠纷处理的社会效果更加关注，其被认为是调解的积极拥护者。当然，这种划分不是绝对的，我们不能忽视那些既掌握法律技术又精通调解的法官。

此外，法院调解和判决的正当性及其制度构造的不同，在司法政策和绩效考核机制的作用下，也会对法官形成不同的利益驱动，并反过来作用于法官对法院调解和判决的选择，从而影响调判关系。棚濑孝雄即认为：“在调解者对具体的纠纷解决持有自己的利益时，往往可以看到他为了使当事人达成合意而施加种种压力的情况。这种‘强制性合意’之所以成为可能，是因为调解者常常持有事实上的影响力。”[②]李浩教授也指出，从民事诉讼实际运行过程中观察，可以发现大部分法官在司法实践中存在一种强烈而明显的调解偏好，而这种调解偏好形成的根本原因在于，调解比审判

---

① 范愉：《调解的重构（上）——以法院调解的改革为重点》，载《法制与社会发展》2004 年第 2 期。

② ［日］棚濑孝雄：《纠纷解决与审判制度》，王亚新译，中国政法大学出版社 1994 年版，第 6 页。

更加符合法官的切身利益。这种利益表现在三个方面:一是调解可以使法官回避错案追究机制带来的风险;二是法官可以"回避作出困难的判断";三是调解可以提高法官的工作量,法官可以在相同的时间以相同的精力承办更多的案件,在法院内部考核的过程中更有利于法官实现自身的职务晋升、工资奖励等利益。[①] 从调判关系发生变化的实际情况看,这种看法自有其说服力在内。

三、当事人对调判关系的影响

在现代民事诉讼理论和实践中,当事人均被处于程序主体的地位,其程序主体权和诉讼权利必须受到尊重并保障其得以实施。不管是在当事人主义或职权主义诉讼模式下,当事人都享有程序启动权和程序终结权。民事纠纷首先是也毕竟是当事人私权方面的纠纷,民事纠纷发生后,要不要解决,在什么时间解决,采用何种纠纷解决方式解决,在什么范围内要求解决,都是由当事人决定的。至于说,当事人到法院起诉,法院不予受理,或法院对于当事人的起诉要求其先行调解等,这只是过程和影响因素,只要当事人坚持,最终还是当事人说了算。再者,无论是按照判决解决纠纷,还是选择调解解决纠纷,要不要把程序进行到底,要不要撤诉,要不要终结诉讼,在何时、何种范围内终结诉讼,也是由当事人决定的。即便是程序的进行,虽然是由法官主导和指挥的,但当事人的配合与否差别很大。因此,在整个诉讼程序中,作为民事诉讼程序的主体,当事人在程序启动和程序终结中的决定者地位,以及在程序进行中的配合者地位,都直接影响着诉讼,影响着法院调解与判决的关系。

---

① 参见李浩:《民事审判中的调审分离》,载《法学研究》1996 年第 4 期。

在判决程序中,判决是由法官作出的,法官作出的判决可以也必须强制性地终结程序。但这是需要前提的,法官能够作出强制性判决的前提在于,作为判决基础的案件事实只能由当事人主张,作为证明争议案件事实的证据只能由当事人收集和提供,作为说服法官接受案件事实成立与否的证明活动只能由当事人进行,当然,作为案件判决的结果——无论胜败,都只能由当事人来承担。这就是辩论主义的原理所在,当事人主义的原理所在,这也是当事人之所以为民事诉讼程序主体的地位所在。因此,在判决程序中,表面上是法官作出了具有强制性的判决,但实质上判决是由当事人提供的诉讼资料为基础形成的,是通过当事人的诉讼活动形成的。当事人的作用贯穿于诉讼的整个过程之中,如果没有当事人的积极参与,诉讼也就失去了最原始的驱动力,进而也失去了其存在的价值。

在法院调解程序中,当事人作用更加不可替代。如果说在判决程序中,法官可以作出强制性判决以终结诉讼,那么在调解程序中,当事人则能够通过达成调解协议来解决纠纷。虽然我们承认实践中存在强制调解,甚至强制调解的现象很严重,但这只是外因,任何强制调解都必须通过当事人双方达成调解合意,并同意接受调解合意来完成。在此意义上,不管是自愿调解还是强制调解,当事人合意都是调解成功与否的最后一个关口。只要当事人不同意调解,或当事人不同意接受调解协议,调解活动都只是徒劳,调解解决纠纷的目的最终都会流产。因此,在调解程序中,当事人的地位和作用与法官相比更为重要和关键。"法官的调解行为必须总是尊重当事人的主观权利和自由意志。法院你可以操纵当事人的决定,不应当将和解'强加'给当事人。""实际上自 1970 年在联邦范围内和解率有所下降。同时,个别的或者说地区性的较高的和解率的原因与其说在于法官的积极的社会参与,不如说在于为了能够通过(常常只是主观臆想的)省时省力的诉讼和解——此外不需要证据调查、不需要说明判决理由——来消除日益增加的业务负担的人们进行了不懈的努力。(在法律上和事实上被全面地告知的)当事人的自愿和解总是值得法官为之努力的目标,这就是目前德国法官的毫无争议的职业理念。”①换一种方式来理解,在法院调解程序中,法官对调解的作用力无论强度大小、强制与否,最终都要通过当事人的同意才能得以发生和展示。

根据司法实践的经验,在民事诉讼中,当事人为什么进行民事诉讼、当事人利用民事诉讼的目的是什么、当事人进行民事诉讼的理性程度等都会对调判关系产生影响。在正常情况下,当事人在现实生活中发生了纠纷,想通过民事诉讼程序请求法院解决纠纷,是当事人提起民事诉讼的真实目的,即当事人提起民事诉讼的目的是为了维护自身的合法权益。在此情况下,当事人为了尽快解决纠纷,往往具有较高的解决纠纷的诚意,其也愿意作出妥协和让步,这样使得以调解方式解决纠纷的可能性提高。然而,我们也不能排除,有一部分当事人是出于“争口气”的目的提起民事诉讼的。“打赌气官司”,当事人往往会不计成本,缺乏解决纠纷的诚意,对对方当事人的高度敌意处于剑拔弩张的状态,这时调解往往变得不太现实,审判成为当事人的首要选择。范愉教授在对福建省莆田市中级人民法院及其下属的基层法院的法官所做的问卷调查发现,在法官认为影响调解成功率的主要因素中,“当事人不愿意调解,不计成本,缺乏理性”排在第二位,“当事人没有诚意,反

---

① [德]罗尔夫·施蒂尔纳、阿斯特里德·施塔德勒:《法官的积极角色——司法能动性的实体和程序》,载米夏埃尔·施蒂尔纳编:《德国民事诉讼法学文萃》,赵秀举译,中国政法大学出版社2005年版,第415-416页。

悔率高”排在第五位。[1] 这说明当事人利用民事诉讼的动机和态度也会对调判关系构成较大影响。

同时,在当事人之间的纠纷进入法院之后,当事人也会基于诉讼成本的考量,在调解和审判之间作出选择。至于判决和调解哪种纠纷解决方式所耗费的成本更低,更能够节约司法资源,学界一直存有争论。笔者认为,该问题不能一概而论,在不同的案件、不同的当事人遭遇、由不同的法官指挥等都可能得出不同的结论。但当事人一定会根据具体案件作出有利于自身利益的选择。

四、诉讼代理人对调判关系的影响

诉讼代理人是具有执业资格并受托参与到诉讼中的人。诉讼代理人虽然是接受当事人聘请和委托参与诉讼,并为当事人提供法律服务的,但习惯上也往往把诉讼代理人看作聘请他的当事人一方的人。在有律师代理的案件中,律师作为当事人的诉讼代理人,依据与当事人签订的委托代理合同,需诚实勤勉地履行自己的义务,协助当事人参加诉讼。律师从属于当事人,但又在诉讼中具有独立的诉讼地位,我们可以将律师定位在辅助者的角色。但诉讼代理人不同于当事人,他在诉讼中并不完全附属于聘请他的一方当事人。根据《律师法》第 2 条第 2 款的规定,律师除了首先应当维护当事人的合法权益外,还应当“维护法律正确实施,维护社会公平和正义”。所以,诉讼代理人在民事诉讼程序中进行诉讼代理活动,既不能唯当事人马首是瞻,更不能以自己获取利益为唯一准则。按照《律师法》第 3 条的规定,“律师执业必须遵守宪法和

① 参见范愉:《调解的重构(上)——以法院调解的改革为重点》,载《法制与社会发展》2004 年第 2 期。

法律,恪守律师职业道德和执业纪律。律师执业必须以事实为根据,以法律为准绳”。在某种意义上,诉讼代理人与法官、检察官一样也是法律工作者。律师、法官、检察官、法学院教授等,都是同一个职业共同体即法律职业共同体的人,都有正确理解法律、研究法律、保障法律正确实施之职责。因此,诉讼代理人在民事诉讼中也同样具有独立的地位和作用。

我国虽不同于德国等实行民事诉讼强制代理制,但从实践中的情况看,绝大多数案件的当事人都聘请有律师代理,尤其是疑难复杂案件。同时,随着我国司法改革的深入进行,职权主义因素的减弱和当事人主义成分的增加,诉讼的对抗性也在逐步增强。肇始于 20 世纪 80 年代末的司法改革本身,就是以“强化当事人的举证责任”为突破口的,历经 30 多年的司法改革,我国虽不主张法官“坐堂问案”,但要求当事人及其诉讼代理人必须在法定的期限内提供证据,并按照《民事诉讼法》规定的证据规则承担证明责任,这已经成为理论和实践的共识。这也意味着,诉讼代理人的职责和权利也在不断地被加强。诉讼代理人的被代理人是当事人,诉讼代理人是代理当事人进行诉讼活动的。也就是说,当事人在诉讼中的地位和能够发挥的作用,除个别案件外,诉讼代理人可以代理当事人发挥应有的作用,尤其是特别委托的案件。就调判关系来说,当事人对调判关系的影响,诉讼代理人也一定会有。不仅如此,诉讼代理人还肯定会基于自身的利益影响调判关系。具体言之,诉讼代理人对法院调解和判决的是否擅长、是否喜爱,甚至喜好程度都会影响其选择。在诉讼代理费一定的情况下,法院调解和判决处理案件的难易程度和成本,也肯定会影响诉讼代理人对这两种程序的选择及使用,并且这种影响会辐射到程序的各个环节。范愉教授认为,我国律师对调解的态度可以分为三种情况:坚决反对、善于利用、积极参与。通过与法官座谈还得出一个结论，即"凡有律师代理的案件都调解难"。[①] 苏力教授也持相同的观点，认为律师受到法条主义理念的影响，再加上律师所受到的职业训练和执业习惯，律师往往会从法条出发，关注法律问题和程序问题，而不是从对当事人最佳层面来选择诉讼或调解，过于关注"为法定权利而斗争"使律师反而成为调解的阻碍因素。[②] 对于这一点，李浩教授则有不同看法。他认为，在有诉讼代理人的情况下，法官往往会通过律师对当事人施加压力，让律师去劝说当事人接受调解；律师在自己的执业过程中，会和法院形成一种互利的关系，而保持这种良好的互利关系成为律师的一种资源，其可以为律师带来丰厚的利益，在这种互利关系的影响下，律师更为看重与法院的关系，律师不会仅仅为了某个当事人的利益去破坏这种互利关系；当律师意识到法官对案件表现出极大的调解热情时，一般会为了自身利益的考虑而尽量去迎合法官的需求。[③] 实际上，这两种不同的观点恰巧说明，诉讼代理人对当事人及调判关系影响的不确定性。在启动诉讼程序之际或之前，诉讼代理人可以利用自己特殊的知识和地位，说动当事人选择诉讼代理人自己擅长或对自己有利的方式来解决纠纷。在诉讼程序进行中，诉讼代理人如果认为正在使用的判决程序或调解程序不符合自己的要求，还可以说服当事人转换程序。当然，在特别授权委托的情况下，诉讼代理人则可以直接与法官交涉选择或转换为自己期望使用的程序，有时甚至不惜牺牲委托当事人的诉讼利益。

---

① 范愉：《调解的重构（上）——以法院调解的改革为重点》，载《法制与社会发展》2004 年第 2 期。

② 参见苏力：《关于能动司法与大调解》，载《中国法学》2010 年第 1 期。

③ 参见李浩：《民事审判中的调审分离》，载《法学研究》1996 年第 4 期。

根据《律师服务收费管理办法》的规定,律师收取费用有两种方式,一种是一般性收费,主要根据案件性质和标的的不同而采取不同的收费方式,包括采取计件收费、按标的额比例收费和计时收费等方式;另一种是风险代理,“律师风险代理又称胜诉酬金或附条件收费,是指当事人不必事先支付律师服务费用,待代理事务成功后,当事人从所得财物或利益中提取协议所规定的比例支付酬金,如果败诉则无须支付”。[①] 在一般性收费中,无论是以调解的方式结案还是以诉讼的方式,当事人都需向律师支付委托合同所规定的律师费,律师此时的倾向性理应不明显。但是,考虑到调解所具有的简易、高效的特性,使律师办理案件的时间大大缩减。时间的缩减意味着,律师可以办理更多的案件从而获得较大的经济利益,所以在这个层面上,应该认为律师会更为偏向于调解。与一般性收费不同,风险代理收费以当事人最终所获得的财务或利益的比例作为律师的代理费,换句话说,律师为当事人争取到的利益越多,其获得的律师费就越多,这种经济利益的刺激会使律师显出更为明显的偏向性。

法官在处理案件过程中存在调解偏好,其会想方设法的劝说当事人形成调解合意,达成调解协议,判决异化为法官调解不成时才会使用的最后手段。法官的这种调解偏好不仅会对当事人的选择产生重大影响,也会对律师的代理活动产生影响。“在任何一种诉讼程序中,都会出现律师不是以当事人为中心,而是以法院为中心的情况。因为律师在平时处理案件的过程中与法院工作人员和其他律师逐渐形成一种互利关系,他们不愿为自己当事人的案件

---

① 侯怀霞、荆秋:《律师风险代理制度的完善》,载《法治论丛(上海政法学院学报)》2007年第6期。

‘过分热忱’从而破坏这种关系。为了维持与这些人的工作关系，某些律师甚至认为在诉讼中必须部分地牺牲当事人的利益，以维持工作中的和谐。”①

总之，法官是民事诉讼程序的适用者，没有法官就无法进行诉讼，其自身利益和偏好会在很大程度上决定对调解或判决的使用。当事人是民事诉讼程序的利用者，没有当事人就没有法官，双方当事人有权根据其合意选择利用调解或判决的方式来解决纠纷。诉讼代理人是民事诉讼程序的参与者，其意图会在很大程度上引导和影响当事人对调解和判决的选择。

① 朱景文：《现代西方法社会学》，法律出版社 1994 年版，第 194 页。

第五章　矛盾化解与调判关系

第一节　作为民事诉讼目的的矛盾化解说

一、矛盾及矛盾化解的语义

“矛盾化解”并非一个不可分割的固定用语，而是由“矛盾”和“化解”这两个词组合而成的词组。在语法上，“矛盾化解”是动宾结构，实际上是“化解矛盾”，“矛盾”是“化解”的宾语，也即化解的对象和目标。反过来说，“矛盾”在这个词语中处于关键地位，它决定着“矛盾化解”的目标、方向和方法。那么，何为矛盾呢？

对于“矛盾”一词，《辞源》的解释是，[①]喻事物互相抵触。也作“矛楯”。《韩非子·难一》：“楚人有鬻矛与盾者，誉之曰：‘吾楯之坚，物莫能

---

① 参见广东、广西、湖南、河南辞源修订组、商务印书馆编辑部编：《辞源》（修订本）（第3册），商务印书馆1981年修订第1版，第2225页。

陷也。'又誉其矛曰:'吾矛之利,于物无不陷也。'或曰:'以子之矛,陷子之楯,何如?'其人弗能应也。"如果用现代语言表达其意思大致为,有一个楚国人,卖盾又卖矛。他夸耀自己的盾,说:"我的盾坚固无比,任何锋利的东西都穿不透。"又夸耀自己的矛说:"我的矛锋利极了,什么坚固的东西都能刺穿。"有人问他:"如果用您的矛刺您的盾,结果会怎么样呢?"那人张口结舌,一句话也答不上来。刺不破的盾和什么都刺得破的矛,这是不可能同时存在的,所以这就是自相矛盾。因此,矛盾主要是指互相对立、不能同时存在的两个事物或事物的两种属性。在马克思主义者看来,"事物的矛盾法则,即对立统一的法则,是唯物辩证法的最根本的法则"。[①] 在此意义上,矛盾就是反映事物内部对立和统一关系的哲学范畴,简言之,矛盾就是对立统一。对立是指矛盾双方相互排斥、相互分离的属性,统一是指矛盾双方相互吸引、相互联结的属性。矛盾既具有普遍性又具有特殊性,矛盾普遍性是指矛盾存在一切事物之中并且贯穿于事物发展过程的始终。没有什么事物不包含矛盾,没有矛盾就没有世界。矛盾的特殊性是指矛盾的事物及其每一个侧面各有其特点,具体表现在不同事物的矛盾具有不同的特点,同一事物的矛盾在不同发展阶段有不同的特点。

在哲学上,矛盾主要有三大类:一是关于自然界的矛盾;二是关于人类社会的矛盾;三是关于人的思维的矛盾。人类社会矛盾可以区分为宏观、中观和微观三个层面。[②] 宏观层面的社会矛盾,主要是从历史演化和社会发展的基本动力,或是从时代中心主题、宏观历史背景、社会发展基本趋势,以及时代发展必须解决的中心

---

① 毛泽东:《矛盾论》,载《毛泽东选集》第1卷,人民出版社1991年版,第299页。

② 参见吴忠民:《并非社会中的所有矛盾都是社会矛盾——社会矛盾概念辨析》,载《中共中央党校学报》2015年第2期。

问题和症结这样一些大的视角着眼的，几乎全面覆盖了整个社会的经济、政治、文化、社会诸领域所有的大问题。如生产关系和生产力之间的矛盾，上层建筑和经济基础之间的矛盾。中观层面的社会矛盾，主要是指同一社会共同体（如某个国家）中不同社会群体或社会阶层之间的矛盾，即在利益或其他重要方面相互关联的社会群体或社会阶层之间共生互补、相互合作、相互促进、共同发展，同时又相互排斥、对立、争斗及冲突的情形，如劳资矛盾、官民矛盾、官商矛盾、工农矛盾、贫富矛盾、民族矛盾、宗教矛盾等。微观层面的社会矛盾，主要是指具体的社会单元内部或具体的社会单元相互间的矛盾，如家庭内部的矛盾、街坊邻居之间的矛盾、某一社区中居民之间的矛盾、某个公司内管理人员与一般员工之间的矛盾、某一班级内同学之间的矛盾、某一学校内师生之间的矛盾，以及某个商店中店主与顾客之间的矛盾等。民事诉讼意义上的矛盾显然是微观层面的社会矛盾，但非常遗憾的是，人们并未对"矛盾化解"中的"矛盾"作出明确区分。在中国语境中，把解决宏观和中观层面的矛盾称为矛盾化解，把处理微观层面的矛盾也叫作矛盾化解；哲学、政治学、经济学和社会学使用矛盾化解一词，法学也使用矛盾化解；政治治理和行政管理要求化解矛盾，司法活动也要求化解矛盾。

二、矛盾化解说的由来

根据唯物辩证法的原理，矛盾包括自然界、人类社会和人的主观思想领域的矛盾，社会矛盾只是其中的一类。社会矛盾又分为宏观、中观和微观三个层面的矛盾，法律意义上的矛盾主要是微观层面的社会矛盾。"从法律意义上看，社会矛盾往往表现为纠纷和争议。”[①]因此,矛盾包括纠纷,纠纷属于矛盾的一种。“矛盾”的内涵比“纠纷”更加丰富,其外延也比“纠纷”更加宽泛。但在实际使用中,矛盾与纠纷或争议或争执是不予严加区分的,矛盾就是纠纷,矛盾化解(化解矛盾)就是纠纷解决(解决纠纷)。也有不少规范性法律文件干脆把“矛盾”和“纠纷”这两个词叠加在一起称为“矛盾纠纷”,把“矛盾化解”称为“矛盾纠纷化解”或“化解矛盾纠纷”或“矛盾纠纷解决”。

如果追溯历史,法律意义上的矛盾化解源自毛泽东同志有关“正确处理人民内部矛盾”的理论学说。1957 年 2 月 27 日,毛泽东同志在最高国务会议第十一次(扩大)会议上作了著名的《关于正确处理人民内部矛盾的问题》的讲话,这篇讲话在我国生产资料私有制社会主义改造已经基本完成的情况下明确指出:[②]“在我们的面前有两类社会矛盾,这就是敌我之间的矛盾和人民内部的矛盾。这是性质完全不同的两类矛盾。”“敌我之间的矛盾是对抗性的矛盾。人民内部的矛盾,在劳动人民之间说来,是非对抗性的;在被剥削阶级与剥削阶级之间说来,除了对抗性的一面以外,还有非对抗性的一面。”“敌我之间和人民内部这两类矛盾的性质不同,解决的方法也不同。简单地说起来,前者是分清敌我的问题,后者是分清是非的问题。”根据我们国家人民民主专政的国家政权性质,毛泽东同志指出,“解决人民内部问题,‘使用的方法,是民主的即说服教育的方法,而不是强迫的方法’”。把解决人民内部矛盾的方法具体化为“团结——批评——团结”公式,即“从团结

① 马怀德:《预防化解社会矛盾的治本之策:规范公权力》,载《中国法学》2012 年第 2 期。

② 参见中共中央文献研究室编:《关于正确处理人民内部矛盾的问题》,载《毛泽东文集》第 7 卷,人民出版社 1999 年版,第 204-211 页。

的愿望出发,经过批评或者斗争使矛盾得到解决,从而在新的基础上达到新的团结”。并提出,“我们现在的任务,就是要在整个人民内部继续推广和更好地运用这个方法,要求所有的工厂、合作社、商店、学校、机关、团体,总之,六亿人口,都采用这个方法去解决他们的内部矛盾”。在毛泽东同志的号召下,在“正确处理人民内部矛盾”理论的指引下,运用“团结-批评-团结”的公式,采取“说服教育”的方法,成为全国各机关团体、各部门、各单位和个人处理(化解)全部(人民内部)矛盾必须采用的方法,处理(化解)法律上的矛盾(纠纷),尤其是民事法律方面的矛盾(纠纷)自然也包括在内。

1963年7月11日,时任最高人民法院副院长吴德峰在总结民事审判工作经验时说道,“民事案件一般是人民内部矛盾,但也混杂某些敌我矛盾,必须加以严格区分。……因此,在工作中,严格区分两类矛盾,是首先应该注意的一个重大问题”“不仅要严格区分两类不同性质的矛盾,而且要采取不同的处理方法,区别情况,分别对待。如果两类矛盾混在一起,要先分是非,后分敌我。……对于那些完全属于先进与落后,正确与错误的人民内部矛盾,必须坚持说服教育的方法。对错误的思想要批评,但不能简单生硬,强制压服”“‘调查研究,就地解决,调解为主’的方针是民事审判工作的基本方针,它体现了主席关于正确处理人民内部矛盾的思想,是党的群众路线在民事审判工作中的具体化”“调解是处理民事案件的基本方法。……调解的目的是解决纠纷,不是为调解而调解。对那些调解无效,提起诉讼的,应当判决”。[①] 时任最高人民

① 《最高人民法院副院长吴德峰在全国民事审判工作会议上的讲话》,载中国社会科学院法学研究所民法研究室民诉组、北京政法学院诉讼法教研室民诉组合编:《民事诉讼法参考资料·第二辑·第一分册》,法律出版社1981年版,第307-309页。

法院副院长王维纲也说,“民事案件大量的是人民内部矛盾问题,其中主要的是人民内部的是非问题,先进与落后问题和某些实际需要问题”“对于人民内部的两条道路和两种思想斗争的民事案件,只要它还没有转化为敌我矛盾或触犯刑律,只能采取解决人民内部矛盾的方法,即团结——批评——团结的方法,决不能采取对敌人专政的方法去处理。即对他们的各种错误行为和思想既要进行严肃的斗争,又要防止简单生硬,强制压服。当然,有些案件调解不成,就需要法院进行判决”。①

根据以上两位前最高人民法院副院长的讲话可以作出如下总结,第一,“矛盾”和“纠纷”甚至和“案件”是在同等意义上使用的,“矛盾”就是“纠纷”,“纠纷”就是“矛盾”,“化解矛盾”或“矛盾化解”就等同于“解决纠纷”或“纠纷解决”。第二,民事案件即民事纠纷,一般是人民内部矛盾,不是敌我矛盾。第三,人民内部矛盾即民事纠纷问题,主要是人民内部的是非问题,先进与落后问题和某些实际需要问题,应当先分清是非后分清敌我。第四,处理(化解)人民内部矛盾即解决民事纠纷,只能采取团结——批评——团结的方法,决不能采取对敌人专政的方法。团结——批评——团结的方法也就是说服教育的方法,说服教育既要进行严肃斗争,又不能强制压服。第五,调解的方法是化解人民内部矛盾即解决民事纠纷的基本方法,是党的群众路线在民事审判工作中的具体化。第六,化解人民内部矛盾即解决民事纠纷,主要采取调解的方法,只有在调解不成时不得已才使用判决的方法。这六点结论也为最高人民法院随后印发的《关于民事审判工作若干问题的意见(修

① 《最高人民法院副院长王维纲在全国民事审判工作会议上的讲话》,载中国社会科学院法学研究所民法研究室民诉组、北京政法学院诉讼法教研室民诉组合编:《民事诉讼法参考资料·第二辑·第一分册》,法律出版社 1981 年版,第 313-314 页。

正稿)》所证明。该意见也明确指出,“由于先进与落后、正确与错误的矛盾还存在,旧的矛盾解决了,新的矛盾又会产生,大量的民事案件在一个相当长的时期内必然存在”“民事案件大量的是人民内部问题,解决这些问题的方法,主要是说服教育的方法。经验证明,民事案件,在处理的过程中,只有做好思想教育工作,才易于解决并为当事人和有关群众所接受”。[①] 在这里,“矛盾”、“案件”和“问题”显然是在同等意义上使用的,并认为处理民事案件即人民内部问题主要是说服教育。这种“矛盾化解”思维和对民事审判工作的认识一直延续到改革开放前夕。1978 年 4 月,时任最高人民法院院长江华在第八次全国人民司法工作会议上的报告中指出,“人民法院做好民事审判工作,正确处理人民内部纠纷,对于增强人民内部团结,共同对敌,加强无产阶级专政;对于防止人民内部矛盾激化或转化,预防和减少犯罪,维护社会秩序;……都有着重要的作用。人民法院一定要遵循毛主席关于正确处理人民内部矛盾的教导,按照党的政策和国家的法律,切实处理好人民内部闹纠纷的问题”。[②] 可以看出,这里的“人民内部矛盾”与“人民内部纠纷”、“矛盾”与“纠纷”是互换使用的,没有任何差别。

在“法意科技-中国法律资源库”的“法律法规”栏输入关键词“矛盾化解”进行搜索,结果显示,“宪法及宪法性文件(0)、法律及法律性文件(0)、行政法规及规范性文件(9)、军事法规及规范性文件(0)、司法解释及司法性文件(54)、部门规章及规范性文件

① 《最高人民法院关于民事审判工作若干问题的意见(修正稿)》,载中国社会科学院法学研究所民法研究室民诉组、北京政法学院诉讼法教研室民诉组合编:《民事诉讼法参考资料 · 第二辑 · 第一分册》,法律出版社 1981 年版,第 323-328 页。

② 《最高人民法院院长江华在第八次全国人民司法工作会议上的报告》,载中国社会科学院法学研究所民法研究室民诉组、北京政法学院诉讼法教研室民诉组合编:《民事诉讼法参考资料 · 第二辑 · 第一分册》,法律出版社 1981 年版,第 454-455 页。

(91)、地方性法规及规范性文件(17)、地方政府规章及规范性文件(1645)、地方司法文件(62)、政策纪律(256)、行业标准规范(67)”。就该结果来说,虽然涵盖“矛盾化解”的宪法及宪法性文件、法律及法律性文件、军事法规及规范性文件均为“0”,但行政法规及规范性文件、司法解释及司法性文件、部门规章及规范性文件、地方性法规及规范性文件、地方政府规章及规范性文件、地方司法文件、政策纪律、行业标准规范等对“矛盾化解”的使用却具有普遍性。这说明,处于法律效力顶层的宪法及宪法性文件、法律及法律性文件、军事法规及规范性文件基于法律用语的专业性、规范性和严格性,虽然尽可能避免使用“矛盾化解”这一非专业术语(哲学、政治学、经济学、法学等在使用),但“矛盾化解”的观念和意识在我国是根深蒂固的,只要不是刻意回避,在不经意间就会流露出对“矛盾化解”的执着和“矛盾化解”的“本我”。

尤其需要注意的是,含有“矛盾化解”的司法解释及司法性文件,如2016年《最高人民法院、公安部关于开展司法拘留社会矛盾化解工作的意见》、2015年《最高人民法院关于行政审判工作情况的报告》、最高人民法院印发《2011年人民法院工作要点》、2010年最高人民法院《调解优先工作意见》、2010年《最高人民法院关于充分发挥刑事审判职能作用深入推进社会矛盾化解的若干意见》、2010年《最高人民检察院关于深入推进社会矛盾化解、社会管理创新、公正廉洁执法的实施意见》、2009年《最高人民法院关于建立健全诉讼与非诉讼相衔接的矛盾纠纷解决机制的若干意见》、最高人民法院印发《二〇〇九年人民法院工作要点》、2007年《最高人民法院关于为构建社会主义和谐社会提供司法保障的若干意见》、2004年最高人民法院关于印发《肖扬院长、曹建明副院长在全国法院加强基层建设工作会议上的讲话》的通知等,这些司法解释及司法性文件涵盖刑事、民事、行政三大领域，纠纷解决方式包括诉讼和非诉讼，发布机构有最高人民法院、最高人民检察院和公安部等。也就是说，在实务部门看来，所有的案件、所有的法律问题和所有的法律纠纷都是“矛盾”，所有的纠纷解决机制都是为了“化解矛盾”，都是矛盾纠纷化解机制，无论是诉讼还是非诉讼，无论是诉讼内还是诉讼外。《最高人民法院关于充分发挥刑事审判职能作用深入推进社会矛盾化解的若干意见》第1条说得很清楚，“刑事审判必须高度注重社会矛盾化解。刑事犯罪由社会矛盾衍生，是社会矛盾的集中反映和极端表现。人民法院依法惩罚犯罪，本身就是在平息和化解社会矛盾，但犯罪受到惩罚并不等于案件中的所有矛盾必然得到了有效化解，案件处理不当还可能导致矛盾进一步激化，甚至引发新的矛盾冲突。‘十二五’时期是全面建设小康社会的关键期，是深化改革开放和加快转变经济发展方式的攻坚期，也是人民内部矛盾凸显、刑事犯罪高发、对敌斗争复杂的时期。新的形势要求人民法院必须创新刑事审判，树立通过刑事审判化解社会矛盾的观念，把化解社会矛盾作为刑事审判工作的重要职责，作为检验和评价审判质量和效果的重要标准。这是对人民法院刑事审判工作提出的更高要求”。《最高人民法院关于建立健全诉讼与非诉讼相衔接的矛盾纠纷解决机制的若干意见》这一司法性文件的名称和内容说得更加直白，诉讼方式是矛盾纠纷解决机制，非诉讼方式也是矛盾纠纷解决机制，建立健全这两种矛盾纠纷解决机制的目的是构建更加便捷、灵活、高效的矛盾纠纷解决机制。这里的逻辑前提就是，所有的纠纷解决方式都是矛盾纠纷解决机制，更进一步就是，所有的纠纷解决方式和纠纷解决机制都是化解矛盾，也即，矛盾化解是所有纠纷解决方式和机制的目的。

从现有研究文献看,笔者于2018年7月4日在中国知网“主题”栏分别输入“矛盾化解”和“化解矛盾”,搜索结果有14794条和15026条(限于1991年以来的文献),这个数量还是相当惊人的。从研究内容看,多数是从法律以外的视角讨论矛盾化解,法律意义上尤其是司法意义上的讨论也不少。具体言之,2000年北京市司法局就开始关注通过人民调解的方式化解矛盾纠纷,[①]《人民法院报》已有报道法院通过诉讼调解的方式化解矛盾纠纷,[②]2002年《人民法院报》开始报道各级法院注重从诉讼与非诉讼相衔接的方式共同化解社会矛盾,[③]还对人民法院通过调判结合、调判并重的方式化解矛盾纠纷进行了专门报道。[④] 尤其值得注意的是,我国许多著名专家学者和实务界人士在其研究成果(论文)的主题中都含有“矛盾化解”一词,如马怀德、孙国华、江必新、张军、钱列阳、程琥等。[⑤]

从以上考察可以看出,在中国语境中,所有的问题都是矛盾,

---

① 参见金实:《发挥民调作用,及时化解人民内部矛盾》,载《中国司法》2000年第10期。

② 参见林忠明、张华球:《化解矛盾、解决纠纷:永福法庭注重调解》,载《人民法院报》2000年10月25日,第2版。

③ 参见荆龙:《正确适用司法解释及时化解社会矛盾》,载《人民法院报》2002年9月28日。

④ 参见周岳保:《探索改革思路化解社会矛盾:相城法院调判并重》,载《人民法院报》2002年10月21日。

⑤ 参见马怀德:《预防化解社会矛盾的治本之策:规范公权力》,载《中国法学》2012年第2期;马怀德:《社会矛盾化解与行政诉讼制度》,载《中国党政干部论坛》2011年第9期;孙国华、方林:《公平正义是化解社会矛盾的根本原则》,载《法学杂志》2012年第3期;江必新:《社会矛盾化解与〈民事诉讼法〉修改》,载《中国党政干部论坛》2011年第9期;张军:《创新刑事审判化解社会矛盾》,载《法律适用》2011年第2期;钱列阳:《关于社会矛盾化解的法律思考——兼论司法过程的公众参与》,载《法学杂志》2011年第S1期;程琥:《在线纠纷解决机制与我国矛盾纠纷多元化解机制的衔接》,载《法律适用》2016年第2期。

矛盾化解既是解决所有问题的出发点,又是解决所有问题的归宿。就民事诉讼中的纠纷解决机制而言,在矛盾及矛盾化解的意义上,构建和运作所有纠纷解决方式的目的都是化解矛盾。反过来,矛盾化解是所有纠纷解决方式的目的。民事诉讼的目的是矛盾化解,法院调解的目的是矛盾化解,仲裁、人民调解、当事人和解的目的也是为了矛盾化解。因此,对中国而言,关于民事诉讼目的的私权保护说、私法秩序维持说、纠纷解决说、程序保障说等都是“舶来品”,真正属于本土的应当是“矛盾化解说”。

三、矛盾化解说的要义

矛盾化解说不同于民事诉讼目的论的其他学说,它不是某一法学家或某一法学流派主张和创立的学说,而是国家政治、经济、社会、法律层面均高度认同和实际使用的理论。国家是理论学说的创立者,其源头是毛泽东同志的具有建设中国特色社会主义指导思想地位的关于正确处理人民内部矛盾的学说。在此意义上,矛盾化解说是我国政治思想领域正确处理人民内部矛盾理论在法律领域,尤其是民事诉讼法领域的直接嵌入,是国家意识形态统治地位的直接体现,是国家立法机关、司法机关和理论界的共识。矛盾化解说的理论基点和支撑点在于,民事诉讼领域的纠纷就是矛盾,纠纷解决就等同于矛盾化解,进而,民事诉讼的目的就是矛盾化解或化解矛盾。同时,因为矛盾化解说遵循的理论线路是,民事案件——人民内部矛盾——“团结-批评-团结”方法——调解,因此,矛盾化解说与调解具有天然的契合性和一致性。

在哲学意义上,矛盾化解说的高明之处在于抓住了矛盾的普遍性,或者说,矛盾化解说的实质就是用矛盾的普遍性统合矛盾的特殊性。民事诉讼中的“纠纷”也是“矛盾”,“纠纷解决”也是“矛盾化解”,因为一切问题都是矛盾,处理和解决一切问题都是化解矛盾或矛盾化解。就此而言,用具有普遍性的“矛盾化解”统化具有民事诉讼特殊性的“纠纷解决”,说“纠纷解决”是“矛盾化解”并没有什么问题,是完全可以说得过去的。然而,仅关注矛盾普遍性包含矛盾特殊性的一面,忽略矛盾普遍性寓于矛盾特殊性之中的另一面,只强调矛盾的普遍性,轻视甚至完全忽视矛盾的特殊性,触及的可能只是民事诉讼目的的表层,很难揭示民事诉讼目的的本质。在唯物辩证法者看来,“任何运动形式,其内部都包含着本身特殊的矛盾。这种特殊的矛盾,就构成一事物区别于他事物的特殊本质”“如果不研究矛盾的特殊性,就无从确定一事物不同于他事物的特殊的本质,就无从发现事物运动发展的特殊的原因,或特殊的根据,也就无从辨别事物,无从区分科学研究的领域”。①因此,矛盾化解说虽反映了民事诉讼目的的普遍性,但并未体现民事诉讼目的的特殊性,未能揭示民事诉讼目的的本质和规律。具体言之,矛盾化解说并没有揭示在民事诉讼法规定的特殊程序制度要求下,建构民事诉讼制度和进行民事诉讼活动的目的。

四、矛盾化解说与纠纷解决说

矛盾化解说与纠纷解决说同为民事诉讼目的论的学说,二者在用语上具有相近性,均有用普遍性替代特殊性进而泛化民事诉讼目的之嫌。但二者又有根本区别。矛盾化解说是民事诉讼目的论政治化的产物,是用政治化的思维和语言来解决法律问题。它既不强调实体法,也不偏爱程序法,甚至有虚化法律的成分在内。

① 毛泽东:《矛盾论》,载《毛泽东选集》第1卷,人民出版社1991年版,第308-309页。

纠纷解决说则是独宠程序法和反叛实体法的结果，是在实体法一统天下的大背景下，运用历史和考古的方法，重述实体法与程序法的关系，从根本上摆脱完全基于民事实体法来阐释民事诉讼目的的思维和方法，试图另辟蹊径，纯粹从程序法的视角来认识和解读民事诉讼的目的。矛盾化解说是具有中国本土特色的民事诉讼目的论，是中国官方与民间、行政与法律、立法与司法、理论与实务的“约定俗成”，并非某一个、某一法学派别所开创。而纠纷解决说则诞生于日本，是以兼子一教授为代表的日本民事诉讼法学者所创立的，并在世界范围内有一定程度的传播。

第二节　矛盾化解与法院调解和判决

一、矛盾化解的主体与法院调解和判决

（一）矛盾化解的主体

由于“矛盾”一词并不限于法律意义上的矛盾纠纷，包括方方面面的问题。按照马克思主义原理，社会矛盾是多元化的。矛盾无处不在，矛盾无时不有，如人与自然之间的矛盾、主观与客观之间的矛盾、城乡之间的矛盾、工业与农业之间及各自内部的矛盾、干群之间的矛盾等。因此，社会矛盾主体也呈现出多元化的特征，“不仅发生在公民之间，而且发生在公民与法人、非法人团体和组织及其相互之间，甚至发生在党员、干部与群众之间”。[①] 由于矛盾的多样性和纷繁复杂性及发生矛盾主体的多元性，矛盾化解的

① 沈恒斌、吴少鹰：《新时期社会矛盾纠纷的表现形式及其多元化解决机制建构思路》，载《中国司法》2005 年第 12 期。

主体也应当是多元的。除当事人外,国家、政府、社会组织、德高望重的长者等均可成为矛盾的化解者,法院也包括其中。自毛泽东同志发表《关于正确处理人民内部矛盾的问题》以来,我国一向是从矛盾的角度看待纠纷的。民事案件即民事纠纷,一般均被视为人民内部矛盾,处理民事案件的行为即为化解矛盾的活动,法院是当然的矛盾纠纷的化解者。

(二)法院调解和判决的主体

法院调解的主体当然包括法院和当事人,关键是法院调解的主持者应当是谁。《民事诉讼法》第 94 条规定:"人民法院进行调解,可以由审判员一人主持,也可以由合议庭主持,并尽可能就地进行。"一般来说,适用简易程序和小额程序审理的案件,由审判员 1 人主持调解;适用普通程序审理的案件,合议庭或审判员 1 人均可主持调解。根据最高人民法院《民事调解规定》第 1 条的规定,"人民法院可以邀请与当事人有特定关系或者与案件有一定联系的企业事业单位、社会团体或者其他组织,和具有专门知识、特定社会经验、与当事人有特定关系并有利于促成调解的个人协助调解工作。经各方当事人同意,人民法院可以委托前款规定的单位或者个人对案件进行调解"。再者,2010 年最高人民法院《调解优先工作意见》第 10 条提出,"要进一步优化审判资源配置,有条件的人民法院可以探索试行法官助理等审判辅助人员开展庭前调解工作,提高调解工作效率,减轻审判人员的工作负担"。2012 年《最高人民法院关于扩大诉讼与非诉讼相衔接的矛盾纠纷解决机制改革试点总体方案》第 5 条还提出,"探索建立专职调解员队伍,由调解能力较强的法官或者司法辅助人员专职从事立案前或者诉讼过程中的调解工作。开庭前从事调解的法官原则上不参与同一案件的开庭审理,当事人同意的除外。参与开庭审理的法官不得担任本案的专职调解员”。可以认为,法官助理或司法辅助人员也可以成为法院调解的主持者。

与法院调解的主持者不同,民事诉讼的裁判者是有严格限制的,也是基本稳定的。根据《民事诉讼法》第 39 条、第 40 条的规定,人民法院审理民事案件,由审判员、陪审员共同组成合议庭或者由审判员组成合议庭进行。适用简易程序审理的民事案件,由审判员一人独任审理。有权作出判决的审判组织只能是合议庭或审判员,而有资格成为审判组织成员的只能是审判员或陪审员。助理审判员只有经过严格的程序,才能“临时代行”审判员职务。

(三)法院调解和矛盾化解主体的同构性

基于以上分析,除当事人外,矛盾化解的主体几乎没有任何要求。只要有能力、有利于化解矛盾,都可能也可以成为矛盾化解的主体。这与法院调解的主体具有同质性,而与判决者有所不同。法院调解虽然也要求审判人员主持,但不是必须的。除审判人员主持调解外,还有作为改革趋向的常态性的法官助理或审判辅助人员主持调解。在协助调解和委托调解中,人民调解、行政调解、行业调解等有关调解组织,以及有关单位、人大代表、政协委员、律师等均可主持调解。双方当事人还可以共同选定调解主持人。更何况,在司法实践中,还有书记员主持调解的现象。与法院调解主持者不同的是,民事案件的判决者虽然也有陪审员参加,他们不一定具有法律专业知识,但陪审员参加审判是以具有审判员资格的法官的主持为前提的,即判决必须有审判员参加,陪审员不得独自审理案件,也不得担任合议庭的审判长。因此,作为判决者的审判员或合议庭必须以具有法律专业知识为必备条件,而调解者可以有法律职业知识,也可以完全没有,只要有调解技能即可。相对而言,判决者是专业化的、单一性的,而调解者不一定有法律专业背景,可以是多元化。在此意义上,矛盾化解的主体与法院调解的主体具有同构性。

二、矛盾化解的客体与法院调解和判决

(一)矛盾化解的客体

矛盾化解的客体,是指矛盾化解的对象。简单来说,矛盾化解的客体就是矛盾本身,矛盾化解的客体范围的大小取决于矛盾范围的大小。有什么样的矛盾,就有什么样的矛盾化解客体。由于矛盾的多样性,矛盾包括但不限于民事诉讼中的民事争议,因此,矛盾化解的客体是多样化的、不固定的、灵活多变的。它可以是某种紧张关系,或某种力量的不平衡,或某种利益的冲突,或某种思想观念的对立,或权利义务关系的纷争;它可以是敌对性的,也可以是人民之间的;可以是民事上的,也可以是刑事上的;可以是整个事件本身,甚至包括与本事件相关联的事件,也可以是事件的某一部分或某一侧面。

(二)法院调解和判决的客体

法院调解的客体是指法院调解的对象,也可以理解为双方当事人在法院的主持下,相互协商达成协议解决纠纷的范围。对于法院调解的客体,《民事诉讼法》没有作出任何规定。一般情况下,法院调解的对象限于当事人提出的诉讼请求的范围。但按照最高人民法院《民事调解规定》第 7 条的规定,"调解协议内容超出诉讼请求的,人民法院可以准许"。这意味着,即便体现调解结果的调解协议超出了当事人诉讼请求的范围,只要双方当事人同意都是可行的,甚至是鼓励的。这与一次性解决纠纷和一次性彻底解决纠纷的理念是完全一致的,也完全符合诉讼效率的价值追求。例如,在 2009 年中国知识产权司法保护十大案件的第一案

"正泰集团股份有限公司诉施耐德电器低压(天津)有限公司、宁波保税区斯达电气设备有限公司侵犯实用新型专利纠纷案"中,浙江省高级人民法院在上诉审的调解中,超出了施耐德公司上诉请求的范围,就双方当事人遍布全球的20多个诉讼纠纷及几万种产品细目和众多的争点,组织双方当事人进行全球和解,并最终促成双方当事人达成了全球性和解协议,从而圆满地化解了双方当事人之间的矛盾纠纷。①

判决的客体是指判决的对象,即诉讼的对象,也可以理解为当事人向法院提出的诉讼请求。在大陆法系有一个专门的法学术语称为"诉讼标的",实际上指的就是判决的客体。诉讼标的理论是大陆法系民事诉讼法三大经典理论之一,有众多的富有见地的代表性理论学说,如旧实体法说、诉讼法说(包括二分肢说和一分肢说)、新实体法说、诉讼标的相对说等。到目前为止,尽管在诸多学说之间仍存在很大的分歧,但对判决而言有一点是共同的,即当事人的诉讼请求是什么,法院就审什么、判什么,法院判决的范围仅限于当事人诉讼请求的范围,否则,就违背了民事诉讼法的当事人处分原则,也是对"不告不理"的民事诉讼原理的违背。

我国《民事诉讼法》对第一审程序的审理范围没有从正面作出明确要求,但第200条则把"原判决、裁定遗漏或者超出诉讼请求的"规定为当事人可以提出申请,人民法院应当再审的事由之一。也就是说,法院只能在当事人诉讼请求的范围内裁判,法院判决无论是"遗漏"还是"超出"当事人的诉讼请求,均属于严重错误,因为只有严重错误才允许突破既判力的制约而发动再审。第168条明确要求,"第二审人民法院应当对上诉请求的有关事实和

① 参见《全国法院十大调解案例》,载《最高人民法院公报》2012年第9期。

适用法律进行审查”。《民事诉讼法解释》第 323 条对上诉审程序的审理范围进一步作出的解释是,“第二审人民法院应当围绕当事人的上诉请求进行审理。当事人没有提出请求的,不予审理,但一审判决违反法律禁止性规定,或者损害国家利益、社会公共利益、他人合法权益的除外”。应当说,这对“当事人诉什么,法院判什么”已经诠释得相对明确了。作为法院判决对象的一个注脚,《民事诉讼法解释》第 326 条针对当事人在第一审程序中已经提出的诉讼请求,原审人民法院未作审理、判决的情况指出,第二审人民法院可以根据当事人自愿的原则进行调解,调解不成的,要发回重审。第 328 条指出,“在第二审程序中,原审原告增加独立的诉讼请求或者原审被告提出反诉的,第二审人民法院可以根据当事人自愿的原则就新增加的诉讼请求或者反诉进行调解;调解不成的,告知当事人另行起诉。双方当事人同意由第二审人民法院一并审理的,第二审人民法院可以一并裁判”。第 329 条针对一审判决不准离婚,在上诉后第二审人民法院认为应当判决离婚的案件指出,法院“可以根据当事人自愿的原则,与子女抚养、财产问题一并调解;调解不成的,发回重审。双方当事人同意由第二审人民法院一并审理的,第二审人民法院可以一并裁判”。所有这些均表明,法院判决的客体是有严格限制的,不得随意增减。

(三)法院调解和矛盾化解客体的一致性

基于以上分析,矛盾化解的客体是针对矛盾的,有什么样的矛盾,就有什么样的矛盾化解客体;矛盾有多大,矛盾化解的客体就有多大。因此,矛盾化解的客体没有任何限制。法院调解的客体虽然在一般情况下都是当事人的诉讼请求,但由于法院调解协议的达成是以双方当事人的自愿为前提和依归的,因此,法院调解的客体即法院调解协议的内容,完全可以超出当事人诉讼请求的范围。法院判决的客体即民事诉讼的对象或诉讼标的是有严苛限制的，除上述讨论的当事人诉什么法院判什么的限制外，在诉讼标的理论和对诉讼标的的识别上，我国主流学说还认为，应对诉讼标的作相对性、类型化把握，并认为“给付之诉的诉讼标的应当是当事人关于对方履行给付义务的诉讼请求”“确认之诉和变更之诉的诉讼标的应当是当事人要求法院确认和变更实体法律关系的诉讼请求”。[①] 鉴于此，我们可以得出一个结论，即法院调解和矛盾化解对客体的要求是基本一致的，可以是当事人的诉讼请求，也可以超出当事人的诉讼请求；可以是具体的权利义务关系，也可以是整个民事案件，甚至还可以包括相关的案件；可以是固定的，也可以是随机的。

三、矛盾化解的事实认定与法院调解和判决

（一）矛盾化解的事实认定

解决任何问题都需要从实际情况出发，从问题本身出发，就此而言，矛盾化解要想获得预期的良好的结果，也必须对事实和问题本身进行实事求是的评估，根据评估情况寻找解决问题和化解矛盾的策略及具体方法。但矛盾化解是唯结果论的，关键是能够化解矛盾，至于说要不要具体认定事实，要不要纯粹根据事实获取矛盾化解的结果并不重要。毛泽东曾说：“在复杂的事物的发展过程中，有许多的矛盾存在，其中必有一种是主要的矛盾，由于它的存在和发展规定和影响着其他矛盾的存在和发展。”“任何过程如果有多数矛盾存在的话，其中必定有一种是主要的，起着领导的、决定的作用，其他则居于次要和服从的地位，因此，不管任何过程，如

① 张卫平：《民事诉讼法》，法律出版社 2016 年版，第 195 页。

果是存在两个以上矛盾的复杂过程的话,就要全力找出它的主要矛盾,捉住了这个主要矛盾,一切问题就迎刃而解了。"①

矛盾化解是面向未来的,不是针对过去的,并非一定要对过去的是非曲直作出判定,只要找出一个矛盾双方都能够接受的解决问题和化解矛盾的方案即可。从方法论上来说,化解矛盾主要是抓主要矛盾和矛盾的主要方面。

(二)法院调解和判决的事实认定

1. 法院调解对案件事实的认定

根据《民事诉讼法》的相关规定,理论和实务上一般认为,法院调解主要应遵循三项原则,即自愿原则、合法原则和查明事实分清是非原则。② 在这三个原则中,查明事实分清是非原则非常重要的一个方面,就是要求认定案件事实。但近年来,学界和实务界对法院调解是否应当遵循该原则产生了较大分歧。最早对这一原则提出质疑的是景汉朝先生,他和卢子娟认为,③第一,"调和解决"纠纷是调解的应有之义,调解的含义本身就包括对某些界限不清的事实、责任含糊不究,互谅互让,以达到既解决纠纷又不伤和气的目的。查清事实、分清责任是判决的前提条件,不是调解的前提条件。如果所有案件都强调必须查清事实、分清责任,干脆判决结案更为快捷、经济,这显然限制了调解作用的发挥。第二,在没有查清事实、分清是非责任的情况下,当事人双方即达成调解协议,说明当事人行使了自己的处分权,既处分了自己的实体权利,

---

① 毛泽东:《矛盾论》,载《毛泽东选集》第1卷,人民出版社1991年版,第320页。

② 参见我国《民事诉讼法》第93条规定:"人民法院审理民事案件,根据当事人自愿的原则,在事实清楚的基础上,分清是非,进行调解。"

③ 参见景汉朝、卢子娟:《经济审判方式改革若干问题研究》,载《法学研究》1997年第5期。

又处分了自己在这个问题上的诉讼权利。法院或法官依职权强令当事人不得放弃这一诉讼权利没有必要。第三,按照《民事诉讼法》规定的精神,调解贯穿整个诉讼活动的始终,各个诉讼阶段均可以进行调解。但是,查清事实、分清是非必须经过法庭调查和法庭辩论才能完成,未经法庭调查程序,难以下"查清事实"的结论。据此推论,法庭调查结束之前所进行的一切调解,是不可能以查清事实、分清是非为前提条件的。范愉教授认为,调解被规定为与审判权并列的职权,调解原则上要求在查明事实、分清是非的基础上进行,凸显了审判的功能,忽略了调解自身的特点。[①] 宋朝武教授和黄海涛认为,将法院调解作为法院行使审判权的方式是对调解性质的错误定位,调解是当事人处分其权利、合意解决纠纷的行为,调解与法院的审判权无关,因而规定查明事实、分清是非的原则是不正确的。[②] 肖建华教授和杨兵认为,把查明事实、分清是非作为法院调解的原则不具有科学性,要求法院调解应当查明事实、分清是非与建立在自愿原则基础上的法院调解的本质相悖,应当废除这一原则。[③] 蔡虹教授认为,查明事实、分清是非是判决的前提,而非调解的前提,只要当事人自愿达成合意,即使事实不清、责任不明,合意也应当成立,因此将查明事实、分清是非作为调解的原则并不恰当。也有法官认为,强调调解以查明事实、分清是非为基础的规定,与民事诉讼中的处分原则相悖,也不符合现代契约自

---

① 参见范愉:《调解的重构(下)——以法院调解的改革为重点》,载《法制与社会发展》2004 年第 3 期。

② 参见宋朝武、黄海涛:《调解真实原则质疑——从程序保障看调解制度改革》,载《法律适用》2005 年第 5 期。

③ 参见肖建华、杨兵:《论我国诉讼调解原则体系之重构——兼评〈关于人民法院民事调解工作若干问题的规定〉相关规定》,载《政法论丛》2005 年第 1 期。

由的精神。[1] 应当删除《民事诉讼法》第 93 条“在事实清楚的基础上,分清是非,进行调解”的规定,“事实清楚,分清是非”是作出公正判决的前提,而不应当作为法院调解的前置条件。[2]

对于以上质疑,李浩教授撰文指出,[3]首先,从立法者的本意看,是把调解和判决共同作为完成民事诉讼任务的方式来看待的。要求法院“在事实清楚的基础上,分清是非,进行调解”,是“查明事实、分清是非”的任务在调解这一具体纠纷解决方式中的表现。立法者在此处强调,不仅判决要查明事实、分清是非,调解同样也要查明事实、分清是非。其次,立法者要求法院在调解中也应当查明事实、分清是非,表明调解并不是“和稀泥”,不能无原则地调和双方的纠纷。调解虽然不同于判决,但同样应当服务于民事诉讼法的任务,有助于民事诉讼制度目的的实现。最后,从法院调解的实践看,当法院主要采取调解方式处理民事案件时,如果调解可以在事实不清、是非责任不明的基础上进行,那么如何实现确认民事权利义务关系、制裁民事违法行为、保护当事人合法民事权益的目的?民事诉讼法规定的任务又如何完成?并认为,“取消论”的最大问题在于,他们把法院调解等同于当事人的和解,完全从处分权来解析法院调解,仿佛在调解中,从事调解的法官只是消极无为的调解人,他们仅仅为双方当事人提供商谈的场所,创造协商的气氛,至于如何解决纠纷,则完全由当事人自己去磋商。对双方争议的事实和法律问题,从事调解的法官也不闻不问,不表明自己的态

---

① 参见宁杰、张传军:《论民事诉讼调解制度之完善》,载曹建明主编:《程序公正与诉讼制度改革》(全国法院第十四届学术研讨会获奖论文集),人民法院出版社 2002 年版,第 600 页。

② 参见冯战备等:《法院调解制度改革的思考》,载《法律适用(国家法官学院学报)》2002 年第 9 期。

③ 参见李浩:《查明事实、分清是非原则重述》,载《法学研究》2011 年第 4 期。

度和看法。这种认识既偏离了立法者对调解制度的设计,又与我国法院调解的实践相背离。张卫平教授也担忧放弃“查明事实、分清是非”原则,会直接影响法院调解对实体正义和程序正义的保障。[①] 江伟教授也曾对主张取消“查明事实、分清是非”这一原则的观点进行过严厉批评。[②] 有不少从事法院调解工作的法官认为,“分清是非、明确责任是调解成功的基本前提。只有让双方当事人分清了是非,明确了各自的责任,调解才有基础,调解的理由才有说服力,当事人才会自觉地接受法官提出的调解方案。否则,有时即使无过错的一方一再让步,过错一方也不会接受对方提出的调解意见”;[③]“事实乃是非的基础,也是责任的基础。准确的事实,或者说尽可能准确的事实,不仅是诉讼调解顺利深入的基础,也是情理与法理应得的部分。也就是说,事实被显现得越清楚,调解的理由就越充分,方案就越立体,选择就越机动,质量就越可靠,成功率及威信度就越高,可能的后遗症越少”。[④]

对于保留或取消“查明事实、分清是非”原则,这两种截然相反的观点我们姑且不作评论,这两种观点的交锋至少表明,尽管立法明确规定了法院调解应当遵循“查明事实、分清是非”原则,《民事诉讼法》第 97 条第 1 款也要求,“调解达成协议,人民法院应当制作调解书。调解书应当写明诉讼请求、案件的事实和调解结果”,但这在学界并未达成共识,在实务界也较少在认定事实的基

① 参见黄秀丽、任楚翘:《调解越来越主流》,载《南方周末》2011 年 4 月 28 日,第 3 版。

② 参见江伟:《民事诉讼法前沿理论问题》,载《国家检察官学院学报》2010 年第 2 期。

③ 彭家明等:《法院调解的策略与技巧》,载《人民法院报》2003 年 12 月 9 日。

④ 李文:《博弈与取舍:柔中有刚的诉讼调解》,载《人民法院报》2011 年 3 月 25 日,第 6 版。

础上进行调解。山东省高级人民法院课题组曾随机抽查300份调解书进行调研，结果显示，没有写明任何案件事实的占72%，写明当事人诉求和争议问题的占15%，写明法院认定事实的占13%。[①]进一步的结论是，法院调解在实际运行中，对是否要查明事实和认定事实并没有绝对的需求。

2. 法院判决对案件事实的认定

相对于法院调解对认定事实的激烈争论，法院判决对事实认定则是绝对的、高度一致的。从立法要求看，第一，《民事诉讼法》在总则部分首先把“人民法院审理民事案件，必须以事实为根据”（第7条）规定为民事诉讼的基本原则。第二，在第一审程序中，《民事诉讼法》一方面要求“有具体的诉讼请求和事实、理由”（第119条第3项）是当事人起诉必须符合的条件之一。另一方面又要求，判决书应当写明案件争议的事实和理由，以及判决认定的事实和理由（第152条）。第三，为了确保判决是在查明事实和认定事实的基础上作出的，《民事诉讼法》第170条对上诉案件的处理作出要求：“第二审人民法院对上诉案件，经过审理，按照下列情形，分别处理：（一）原判决、裁定认定事实清楚，适用法律正确的，以判决、裁定方式驳回上诉，维持原判决、裁定；（二）原判决、裁定认定事实错误或者适用法律错误的，以判决、裁定方式依法改判、撤销或者变更；（三）原判决认定基本事实不清的，裁定撤销原判决，发回原审人民法院重审，或者查清事实后改判；（四）原判决遗漏当事人或者违法缺席判决等严重违反法定程序的，裁定撤销原判决，发回原审人民法院重审。”第四，除正常程序外，《民事诉讼

① 参见黄明春、赵峰、陈希国：《案件事实须查明，分清是非促调解——山东高院关于民商事调解书写明案件事实情况的调研报告》，载《人民法院报》2014年12月4日，第8版。

法》还于再审程序对事实认定作出特殊救济，要求将“（一）有新的证据，足以推翻原判决、裁定的；（二）原判决、裁定认定的基本事实缺乏证据证明的；（三）原判决、裁定认定事实的主要证据是伪造的；（四）原判决、裁定认定事实的主要证据未经质证的”（第200条）作为人民法院应当再审的事由。

以上四点环环相扣，形成了一个严密的系统，严格要求法院判决必须在查明事实和认定事实的基础上形成，并且，司法实践基本上也是这样运作的。

（三）法院调解和矛盾化解事实认定的共通性

基于以上分析，法院调解对事实认定的要求与矛盾化解具有更多的共通性。矛盾化解对案件事实没有任何要求，从事实出发、从问题出发、从矛盾本身出发，仅仅是化解矛盾的策略，并非必须。法院调解在立法上虽然明确要求“查明事实、分清是非”，但实务中大多数调解协议的达成，或者说多数获得成功的法院调解，都是在没有认定事实的情况下达成的，甚至法院制作的调解书也没有硬性要求记载案件事实，这至少说明实然状态的法院调解对认定事实是没有硬性要求的，更不是必需的。

四、矛盾化解的法律适用与法院调解和判决

（一）矛盾化解的法律适用

由于矛盾既可能是法律层面的，也可能是纯生活层面的，纯粹生活层面的矛盾根本不需要通过法律来解决，即便是法律层面的矛盾，既可能需要通过适用法律解决，也可能不需要通过适用法律来化解。因此，适用法律对化解矛盾并非必须的。矛盾化解是目的，只要有利于实现化解矛盾的目的，参照什么样的标准都行。在法治高度发达的国家，一切都是法化的，整个社会都是法律的社

会,都是法律的帝国。社会上的一切问题最终都可以转换为法律问题,通过法律的救济途径获得解决。但即便是这样,也存在法律调整的例外,如主观领域的认识问题、生活中的友谊问题、非婚姻性的情感问题等。

我国目前绝大多数矛盾都是通过政策、行政手段解决的,因此也不需要适用法律。只要根据已经发生的或即将发生的矛盾制定或调整政策即可,或通过行政手段改变矛盾双方力量对比的平衡即可。

(二)法院调解和判决对法律的适用

对于法院调解,《民事诉讼法》不仅规定了"查明事实、分清是非"原则,还规定了"合法"原则。但对于究竟达到什么标准才算合法,《民事诉讼法》并未从正面作出规定,只是在第 96 条从消极方面要求,"调解协议的内容不得违反法律规定"。据此,理论上一般将"合法"原则理解为"不违法"。最高人民法院《民事调解规定》第 10 条规定:"调解协议具有下列情形之一的,人民法院不予确认:(一)侵害国家利益、社会公共利益的;(二)侵害案外人利益的;(三)违背当事人真实意思的;(四)违反法律、行政法规禁止性规定的。"这一般被理解为对"不违法"的进一步阐释。从"合法"到"不违法",也即不违背法律的禁止性规定,其适用法律的强度降低了很多,软化了很多。

如果说法院调解对适用法律的要求是不违法,即不违背法律的禁止性规定即可,那么判决对法律适用的要求则是必需的、刚性的。首先,《民事诉讼法》第 7 条规定:"人民法院审理民事案件,必须以事实为根据,以法律为准绳。"这样,"以法律为准绳"就成为进行民事诉讼的总原则。第 6 条第 2 款要求"人民法院依照法律规定对民事案件独立进行审判,不受行政机关、社会团体和个人的干涉”。《民法典》第 10 条更是明白无误地告诉我们，“处理民事纠纷，应当依照法律；法律没有规定的，可以适用习惯，但是不得违背公序良俗”。同时，《民事诉讼法》第 43 条还明确规定，审判人员“应当依法秉公办案”，不得接受当事人及其诉讼代理人请客送礼。审判人员有贪污受贿，徇私舞弊，枉法裁判行为的，应当追究法律责任；构成犯罪的，依法追究刑事责任。其次，《民事诉讼法》第 119 条规定当事人起诉必须符合起诉条件。第 123 条要求“人民法院应当保障当事人依照法律规定享有的起诉权利”，对符合《民事诉讼法》规定的起诉条件的起诉必须受理。第 124 条还要求人民法院对于依照行政诉讼法的规定，属于行政诉讼受案范围的，告知原告提起行政诉讼；依照法律规定，双方当事人达成书面仲裁协议申请仲裁、不得向人民法院起诉的，告知原告向仲裁机构申请仲裁；依照法律规定，应当由其他机关处理的争议，告知原告向有关机关申请解决；对判决、裁定、调解书已经发生法律效力的案件，当事人又起诉的，告知原告申请再审，但人民法院准许撤诉的裁定除外；依照法律规定，在一定期限内不得起诉的案件，在不得起诉的期限内起诉的不予受理等。这是起诉环节“依法”起诉及适用法律的要求。在判决环节，《民事诉讼法》第 142 条规定：“法庭辩论终结，应当依法作出判决。”第 152 条还要求，判决书应当写明判决结果和作出该判决的理由。这主要包括两个方面，即判决认定的事实和理由，以及判决“适用的法律和理由”。再次，在上诉审程序中，根据《民事诉讼法》第 170 条的规定，原判决、裁定“适用法律正确”是上诉审法院以判决、裁定方式驳回上诉，维持原判决、裁定的理由之一；原判决、裁定“适用法律错误”则是上诉审法院以判决、裁定方式依法改判、撤销或者变更的情形之一。最后，在再审程序中，《民事诉讼法》第 200 条第 6 项明确把“原判决、裁定适用法律确有错误”作为人民法院应当再审的法定事由。

总之,法院调解的“合法”并不要求刚性适用法律,而仅要求不违背法律即可。法院判决则要求必须严格适用法律,从起诉到审判,从一审到二审再到再审,都必须严格遵守法律,“依法”作出判决。

(三)法院调解和矛盾化解适用法律的契合性

基于以上分析,在适用法律上,法院调解与矛盾化解具有更多的契合性。矛盾化解对适用法律完全根据化解矛盾的需要而定,为了有利于矛盾化解,可以适用法律,也可以不适用法律。法院调解在立法上原本就没有要求“依法”调解,而只是要求调解“合法”,并进一步理解为“不违法”。从“依法”到“合法”,再到“不违法”,其中的区别是根本性的、巨大的。就此而言,法院调解和矛盾化解在对适用法律的要求上是基本一致的。

五、矛盾化解的程序保障与法院调解和判决

(一)矛盾化解的程序保障

程序保障,又称为程序权保障,或当事者权保障。在民事诉讼程序制度中,关于程序保障的定义和内容,按照王亚新教授的概括,[①]程序保障可以理解为通过程序一方面保障当事者的诉讼权利,或者说保障当事者在这些权利中体现出来的主体性和自律性;另一方面又保障诉讼、审判本身的正当性,或者说是保障法官的审判活动以及作出的决定本身的正当性。后一方面以前一方面为前提,程序保障的重点在前一方面。就此而言,程序保障直接反映了

① 参见王亚新:《民事诉讼中的依法审判原则与程序保障(代译序)》,载[日]谷口安平:《程序的正义与诉讼》(增补本),王亚新、刘荣军译,中国政法大学出版社2002年版,第13页。

正当程序思想所强调的价值观念,并具体体现在当事者主义的诉讼程序结构中。也就是说,程序保障一般是从当事人参加诉讼的角度来理解的,通过在程序上设定必要的规范,保障当事人参与诉讼,并给予其充分的提出攻击防御方法的机会,具体表现为保障当事人在诉讼中享有陈述意见、公开审理、在场见证、辩论、审级救济等基本程序权利。程序保障的目的,一方面是查明案件的事实真相并确定诉讼外实际存在的法律关系,即正确认识和认定作为判决小前提的案件事实,和确定作为判决大前提的案件所要适用的法律。另一方面是通过程序实现诉讼的正当化,即通过程序使在诉讼进行中蒙受不利结果的当事人不得不接受该结果,使社会公众相信司法裁判的正当性。①

矛盾化解重在化解矛盾,至于说化解矛盾的过程是什么,是通过矛盾的当事者双方的努力化解的,还是通过矛盾的化解者努力化解的;是在矛盾的当事者双方在场的情况下化解的,还是仅有矛盾当事者一方在场或者是双方都不在场的情况下化解的;是通过矛盾当事者双方在正式场合充分发表意见的情况下化解的,还是在矛盾当事者双方根本不知情的情况下化解的;是纯粹通过牺牲矛盾当事者一方的利益化解的,还是在矛盾当事者双方相互妥协的情况下化解的等,均在所不问。因此,在某种意义上说,矛盾化解原本就是唯目的论的,为了实现化解矛盾的目的可以不择手段。换言之,矛盾化解是无所谓程序保障的。

(二)法院调解和判决的程序保障

从程序保障的目的和内容来看,可以说程序保障主要是对诉

① 参见[日]谷口安平:《程序的正义与诉讼》(增补本),王亚新、刘荣军译,中国政法大学出版社 2002 年版,第 8-10 页。

讼和审判的要求。尽管法院调解也一向被认为是人民法院行使审判权的行为,是法院审结民事案件的基本方式,但法院调解的程序保障与判决的程序保障的差别还是相当大的。

1. 法院调解的程序保障

如果从程序保障限制法院的审判权和保障当事人的程序主体权这两方面来考察,可以发现,法院调解的程序保障主要体现为当事人自愿调解的原则。除此之外,很难找到程序保障的影子。不仅如此,《民事诉讼法》在立案时要求对"当事人起诉到人民法院的民事纠纷,适宜调解的,先行调解"(第 122 条);在"开庭前可以调解的,采取调解方式及时解决纠纷"(第 133 条第 2 项);在法庭辩论终结时,"判决前能够调解的,还可以进行调解"(第 142 条)。在第一审程序可以进行调解,在二审程序可以进行调解,在再审程序还可以进行调解,甚至在执行程序仍可以进行调解。司法实践则要求"把调解贯穿于立案、审判和执行的各个环节,贯穿于一审、二审、执行、再审、申诉、信访的全过程,把调解主体从承办法官延伸到合议庭所有成员、庭领导和院领导,建立覆盖全部审判执行领域的立体调解机制"。事实上,当事人自愿原则早已被这种比原则更重要的全程调解、全员调解和立体调解的司法政策拍在了沙滩上,自愿早已被强制所取代。

还需要特别指出的是,最高人民法院《民事调解规定》第 2 条规定,"当事人在诉讼过程中自行达成和解协议的,人民法院可以根据当事人的申请依法确认和解协议制作调解书。双方当事人申请庭外和解的期间,不计入审限"。通俗地理解就是,当事人在诉讼外自行达成的和解协议,经过法院确认就可以转变为法院调解。类似的规定还有"当事人可以自行提出调解方案,主持调解的人员也可以提出调解方案供当事人协商时参考"(第 6 条),"调解协议内容超出诉讼请求的,人民法院可以准许”(第7条)。在理论和实践中存在争议的,也可以视为直接违背程序保障原理的是《民事调解规定》第5条规定的内容,“当事人申请不公开进行调解的,人民法院应当准许。调解时当事人各方应当同时在场,根据需要也可以对当事人分别作调解工作”。在理论上,程序公开、主持调解的法官不与当事人一方单独接触以确保中立是程序保障的核心内容。

2. 法院判决的程序保障

相对于法院调解,判决的程序保障是相当严密的。从渊源上说,程序保障本身是针对判决的,是根据判决量体裁衣发展而来的。因此,判决是程序保障的典型形式。从世界范围来考察,第二次世界大战后,当事人的基本程序保障权(接近司法救济权、公正审理权等)出现了“宪法化”、“国际化”和“社会化”的潮流。[①] 1948年的《世界人权宣言》第10条和1950年的《欧洲人权公约》第6条第1款在把“公正审理权”规定为人的基本权利的同时,[②] 欧洲人权法院还通过著名的Golder v United Kingdom判例将“诉诸司法的权利”阐释为《欧洲人权公约》第6条第1款规定的“公正审理权”涵盖的不言而喻的内容。并认为,保障公民进入法院是

---

① 参见[意]莫诺·卡佩莱蒂等:《当事人基本程序保障权与未来的民事诉讼》,徐昕译,法律出版社2000年版,第12页。

② 《世界人权宣言》第10条规定:“在确定当事人的民事权利与义务或者审理对被告人的刑事指控时,任何人有权充分平等地获得独立、公正的法院进行的公正、公开的审理。”《欧洲人权公约》第6条第1款规定:“在决定某人的公民权利与义务或在决定对某人的任何刑事罪名时,任何人有权在合理的时间内受到依法设立的独立与公正的法庭之公平与公开的审讯。判决应公开宣布,但为了民主社会中的道德、公共秩序或国家安全的利益,而该社会中为了少年的利益或保护当事各方的私生活有此要求,或法院认为在其种特殊的情况下公开将有损于公平的利益而坚持有此需要,可以拒绝记者与公众旁听全部或部分的审判。”

保障公民获得公正审判的前提要素之一,保障个人获得有效的、及时的司法救济是保障审判公正的前提,也应当是政府所应承担的义务。[①]《欧洲人权公约》对诉诸司法权保障的宣示已超越一般性国际法的效力,具有司法上的意义。[②] 学者一般认为,"公正审理权或曰正当程序权不仅包含公正审判的权利(right to affair trial),而且包含诉诸法院的权利(right of access to courts)"。[③] 英国学者迪普洛克(Diplock)勋爵指出,每一项文明的政府制度都要求国家为国民提供能够获得公正和和平地解决有关他们法律权利争议的途径,这种途径就是法院,每一个国民都有诉诸法院的宪法性权利。[④] 在布莱克斯通(Blackstone)看来,每一个英国人都有向法院请求对其遭受的损害进行司法救济的权利,因为英格兰的法律是每一个人的生命、自由、财产的最高的裁判者,所有的法院都必须在任何时候向国民开放。[⑤] 因此,按照正当程序的要求,任何可能受到判决结果影响的当事人,都有权获得诉诸法院审判的机会,都有被告知控诉的性质和理由、提出主张、进行辩论和陈述自己意见等公正审判的权利。当事人诉诸法院权保障不仅意味着当事人有接近法院和请求司法救济的权利,而且还要求国家必须为当事人提供更容易接近法院的司法救济。不仅要求为某一个人提供可接

① 参见陈洪杰:《接近正义与人权的司法保护——欧洲人权法院相关实践的启示》,载《厦门大学法律评论》第8辑,厦门大学出版社2004年版,第260页。

② 参见[意]莫诺·卡佩莱蒂等:《当事人基本程序保障权与未来的民事诉讼》,徐昕译,法律出版社2000年版,第22页。

③ 刘敏:《接近正义与英国的民事司法改革》,载公丕祥主编:《法制现代化研究》第9卷,南京师范大学出版社2004年版,第127页。

④ See Richard Clayton & Hugh Tomlinson, *Fair Trial Rights*, Oxford University Press, 2001, p. 5.

⑤ See Richard Clayton & Hugh Tomlinson, *Fair Trial Rights*, Oxford University Press, 2001, p. 5.

近的、便易的司法救济,还包含为所有人提供可接近的、便易的司法救济。为了实现这一点,世界各国努力使传统的个人自由与社会权利保障、个人保障与社会保障融为一体,确保真正的“法律面前人人平等”,而非仅仅形式上的平等,进而使所有人接近司法救济的权利具有实效性。[①] 20 世纪下半叶以来,在世界范围内兴起了接近正义的“三波”运动。其中,前两波运动虽然取名为“接近正义”的运动,但实际上均以起诉权保障为直接目的。[②] 以替代性纠纷解决为主题的第三波运动,虽然不以起诉权保障为直接目的,但在确保当事人适时获得司法救济这一点上,却是对当事人另一种意义的起诉权保障。

从对当事人的程序主体权保障和对人民法院的限权制约来看,我国《民事诉讼法》首先在总则部分规定“民事诉讼当事人有平等的诉讼权利。人民法院审理民事案件,应当保障和便利当事人行使诉讼权利,对当事人在适用法律上一律平等”(第 8 条)。并特别强调,“当事人有权在法律规定的范围内处分自己的民事权利和诉讼权利”(第 13 条第 2 款)。这实际上要求民事诉讼必须实行“不告不理”原则,当事人诉什么,法院审什么、判什么,法院只能在当事人提出的诉讼请求的范围内进行审判,判决的范围既不能超出当事人诉讼请求的范围,也不能遗漏当事人的诉讼请求。其次,《民事诉讼法》第 49 条第 1 款和第 2 款规定了当事人作为程序主体所享有的一系列权利,“当事人有权委托代理人,提出回避

---

① 参见[意]莫诺·卡佩莱蒂等:《当事人基本程序保障权与未来的民事诉讼》,徐昕译,法律出版社 2000 年版,第 39-41 页。

② 第一波的核心是为贫困者提供法律服务,让过去因为经济困难而无法获得法律服务或只能获得低级法律服务的人,获得有法律保障的高质量法律服务,确保律师聘请权和法律援助权的实现。第二波旨在创立新的诉讼形式,为消费者、环境保护主义者等弱势群体的扩散性利益提供司法救济和保护。

申请,收集、提供证据,进行辩论,请求调解,提起上诉,申请执行。当事人可以查阅本案有关材料,并可以复制本案有关材料和法律文书。查阅、复制本案有关材料的范围和办法由最高人民法院规定"。同时,还就当事人双方在诉讼中不同的诉讼地位规定,"原告可以放弃或者变更诉讼请求。被告可以承认或者反驳诉讼请求,有权提起反诉"(第51条)。这里需要着重说明的是,当事人提供证据和证明案件事实的权利。其实,证据收集、提供及对案件事实的证明是一把"双刃剑",对当事人有利有弊、利弊互见,但在本书看来,证据收集、提供和证明首先是一种权利,然后才是一种负担。否则,发轫于私法自治和当事人处分权、集中体现当事人指导民事诉讼的辩论主义原理就无从谈起。最后,《民事诉讼法》不仅专章规定了法院的主管和管辖,避免"抢夺案件或相互推诿案件"现象的发生,而且还对审判组织的形式、人员资格和构成、议事规则等进行了严格规定。为了确保判决中立,实现诉讼公正的价值目标,《民事诉讼法》还专章规定了"回避"制度。

(三)法院调解和矛盾化解程序保障的同质性

基于以上分析,可以认为,法院调解与矛盾化解在程序保障方面具有同质性。可以有程序保障,也可以没有;可以是严密的程序保障,也可以是松散的。

六、矛盾化解的结果与法院调解和判决

(一)矛盾化解的结果

矛盾化解对最后结果没有严格要求,只要能够使矛盾得以"平息"或"罢战"即可。至于说,这种"平息"或"罢战"是一时的还是永久性的,是表面的还是实质性的,是被迫的还是积极主动的,是矛盾当事者一方利益受损还是双方均有让步等并不重要。总之,

只要经过调停矛盾能够停下来不再被激化升级,就算大功告成。从这个角度来说,矛盾化解是面对现在的,它不管过去曾经发生过什么,也不管未来将会发生什么,只要此时此地矛盾得以“平息”,就算成功化解。这样一种理念与辩证唯物主义的矛盾观是完全一致的。在马克思主义的辩证法看来,矛盾的存在具有普遍性,“其一是说,矛盾存在于一切事物的发展过程中;其二是说,每一事物的发展过程中存在自始至终的矛盾运动”。① 矛盾是不可能完全消除的,人们能够解决的只是某一具体矛盾,当这一矛盾解决后,又会有新的矛盾出现。也即,要化解的只是当下的矛盾,至于过去曾经的矛盾及未来还会发生什么矛盾并不重要,这至多成为化解当下矛盾的参考。

(二)法院调解和判决的结果

由于法院调解既不要求一定查明案件事实再进行调解,也不要求必须按照法律的规定进行调解,既可以根据本案的诉讼请求进行调解,也可以超出本案的诉讼请求进行调解,因此,法院调解的结果是无所谓输赢的,只要当事人能够接受即可。“每一个纠纷的调解人都力求缓解矛盾,力求避免对情景作出只能是这一方或那一方有理的定义。”②与矛盾化解一样,法院调解也是面对现在的。学界向来的观点认为,法院调解是面向未来的,其实这是个误解。法院调解真正面对的是现在,只要双方当事人此时此地同意了调解方案,达成了调解协议即可,至于前边发生了什么,以后还会发生什么,这都不重要。也许理想中的法院调解,因为是经过双方当事人的自愿达成调解协议的,应当永久性地从根本上解决纠

---

① 毛泽东:《矛盾论》,载《毛泽东选集》第1卷,人民出版社1991年版,第305页。

② [德]卢曼:《社会的法律》,郑伊倩译,人民出版社2009年版,第86页。

纷，但现实并非如此，实践中法院调解的"双高"现象，即高调解率和高申请强制执行率就是法院调解过于关注现实的注脚。

相对于法院调解的结果，判决的结果有很大不同，判决是对过去已经发生的事实的还原和判定。判决是面向过去的，它关注的是过去究竟发生了什么，至于现在正发生什么，将来会发生什么都在所不问。"法律裁决的另一个特点在于它的过去式定位。法庭通常负责查明已发生的事实，然后从法律上予以评价。塑造当事人之间未来的关系则不是它的职责所在。"①就某种个案事实而言，要么存在，要么不存在，不可能出现既存在又不存在的情况。在对民事诉讼案件事实的证明中，尽管基于证明规则的考量，假设有"真伪不明"的情况，但这是就证明的状态即证明程度而言的。在真实世界中，某种事实要么有，要么无，不可能存在"真伪不明"。同时，按照罗森贝克的证明规则，即便存在真伪不明，也视为该法律要件事实不存在。"由于法律事实构成只有在其前提条件变成具体现实之后才能适用，所以，如果法官在争议情形中不能对此获得完全确信，就不应当适用。"②而这也就是所谓的"要件事实真伪不明时法不适用"的基本原则。因此，法院判决的结果是"非黑即白"的零和游戏。对当事人而言，要么胜诉，要么败诉，不可能出现既胜诉又败诉的双赢局面。"尽管法庭偶尔也寻求折中和弹性，但是法庭的判决通常具有非此即彼的二分特征：判决依据的是已经发生了什么事实这一概念的专一定义以及对法律规则的专一解释。当一起冲突升级为诉讼，冲突中的一方必须准备好承担全

---

① ［德］托马斯·莱塞尔：《法社会学导论》（第5版），高旭军等译，上海人民出版社2011年版，第282页。

② ［德］罗森贝克、施瓦布等：《德国民事诉讼法》（下），李大雪译，中国法制出版社2007年版，第849页。

部损失。”①因而判决不是以牺牲一方当事人的利益为前提的，也不以双方当事人的妥协为依归。

（三）法院调解和矛盾化解结果的相似性

基于以上分析，法院调解与矛盾化解在结果上具有相似性。法院调解和矛盾化解都是唯目的论者，只要能够使矛盾纠纷得以“平息”，就意味着功德圆满。至于最终的结果，是牺牲一方当事人利益还是双方自愿妥协，或者是严格按照法律的规定达成都不重要，也不管双方当事人是自愿的，还是通过矛盾纠纷解决者额外施加压力促成的。法院调解和矛盾化解都是现实主义者，过去的是是非非，未来的福祸坎坷都不必然在其考虑的视域之内。

第三节　矛盾化解与“调解型”诉讼模式

一、“调解型”诉讼模式的形成及特点

如果把矛盾化解作为民事诉讼的唯一目的，唯矛盾化解是从，由于民事诉讼中的矛盾被定位于人民内部矛盾，而人民内部矛盾在政治上强调采用批评教育的方法化解，尽可能避免采用具有鲜明“对敌斗争”性质的判决方法，矛盾化解与调解就产生了必然的联系。鉴于法院调解的主体、客体、事实认定、适用法律、程序保障和结果等与矛盾化解要求的基本一致性，在矛盾化解目的的导引下，整个民事诉讼在审判方式和程序制度方面，就会形成一种“调解型”的诉讼模式。所谓“调解型”诉讼模式，是指诉讼的目的是

① ［美］史蒂文·瓦戈：《法律与社会》（第 9 版），梁坤、邢朝国译，中国人民大学出版社 2011 年版，第 208-209 页。

化解矛盾,诉讼程序和制度的一切要素均是围绕矛盾化解这一目的展开的诉讼构造方式。王亚新教授曾经根据我国 20 世纪 80 年代末 90 年代初期民事审判方式的改革,尤其是举证责任制度的改革,把我国民事、经济审判方式抽象为"调解型"和"判决型"两种程序构造模式。[①] 这与本书基于民事诉讼目的概括出的"调解型"和"判决型"两种诉讼模式,名称虽然相同,理由却不一样。[②] "调解型"诉讼模式的特点可总结如下:

第一,"调解型"诉讼模式的目的是矛盾化解。关于民事诉讼的目的论的学说有很多,其中,有不少学者认为,民事诉讼的目的不是单一的,是多元的。但就"调解型"诉讼模式而言,其主要目的甚至是唯一的目的就是矛盾化解。矛盾化解首先是一种政治需求,为了社会稳定和政治稳定,需要进行矛盾化解。民事诉讼中的矛盾化解是政治需求的矛盾化解在转化为司法政策后直接干预、指导民事诉讼所致。"司法体制中政治与法律的关系之所以变迁,直接的原因是党和国家的政治决策,但深层原因是为了解决社会转型过程中的矛盾与问题,而如果社会转型过程中的矛盾与问题存在重大变化,则司法系统就需要主动或被动地改变政治与法律的关系。改变的目的是使司法体制结构符合或满足社会结构的需要,并因此保障社会的稳定和政治的稳定。"[③]矛盾化解是政治化的民事诉讼的目的,是民事诉讼的政治化目的。

第二,"调解型"诉讼模式的矛盾化解方式是法院调解或诉讼

---

① 参见王亚新:《论民事、经济审判方式的改革》,载《中国社会科学》1994 年第 1 期。

② 必须承认的是,本书对"调解型"和"判决型"两种诉讼模式的概括,确实受到王亚新教授凝练的"调解型"和"判决型"两种审判方式的启发。

③ 徐昀:《"调解优先"的反思——以民事审判结构理论为分析框架》,载《学术研究》2010 年第 4 期。

和解。"调解型"诉讼模式的目的是矛盾化解，无论是谁主持和参加，有多少人主持和参加，有没有人主持和参加，无论根据法律、道德伦理、宗教习惯，甚至迫于第三者的权威和压力，无论依照什么程序、有没有程序，无论案件事实是什么、过去发生了什么、将来会怎么样，只要能够把矛盾化解掉就好，就达到了目的。在此意义上，与矛盾化解最契合、最匹配的纠纷解决方式就是法院调解及诉讼和解。这也许是基于法院调解或诉讼和解确有化解矛盾的特殊功效，也许是基于"调解和解即为化解"和"调解和解即为和谐"与"判决即为不和谐"和"诉讼即为恶"的误解，但这并不重要。因此，"调解型"诉讼模式即为法院调解或诉讼和解。

第三，法院调解或诉讼和解是"调解型"诉讼模式的具体目标。相对于矛盾化解，法院调解或诉讼和解是具体的纠纷解决方式，但相对于具体的诉讼程序及其运作，法院调解或诉讼和解又是该种诉讼模式的目标。法院调解或诉讼和解成为纠纷解决的主要方式，调解或和解结案成为诉讼的第一位目标，调解或和解成为法院指挥全部诉讼活动必须完成的任务，也成为当事人参加诉讼活动不得不遵循的方向。在该诉讼模式中，即便保留有判决，但判决已经被演化为调解的附属品，判决附属于调解，系不得已而用之，完全成为达成调解的手段。调解是主旋律，判决仅仅是插曲而已。

第四，"调解型"诉讼模式的资源配置以促成当事人"合意"为中心。由于法院调解或诉讼和解在理论上最终必须获取当事人的同意才能实现化解矛盾纠纷的目的，其作为纠纷解决方式的正当性或合法性，是双方当事人之间的"合意"，整个民事诉讼程序的目标就是促成当事人达成这种"合意"，合意也因此成为该诉讼模式资源配置的中心，整个民事诉讼程序及程序的所有环节，都必须围绕法院调解或诉讼和解之合意达成而展开。"这个目标规定了程序的展开动机和进行过程,使法官积极主动的调解活动成为诉讼的中心内容。‘调解型’模式在逻辑上意味着作出决定以最终解决纠纷的不是法官而是当事者,程序的重点与其说在于当事者提出证据开展辩论以争取法官作出有利于自己的决定,不如说在于法官形成正确的解决方案并说服当事者作出接受该方案的决定。”①

二、“调解型”诉讼模式的实践

中华人民共和国民事诉讼的历史,基本上就是矛盾化解的历史,而矛盾化解的历史基本上就是“调解型”诉讼模式不断发展变化的历史。

法院调解,“有时是指结案方式,即由审判人员进行社会主义法制(‘治’)教育,进行思想政治工作,说服当事人互谅互让,达成协议,以解决他们之间的纠纷,从而结束本案诉讼,所以叫结案方式。有时调解只指人民法院的思想教育工作。审判人员凡是为了达到调解结案的目的,所进行的调停和政治思想教育,即使没有得到调解结案的目的,也应叫作调解。人民法院的调解,就其本质来讲,是一种思想动员和法制教育工作,要求审判人员根据法律的规定,采取疏导的方针,使用说服的方法,多作思想工作,多作团结工作,求得纠纷的圆满解决。因此,是否具有调解结案目的,是十分重要的。凡为调解结案而作的思想工作,就是调解活动;如果没有这一目的,只是为了顺利判决而进行的思想工作,则不是调解活动。强调思想政治工作,是人民法院审理案件的特点,无论是调解

① 王亚新:《社会变革中的民事诉讼》,中国法制出版社 2001 年版,第 11 页。

还是判决,都是必须做好的”。[①] 可见,以调解为目的非常重要,有了这个目的,其他程序要素和制度环节就有了“灵魂”,就可以围绕这个目标而展开。同时,为了实现调解的目的,思想政治教育工作至关重要,教化当事人达成和接受调解合意,成为必须完成的任务。

为最大限度地化解社会矛盾,维护社会和谐稳定,最高人民法院于 2008 年确立了“调解优先、调判结合”工作原则,2010 年最高人民法院发布《调解优先工作意见》,要求“各级法院要深刻认识调解在有效化解矛盾纠纷、促进社会和谐稳定中所具有的独特优势和重要价值,切实转变重裁判、轻调解的观念,把调解作为处理案件的首要选择,自觉主动地运用调解方式处理矛盾纠纷,把调解贯穿于立案、审判和执行的各个环节,贯穿于一审、二审、执行、再审、申诉、信访的全过程,把调解主体从承办法官延伸到合议庭所有成员、庭领导和院领导,把调解、和解和协调案件范围从民事案件逐步扩展到行政案件、刑事自诉案件、轻微刑事案件、刑事附带民事案件、国家赔偿案件和执行案件,建立覆盖全部审判执行领域的立体调解机制”。这就是所谓的“全程、全员、全面调解”。可见,在“调解型”诉讼模式下,“大调解”和“全程、全员、全面调解”及“调解优先”本来就是紧密地融合在一起的,是相互包含、相互促进、并存并生的。“零判决”则是“大调解”和“全程、全员、全面调解”及“调解优先”的极端形式,也是“调解型”诉讼模式的必然结果。

所谓“零判决”,是指在纠纷解决的过程中,法院结案的方式要求做到调撤率(调解和撤诉率)100%,绝对不适用判决。在“大

① 柴发邦主编:《民事诉讼法教程》,法律出版社 1983 年版,第 322-323 页。

调解”、“全程、全员、全面调解”及“调解优先”的强势推动下，在法院调解指标和调解率的强力驱动下，“零判决”现象顺势而生并开始蔓延。2009 年河南省高级人民法院开展“调解年”活动，为响应该活动，南阳市中级人民法院在 13 个基层法院的 99 个法庭中展开“零判决”竞赛活动，要求所有民事案件均以调解和撤诉方式结案，不许以判决形式结案。为卸去“零判决”所追求的 100% 调撤率的沉重负担，法官需要依托多元社会力量进行全员调解、全程调解，最终 10 个人民法庭全年一案未判，达到“零判决”的目标。[①] 郑州市中级人民法院知识产权合议庭，在 2009 年上半年审理的 200 起案件中无一判决，均以调解方式结案，首次实现百案“零判决”。[②] 2009 年 10 月，河北省高级人民法院积极倡导基层法庭“零判决”模式，明确对婚姻家庭、邻里纠纷及一般性侵权、债务等传统民事案件或小标的额案件，尽力以调解的方式结案，实现“一审终局”。[③] 据报道，2010 年百色市两级法院 1～10 月，全市法院未结案件同比下降 36.36%，综合结案率为 92.06%，申诉案件同比上一年下降 27.51%，再审案件同比上一年下降 50%，执行案件同比上一年下降 30.18%，来信来访下降 51.61%；民事案件调撤率为 83.75%，有 16 个法庭实现“零判决”结案，24 个法庭实现“零上诉”，5 个基层法院无执行积案。[④] 四川省荣县人民法院新桥人民

---

① 参见张定有：《南阳基层法庭“零判决”竞赛的争议与影响》，载《东方今报》2009 年 12 月 31 日，第 3 版。

② 参见张冯焱：《我市知识产权案半年零判决》，载《郑州日报》2009 年 7 月 14 日，第 2 版。

③ 参见孙航、周远：《河北倡导基层法庭“零判决”》，载《河北日报》2009 年 9 月 9 日。

④ 参见罗福生、宋丹丹：《16 个法庭“零判决”24 个法庭“零上诉”》，载《广西法治日报》2010 年 12 月 2 日，第 3 版。

法庭以“公正、廉洁、为民”的人民法庭庭训为指引,充分发挥人民法庭面向基层、贴近群众的司法优势,以被同行们形象地称作“骨头”案的“三养”(赡养、抚养、扶养)案件为突破口,多举措实现“三养”案件连续两年“零判决”。[①] 2011 年后,人们开始反思和批判“零判决”,认为这种思路和做法违背了司法规律,不现实更不可能,甚至会造成对司法公信的伤害,导致人为拉长结案周期,拖延纠纷解决的最佳时机。[②]

三、“调解型”诉讼模式的基本评估

调解作为一种纠纷解决方式的自由性、可兼容性、灵活性,使其能够动员一切有利因素和资源化解矛盾纠纷,调解的主持者可以是法官,也可以是社会贤达、民间组织、政协代表、人大代表、政府官员,甚至可以是各级党委,这毫无疑问对快速高效地化解矛盾、最大可能地化解矛盾是有益的。这种纠纷解决模式是与我国社会主义初级阶段的法治发展水平相适应的,从第一次国内革命战争到抗日战争,从新民主主义革命到社会主义革命再到社会主义建设,我们已经习惯于依靠政策、运用行政命令手段、动员全体人民、采取打“歼灭战”的方式,解决革命和建设当中所遭遇的一切艰难险阻,并且正反两方面的经验已经证明是有效的。以“大调解”、“全程、全员、全面调解”和“零判决”等为典型代表的“调解型”诉讼模式,其实就是这种经验在司法领域的运用和体现,是依靠政策和行政命令解决问题在司法领域的一个缩影。在整

---

① 参见徐文忠:《荣县调解促“三养”案零判决》,载《人民法院报》2009 年 9 月 16 日,第 2 版。

② 参见孙春牛:《警惕对“调解率”的误读》,载《人民法院报》2013 年 5 月 12 日,第 2 版。

个社会主义革命和建设的进程中，尽管有“文化大革命”时期破坏法制和践踏法制的惨痛教训，更有十一届三中全会以来我们痛定思痛，重视法治、恢复法制、建设法治和全面推进依法治国的不懈努力，但总的来说，我们的法治化发达程度仍然偏低，尤其是我们对司法在整个法治国家、法治社会中的地位，对程序正当的意义仍然认识不足，这也是“调解型”诉讼模式得以一再被强化的制度背景。

“调解型”诉讼模式虽然有利于最大限度地动员全部社会资源，集中力量化解矛盾，但它对矛盾的化解无论再经典都是个案，既无法普及更无法一般化，总体还是个别的、有差异的化解矛盾纠纷，无法实现同样问题同等对待和不同问题差别化对待的最朴素的平等，在此意义上，它还是人治的司法而不是法治的司法。在这样一种纠纷解决的生活环境中，人们普遍缺少行为预期，不知道最后的结果会是什么，因为一切都需要博弈，最终的结果是通过各种力量在调解中的博弈实现的。这既不利于实现统一司法意义上的“同案同判”，也不利于不同社会阶段纠纷解决的平等平衡，更不利于社会秩序的稳定和长治久安。在“调解型”诉讼模式中，矛盾化解是一切的目的，调解是达成这一目的的唯一手段，因为这个手段的唯一性，相对于其他纠纷解决方式而言，调解又成为目的。因此，在这种模式中，矛盾化解是最终目的，调解是最高目的，其他一切均为手段。判决也好，仲裁也罢，其存在与否均不再重要。即使存在，也已经变成没有生命的“行尸走肉”，已经不再是整体性存在了，已经完全被碎片化了。为了调解，可以利用判决的机制调查收集证据；为了调解，可以故意展示判决的结果和压力；为了调解，甚至可以把实际的判决转换为形式上的调解。总之，在“调解型”诉讼模式下，判决已经完全被调解“调解”了。

总之,矛盾化解是民事诉讼制度设计者的目的,调解和判决均有实现矛盾化解目的之功能。如果民事诉讼以矛盾化解为唯一目的,追求纠纷整体解决和对案件事实模糊化处理的调解,将备受推崇,判决将被异质化为调解。

第六章　权利保护与调判关系

第一节　作为民事诉讼目的的权利保护

一、权利保护说缘起

民事实体法不仅规定了公民能够享有的权利,而且还规定了其应当承担的相应的义务。一般情况下,债务人根据已有法律规范或生活情理,为了维护个人信誉和声望,都会自觉地履行自己应当承担的义务,从而使权利人的权利得以实现。然而,义务人不履行义务的情况也时有发生,特别是在法律没有规定或规定模糊、权利义务关系不明确时。即便是法律有明确规定,义务人无正当理由拒绝履行义务的情况也不可避免。为此,保障权利实现就成为社会必须予以解决的问题。首先是权利人自我保护、自我救济,即自力救济。自力救济是最古老、最直接、最便捷的救济方法,也是权利人救济自身权利的本能性反应。但由于这里的“权利”是“权利人”自认为的带有主观性的权利,不绝对是法律赋予的客观存在的权利,“义务”也是“权利人”主观上认为的“义务人”应当承担的义务,也不一定是法律规定的实实在在的义务。因此,权利人在实行自力救济时往往会遇到义务人的对抗,并且一般都是权利人与义务人之间的暴力性冲突。又因为权利人未必总是强者一方,如果权利人是弱者一方,权利实现的可能性就微乎其微。这样,自力救济的结果要么是权利根本没有可能得到救济,要么是通过暴力冲突得到救济。就此而言,权利人即便依靠暴力达到了保护权利的目的,也会给正在运行的经济社会关系,乃至正常的人际交往构成巨大的破坏。因此,随着国家的产生、发展和强大,及人类文明程度的提高,自力救济这种带有“暴力性”“野蛮性”的权利保护方式,已经被限定在极为狭小的必要的范围内,甚至基本处于被“禁止”的状态。

既然原则上不允许进行自力救济,那么国家就必须构建一种常态的、文明的保护权利实现的方法,“国家只有在通过自己的机关为当事人提供了保障时,才能禁止自力救济。这一点国家是通过民事诉讼来实现的。国家以此实现了它一项最重要的任务,即真正意义上的教化任务”。① 因此,民事诉讼的目的就是确定和保护当事人私人权利的实现。

二、权利保护说的逻辑

权利保护说一直是德国法学理论和实务界的通说,可以说具有强大的生命力。根据笔者的理解,该理论学说假设了三个命题,

① [德]罗森贝克、施瓦布等:《德国民事诉讼法》(上),李大雪译,中国法制出版社 2007 年版,第 3 页。

首先,我们面对的社会是法律社会,我们需要解决的问题是法律规定的权利义务关系问题发生了争议。这是第一个理论假设,没有这个假设就没有“权利”保护的需要。其次,民事实体法规定的权利都是可以实现的。“在任何法律制度中权利仅存在还不够,它必须也是可实现的。可实现性虽然不是各个权利共同的特征,但一个彻底放弃实现性的法律制度也放弃了自身。”[①]至于当事人对权利及其实现重视与否已无关紧要,因为权利有保护的需要,权利保护才有可能成为民事诉讼的目的。最后,自力救济被禁止。国家既然禁止权利人依靠自己的力量保护已经发生争议的权利,就必须为权利人提供一种具有国家强制力的有效的权利保护方法,这就使民事诉讼的产生成为必然。因此,民事诉讼的使命和核心任务就在于保护权利,民事诉讼的目的就是权利保护。

三、权利保护说之意义

权利保护说以权利实现为切入点,较好地关照了实体法的存在及其功能,从法律制度作为一个整体的意义上诠释了民事诉讼法与民事实体法之间的关系。同时,权利保护说也对民事诉讼程序制度的原理及构造作出了合理的有说服力的解释。其基本逻辑线路是,因为民事诉讼的目的是保护当事人的私权,所以在诉与不诉的问题上才适用“不告不理”原则,当事人享有启动诉讼程序和对具体诉讼请求的决定权;在案件事实主张和证据收集提供及对案件事实的证明上,实行辩论主义原则,当事人原则上主导案件事实的主张及证据的提供,并承担由此产生的责任;在诉讼程序上,

---

① [德]奥特马·尧厄尼希:《民事诉讼法》,周翠译,法律出版社 2003 年版,第 3 页。

当事人享有最终结束诉讼程序的权利;在案件处理结果上,当事人具有和解、调解和承认对方诉讼请求的权利。假如民事诉讼的目的不是权利保护,诸如此类的民事诉讼程序规则就很难得到更加合理的解释。

第二节　权利保护与法院调解和判决

一、权利保护的基本要求

权利保护说的根基就在于,站在实体法的立场,从实体法出发,着眼于实体法规范的实现,认为民事诉讼的目的就在于保护民事实体法规定的实体权利。历史法学派的代表人物萨维尼也是权利保护说的倡导者,在他看来,"诉权"不是实体权利以外的其他权利,而是实体权利在诉讼中的特殊体现。诉权的这种实体法本性是不同于起诉行为的,因为后者属于程序法的范畴。在"诉权即为实体权利"理念的主导下,萨维尼得出的结论就是,民事诉讼的目的在于实现实体权利。按照这一逻辑,诉权在诉讼程序正式启动前,甚至在民事纠纷发生前,是蕴含于实体权利之中的,是债的法律关系的胚胎,诉权就其主观倾向来说,只能是对付对方当事人,对付被告,对付侵犯某一主体权利人的权利。因此,在普鲁士诉讼条例时代,萨维尼主张的实体权利对程序权利的吞并,成为法官在正式诉讼程序前,预先检查原告是否具有"诉权"的程序根据。如果法官根据诉状材料发现原告没有诉权,他就会用自己的绝对命令终止案件程序,原告就不能得到保护。

德国权利保护说的另一位重要人物温德雪德(也译为温德赛),在他的著作《从现代法的观点看罗马法的诉权》一书中提出

“请求权”的学说，该学说反映了随着资产阶级社会权力的发展，德国的民族意识和民族自觉，渴望在法学领域摆脱罗马法无所不包地统治一切的状态。温德雪德认为，必须澄清和阐明那些毫无根据地附加到罗马法身上的有关现代权利的概念，必须挣脱那些陈旧过时的、妨害民族法发展的罗马法原则。在他看来，罗马法的诉权不是保护权利的手段，而是罗马长官权力意志独立的体现。对罗马人来说，有决定意义的不是通过审判活动实现诉讼以外或之前存在的权利，而是用诉讼方法即长官规定的起诉方法，实现长官意志的可能性。按照温德雪德的观点，这与现代法院和权利的观念不同，现代法院的活动只服从法律。在现代法意识中，权利被认为是本原，而对权利的审判保护只是它的结果。因此，按照温德雪德的意见，罗马法的诉权概念被现代的权利概念所取代，这个概念就是“请求权”。德国另一位学者穆特尔也认为，在司法裁判中，存在着两个完全不同的权利，一个是民事权利，另一个则是公法性质的权利。这两个权利是密切联系的，民法上的实体请求权是公法上要求保护这种权利的前提，民事诉讼的目的是保护民事实体权利。[①] 温德雪德和穆特尔的观点对此后的大陆法系的民事诉讼目的理论影响很大，具体诉权学说的开创者在构建自己的诉权学说的同时，也传承和发展了民事诉讼目的的权利保护说。他们一般都认为，保护权利的请求权只是手段，保护实体权利才是目的。[②] 诉讼不是创造已经制定好的客观存在的法律，而是保证法律的实施，司法活动的本质是解释法律，绝不是创造法律。

---

① 参见［苏］顾尔维奇：《诉权》，康宝田、沈其昌译，中国人民大学出版社 1958 年版，第 2-6 页。

② 参见［苏］顾尔维奇：《诉权》，康宝田、沈其昌译，中国人民大学出版社 1958 年版，第 11 页。

基于以上分析,权利保护说的标识性观点就是保护“实体权利”。这个实体权利既是抽象的,又是具体的。说它是抽象的,是指这个实体权利是实体法规定的权利,而不是其他自然享有的天赋的权利;说它是具体的,是指在具体案件中双方当事人所享有的权利,而不是泛指一般意义上所有人所享有的权利。在此意义上,权利保护说所保护的实体权利可能是原告享有的权利,也可能是被告享有的权利。如果是原告享有的权利,被告就要承担相应的义务;反之,原告就要承担相应的义务。因此,权利保护的目的或目标是保护实体权利,这就意味着诉讼的结果“非黑即白”。要么是保护原告的实体权利,判令被告履行相应的义务;要么是保护被告的实体权利,判令原告履行相应的义务。同时,权利保护说所保护的实体权利,不是法官在诉讼过程中基于诉讼资料创造出来的,而是在诉讼之前已经制定的民事实体法规定的。在权利保护说的视阈内,诉讼的根据或基准法既不是不可捉摸的法官意志,也不是适用一时的政党政策,更不是变动不居的政治需要,而只能是已经制定的实际存在的实体法。也因此,依法诉讼,以法律为准绳诉讼,就成为保障民事实体权利、实现权利保护说的刚性要求,也成为民事诉讼的根本原则。

在权利保护说的逻辑链条上,既然“依法诉讼”是权利保护说的重要一环,案件事实必须符合法律要件事实,因此案件的确定性就成为依法诉讼的下一链条。我们经常说依法诉讼和依法裁判,这是从总体上来说的,如果更深入一步,依法诉讼就是依照具体的法律规范诉讼(法律是法律规范的总称),如果再进一步,依法诉讼就是依照法律规范规定的要件事实诉讼,因为案件事实符合法律规定的法律要件事实,才会产生法律规定的法律后果,否则,法律规定的后果就不能产生。法院和当事人的全部诉讼活动基本上都是围绕着"案件事实"与法律规定的"法律要件事实"是否吻合展开的。既然依法诉讼主要是以法律要件事实进行诉讼的,那么法官判断法律后果是否产生的标准就是"案件事实"与"法律要件事实"的一致程度。案件事实,即诉讼对象必须是确定的。易言之,案件事实即诉讼对象一经进入诉讼程序(诉讼系属),就必须是确定的,至少不能随意变更。如果案件事实可以随时更改,法院和当事人就无法与法律要件事实进行比对,进而就无法作出关于法律后果的判断,判决将无从产生。

权利保护说要求依法诉讼,依法诉讼要求依据法律规范规定的法律要件事实进行诉讼,依法律要件事实进行诉讼又要求案件事实必须是确定的,这只是权利保护说的理论链条之一,还有一个重要的链条就是在法官的主持下进行诉讼活动。实际上,依法诉讼本身就蕴含着由法官主持诉讼。法官被视为法律专家,是专门适用法律的人,诉讼活动主要是法律活动,主要是适用法律的活动,因此,依法诉讼必然要求在法官的主持下进行。按照现代法治理念,依法诉讼不仅是依照实体法进行诉讼,而且还要依照法定的程序由法定的法院和法官进行诉讼。"法定法官"是大陆法系国家普遍奉行的一项宪法原则,对当事人则是一项不受剥夺的宪法性权利。这里的"法官"涵盖"法院"在内,甚至首先是指"法院"。法定法官原则要求"必须依据法律规定,普遍地和事前地确定拥有管辖权的法院",[①]而不允许有目的的任命法官去审理特定案件。法定法官原则的法理基础在于,法院管辖权和法官审理权直接归属于国家审判权,总体上又属于国家公权力。依照现代法治国家

① [德]阿希姆·赫尔曼:《德国刑事诉讼法典》,李昌珂译,中国政法大学出版社1995年版,第12页。

制约权力的原理，法院管辖权和法官审理权必须在法律授权的范围内按照法定程序行使。同时，要保障当事人的程序主体地位和诉讼程序公平公正，也要求必须在法律中预先规定管辖的法院和法官。在公共政策上，法院和法官也可以理解为国家为全体国民提供的一项司法救济方面的公共福利，这种福利是国家根据案件类型（性质、复杂性、影响力、标的额等）通过立法直接分配的，不允许当事人自由决定和任意抢夺。总之，法定法官制度要求，诉讼所在的法院和主持诉讼的法官必须确定于案件发生之前，绝对不可以是随机的，这彰显的不仅是法律的权威，更为重要的是保障司法的公平正义。在德国，"保障法定法官意味着，必须在法定的事实构成要件成就之前——预先并且为大量的案件——通过法律一般性地确定法官且法官的任期较长""根据联邦宪法法院的裁判，不仅要尽可能详细地预先通过规范确定这样的法院，而且也要确定各个裁判组织和各个法官。……如果司法机构或者行政机构依自由裁量确定了管辖的法官或者裁判的法官，那么，这是不合法的"。[①] 法定法官制度不仅要防止下级法院和法官滥用司法权力，更要防止上级法院对下级法院司法权的侵蚀。

二、权利保护与法院判决

把权利保护作为诉讼的目的，要求诉讼的结果必须是"非黑即白"，其前提是严格遵守事前已经制定的实体法进行诉讼，进而既要求必须由法定法官主持，又要求案件事实即诉讼对象是确定的，不能随机变动，所有这些都共同指向法院判决，都与法院判决的逻

---

① ［德］罗尔夫·施蒂尔纳：《民事诉讼中案件事实阐明时的当事人义务》，载［德］米夏埃尔·施蒂尔纳编：《德国民事诉讼法学文萃》，赵秀举译，中国政法大学出版社 2005 年版，第 144 页。

辑具有高度契合性。

近现代经典判决的逻辑是“三段论”推理，即以现行法律为大前提，以案件事实为小前提，然后通过比对二者的契合度推出是否产生法律规定的法律后果。首先，依法裁判既是法治国家的基本原则，也是法院判决必不可少的运作环境。这里的依法裁判与权利保护说的依法诉讼在本质上是完全一致的。它也同样要求必须根据事前已经制定完善的法律进行诉讼，必须把现实中的实定法作为裁判的基准法。其次，既然裁判结果即法律规定的法律后果是否产生，主要取决于作为大前提的法律要件事实能否涵摄实际生活中发生的案件事实，那么案件事实就必须是确定的，不能轻易改变的。只有在确定案件事实后，才能经过法官和当事人对案件事实进行“加工”“提炼”“验证”，并不断反复比对与法律要件事实的契合度，最终得出法律后果是否产生的结论。再次，既然裁判的基准法是现行法律规定，比对的指标是法律规定的法律要件事实，那么最终的裁判结果必然是法律规定的法律后果是否存在。这个“法律后果”，是指实体法规定的法律关系是否存在。详细地说，就是实体法规定的实体权利义务关系是否存在。简言之，即为实体法规定的“实体权利”是否存在。因此，判决追求的目标或者说判决的目的也是实现“实体权利”。最后，判决是诉讼的典型性作业，也是法院的典型性工作，只能由法官作出。判决既要求必须严格遵守法律，以法律为准绳，也要求具有丰富社会经验，准确提炼案件事实，还要求通过严密的逻辑推理作出。判决是一项对专业性要求非常高的工作，判决是一项要求裁判者只能向善的良心性工作，因此，作出判决的人也只能是经过严格遴选程序具有丰富专业知识、社会经验和良好社会伦理的法官。尼克松曾经向全美国承诺，一旦他当选总统，会提名像伯格一样的典型人物担任最高法院的法官,他说,“这种人对‘法律和秩序’的基本原则有见识,熟谙国家刑律并有丰富经验;这种人会把自己看作宪法的‘维护者’,而不是看作一个‘放手把自己的社会和政治观点……强加于美国人民的超级立法者’;这种人是根本大法宪法的‘严谨的解释者’;这种人作为低一级的司法机构上诉法院的法官积累了广泛的经验”。[①] 这段话在一定程度上揭示了作为裁判官需要具备的资质的要求。鉴于此,可以肯定地说,“权利保护”需要“判决”,“判决”能够最大限度地实现“权利保护”的目的。

三、权利保护与法院调解

权利保护说宏观上对实体法的重视,对实体法与程序法关联性的突出强调,以及对法定法官和案件事实确定性的刚性要求等,都与法院调解的制度原理和运作机制不相匹配,甚至相悖。法院调解虽然也可以保护当事人的民事权利,但它不是以权利保护为目标的,矛盾化解才是其制度目的。权利保护要求必须以事前存在的实体法为制度背景,是严格按照实体法的规定保护实体权利的。而法院调解可以严格遵守实体法,也可以不以实体法的规定为基准,在双方当事人同意的情况下,只要不违背法律的强制性规定即可。法院调解完全可以根据当事人双方共同接受的标准进行,达成调解协议,包括法官提供的方案、权威人士的意见、社会道德伦理观念、当地的风俗习惯等。权利保护要求进入诉讼的案件事实必须是确定的,不得随意改变,而法院调解的对象却可以随时改变,只要当事人形成共识并愿意在调解协议中一并解决,其他都

① [美]亨利·J. 亚伯拉罕:《法官与总统——一部任命最高法院法官的政治史》,刘泰星译,商务印书馆1990年版,第1-2页。

不是问题。权利保护要求必须由高度专业化和职业化的法官主持,法院调解却具有一定的灵活性。法官主持是法院调解的理想配置,但并非必须,法官助理、人大代表、政协代表等主持也未尝不可,甚至书记员主持也没有严厉禁止。因此,从总体上看,法院调解的制度构造是相对宽松的。

第三节 权利保护与“判决型”诉讼模式

一、“判决型”诉讼模式的形成

由于法院判决与权利保护的高度契合性,判决可以最大限度地接近和实现权利保护的目的,如果将权利保护作为民事诉讼的唯一目的,整个民事诉讼制度即民事纠纷解决制度,逐渐的就会形成一种可称之为“判决型”的民事诉讼模式。这种诉讼模式可归纳为以下特点。

第一,在“判决型”诉讼模式中,如果民事诉讼的直接目的是形成判决的话,那么其最终目的则是为了权利保护。“判决”与“判决型”是不一样的,判决可以为了调解和矛盾化解,也可以为了权利保护,即可以不以权利保护为目的。但“判决型”诉讼模式就不一样,不管承认与否,都无法避开权利保护。因此,在“判决型”诉讼模式中,无论设有什么样的前置程序,无论曾经发生过什么,也无论直接或间接地追求什么目标,最终都会达致权利保护的目的。同时,“判决”与“判决型”诉讼模式之间也存在不可分割的联系,“判决”是形成“判决型”诉讼模式的逻辑前提,“判决型”诉讼模式一般都以“判决”为纠纷解决方式,但这不是绝对的。

第二,在“判决型”诉讼模式中,权利保护目标的实现必须以遵循法律为前提,必须始终将自己置身于由法律元素编制的“法律时空”之中。这里的“法律”既包括实体法,也包括程序法。实体法是“判决型”诉讼模式必不可少的外部环境,程序法是其得以运作的内在机制。实体法相对于该诉讼模式的运作是先在的,程序法的先在对于该模式的运作更加强烈。从某种意义上说,程序法是该模式运作的“小宪法”,它关涉到作为公权力的审判权行使的范围和边界。

第三,整个“判决型”诉讼模式及“判决”都围绕着一个悖论而形成和展开。这个悖论就是“知道案情的当事人不能作判决,必须作判决的法官不知道案情”。由于当事人与案件有直接利害关系,每一方当事人都认为自己有正当理由享有权利,而对方当事人因理亏应当承担义务,所以由任何一方当事人作判决都不可能做到公平公正。因此,“任何人均不能作为其本人或与其本人有任何干系或其本人有所偏私一类案件的裁判者”,[①]由任何一方当事人对案件作出判决都不具有正当性。然而,虽然不能作自己案件的法官作裁判,当事人的地位却不容忽视。这主要取决于两个方面的原因:第一个方面的原因是,当事人是发生纠纷的民事案件的主体,是发生纠纷的民事权利和义务关系的担当者,在民事诉讼中,他们理所应当被尊为民事诉讼程序的主体。他们在诉与不诉、诉的范围、是否撤诉等方面应当享有决定权。第二个方面的原因是,当事人是案件的亲历者,他们熟知案件的每一个细节,他们一般也持有能够证明案件事实存在与否的关键性证据。因此,在案件事实主张与否、证据收集提供与否、是否对案件事实进行证明、是否

---

① [美]汉密尔顿等:《联邦党人文集》,程逢如等译,商务印书馆 2004 年版,第 402 页。

积极参加法庭辩论等问题上，既享有一定的权利，也要承载负担。也正因如此，当事人一方面是"判决型"诉讼模式的主体，享有法律规定的实体权利和程序权利，另一方面也必须承担证明案件事实成立与否的责任，并在不能证明案件事实存在或案件事实处于真伪不明状态时承担败诉的后果。判决必须由法定法官作出，这考虑的是司法的专业性，"司法是人和制度的集合体，即使有最明晰的规则、最透明的程序、最精巧的法庭技术，法官仍然是最关键的因素"。[①] 但这不是最主要的，最重要的考量因素是司法的公平公正。拉德布鲁赫曾经说过："公平正义的原则高于人间的一切法律。"[②]法官的公正，除了国家信誉担保和层次严格遴选程序以及各种机制限权监督外，还在于法官不知道案情。为了避免利害关系的关联，先入为主及一些成见，法官必须是与案件没有任何利害关系的人、不知道案情的人，否则就必须根据回避制度予以回避。同时，也正因为法官是不知道案情的人，才需要当事人通过事实主张、提供证据并证明和说服法官案件事实的存在和不存在，进而确保法官作出客观、正确的判决。

第四，"判决型"诉讼模式的正当性在于程序正当，而非结果正当。民事诉讼的正当化主要有两种方法，"一种方法的重点放在保证具体判决内容的正确性上，另一种方法的重点则放在保证判决形成的客观性上。换言之，前一种方法是通过努力使判决本身建立在事实清楚、是非分明的基础上并合乎法律要求的实体正义来制约法官；而后一种方法则着重于在形成判决的过程中从程序

---

① ［美］莫里斯·罗森伯格：《司法的品质》，载美国亚利桑那州高等法院《法官手册》第5页。

② 迟日大：《法律适用统一的障碍及其破解路径——一个关于建立中国特色案例指导制度的话题》，载《河北法学》2011年第3期。

上保证法官的公正性、中立性，以此来防止法官个人的主观性左右其判断。换个角度看，作为保证判决得到正当化的方法，可以说前者强调的是判决的实体方面，而后者则强调形成判决的程序方面；或者说前者更重视判决这一结果，而后者更重视到达这一结果的过程本身”。[①] 就这两种方法而言，前一种方法主要与“调解型”诉讼模式相协调，后一种方法则与“判决型”诉讼模式相适应。重结果、重价值判断、重道德伦理是我国传统诉讼模式的典型特征，也是其正当性所在。在“调解型”诉讼模式中，最关键的是当事人形成“合意”。只要当事人形成了合意，就意味着纠纷的解决，就意味着纠纷解决具有正当性。因此，法官的全部工作就是教育和说服当事人接受法官认为具有某种正当性的纠纷解决方案，至于说用什么方法、采取什么手段、在什么样的场合、在什么时间内让当事人接受都不重要。也即调解的过程和程序是无关紧要的，甚至是可有可无的，最重要的是让当事人接受调解的结果。法院调查收集证据的目的是当事人达成调解协议，法院领导层层审批把关，也是为了让当事人达成调解协议，法律设立各级法院和不同审级的目的，也是为当事人达成合意服务的。总之，相对于调解协议这一结果而言，其他所有制度安排均为手段。在“判决型”诉讼模式中，判决的结果是整个诉讼程序的逻辑延伸。判决结果很重要，但形成判决的过程更加重要。在整个诉讼过程中，每走一步、每一个程序环节都是法定的，并且整个程序都只有一个方向，是不可逆的，程序一旦经过就要打上封条，不允许随意更改。因此，在“判决型”诉讼模式中，对程序的关注要超过结果，程序本身的正当性比结果正当性更加重要。判决结果的正当性必须通过正当程序完

---

① 王亚新：《论民事、经济审判方式的改革》，载《中国社会科学》1994 年第 1 期。

成,否则,如果判决的程序有重大瑕疵,即便判决的结果未受质疑,也要重新来过。可见,“判决型”诉讼模式的正当化方法主要是确保形成判决的过程正当,其特点在于,在程序的展开过程中,把法官的裁量权限缩小到最小限度,相应地,把其责任也降到最低。同时,把当事人在程序中的权利扩张到最大,自然地,其责任也升到了最高。

二、“判决型”诉讼模式的实践

自中华人民共和国成立迄今虽仅有 70 年的历史,但在相当长的时间内和绝大多数情况下,我国民事诉讼结构的性质都是“调解型”而非“判决型”。如果一定要找出在什么时段内我国民事诉讼结构的性质有点像“判决型”,[①]那就只能是从 1991 年到 2002 年和 2012 年党的十八大以来这两个阶段。

第一个阶段是 1991 年到 2002 年。“判决型”诉讼模式发生在 1991 年的标志性事件是,《中华人民共和国民事诉讼法》由中华人民共和国第七届全国人民代表大会第四次会议于 1991 年 4 月 9 日通过并公布施行。说这是个标志性事件,主要有两个方面的理由,第一个方面的理由是,在中华人民共和国的历史上,第一部《民事诉讼法》是 1982 年颁行的,但这个法是“试行”的法,并不是正式的,至少不成熟。经过近 10 年的试行,总结各方面的经验,到 1991 年终于把“试行”这两个字去掉了,正式的、成熟的《民事诉讼法》得以颁布实施。这至少说明,我国民事诉讼法即民事诉讼程序和制度在正规性和规范性上向前迈了一大步,党和国家决策层及

① 请注意,这里说的是“有点像”,并不是“就是”。如果真正按照“判决型”的标准去度量,很难说我国曾经有过纯粹的“判决型”诉讼模式,这种情况的判决只有可能发生在个别法官裁判的个别案件之中。

广大人民群众对民事诉讼法的重视程度有了大幅度提高。时任最高人民法院副院长唐德华说,这次修改《民事诉讼法》的一个重要指导思想,就是要强化人民法院民事审判工作的权威。从修改的法律条文看,无论是对妨害民事诉讼的强制措施的规定,还是关于执行程序的规定,都围绕着一个中心,就是如何加强法律的严肃性和权威性、维护法律的尊严,保证审判工作的顺利进行,保证人民法院发生法律效力的判决、裁定能够得到全面执行。为此,不但诉讼程序要求更加严格,诉讼行为更要求规范,而且还增加了维护审判活动的强制手段,强化了执行措施,在许多方面新赋予了人民法院履行审判职责的各种权力。[①] 第二个方面的理由是,1991 年《民事诉讼法》第一次对法院调解作出了相对客观和理性的定位,这当然也是对判决和“调判关系”的客观和理性的定位。1991 年《民事诉讼法》第 9 条规定,“人民法院审理民事案件,应当根据自愿和合法的原则进行调解;调解不成的,应当及时判决”。第 85 条又具体要求,“人民法院审理民事案件,根据当事人自愿的原则,在事实清楚的基础上,分清是非,进行调解”。对于法院调解,1982 年《民事诉讼法(试行)》强调的是“着重调解”,这次把“着重”二字去掉,代之以“自愿”调解,其实质是弱化调解,强化法院判决在民事诉讼中的地位和作用。从这部《民事诉讼法》将“自愿”调解写入法条开始,此后虽历经波折但自愿调解的根本却无法动摇,最终还是要回到调解的“自愿”上。

我国民事诉讼模式之所以会从“调解型”向“判决型”发生明显转变,主要原因可归结为三个方面。第一个方面的原因是法院

① 参见唐德华:《民事诉讼法立法与适用》,中国法制出版社 2002 年版,第 295-296 页。

调解自身出现的问题。在整个新民主主义革命时期和中华人民共和国成立后30多年中,“调解为主”是我国民事审判工作长期坚持的方针。但学界主流观点认为,“调解为主”的提法具有片面性,“‘调解为主’是否意味着审判为辅?人民法院是国家的审判机关,如果审理民事案件以审判为辅,和人民法院的性质显然不相容。同时,‘调解为主’的提法在执行中也产生了副作用。一些人民法院追求调解数字,以调解案件的多少作为考核审判人员工作成绩的标准。这就助长了某些审判人员违反自愿原则,采用强迫或变相强迫的方法进行调解”。[①] 1982年颁行的《民事诉讼法(试行)》通过总结审判工作的实践经验,将“调解为主”修改为“着重调解”,但审判实践中的问题并没有因此而减少。“在审判实践中,有些审判人员为追求调解率,采用压服的方法,强迫当事人达成调解协议,表面上看是当事人自愿达成调解协议,但实际上并不是当事人真实的意思表示,当事人随时可以反悔,或者造成生效的调解书难以执行。这种做法违反自愿原则,容易造成工作上的被动。”[②]大家都明白,调解应当自愿。学理上也始终认为,法院调解涉及当事人的诉讼权利和实体权利,必须经过双方当事人的同意。但实践经验却一再表明,只要强调调解,调解就会被指标化,调解率就会成为法院和法官追求的目标,强迫调解、压服调解的问题就会屡禁不止。这大概是我国诉讼模式从20世纪90年代以后逐渐由“调解型”向“判决型”转型的自身原因。第二个方面的原因是十一届三中全会以来我国开始进行改革开放,经济管理方式从“计划经济——有计划的商品经济——市场经济”的剧变已经发生。

---

① 柴发邦主编:《民事诉讼法教程》,法律出版社1983年版,第91页。

② 唐德华主编:《新民事诉讼法条文释义》,人民法院出版社1991年版,第21页。

在“市场经济就是法制经济”理念的指导下，依法治国已经成为最高层决策者和人民群众的共同选择，并且正式写入党的十五大报告之中。按照世界各国的共识，法治发达的标准之一就是，司法在整个社会秩序治理中具有特殊的地位和作用，司法的权威性具有广泛的国民基础和社会基础。鉴于此，党的十五大报告不仅把“依法治国”详细表述为，“依法治国，就是广大人民群众在党的领导下，依照宪法和法律规定，通过各种途径和形式管理国家事务，管理经济文化事业，管理社会事务，保证国家各项工作都依法进行，逐步实现社会主义民主的制度化、法律化，使这种制度和法律不因领导人的改变而改变，不因领导人看法和注意力的改变而改变。依法治国，是党领导人民治理国家的基本方略，是发展社会主义市场经济的客观需要，是社会文明进步的重要标志，是国家长治久安的重要保障。党领导人民制定宪法和法律，并在宪法和法律范围内活动。依法治国把坚持党的领导、发扬人民民主和严格依法办事统一起来，从制度和法律上保证党的基本路线和基本方针的贯彻实施，保证党始终发挥总揽全局、协调各方的领导核心作用”，而且还在依法治国的大背景下，要求“推进司法改革，从制度上保证司法机关依法独立公正地行使审判权和检察权，建立冤案、错案责任追究制度”。可以说，依法治国和保证司法机关依法独立公正地行使审判权和检察权，为“判决型”诉讼模式的形成创造了制度条件。第三个方面的原因是对外开放。对外开放在鼓励外商投资，引进外国的资金、技术和人员的同时，移植外国先进的管理制度、社会治理制度和法律制度，也成为一时的潮流及法律、法学研究发展的特征。判决制度是现代国家法治发达的经典制度，是国家现代司法的支柱。受现代司法理念的影响，构建“判决型”诉讼模式成为无数法律人的理想图景，也成为我国司法改革的方向和目标。

从诉讼实践看，尽管1991年《民事诉讼法》颁行后，由于“着重调解”的惯性影响，调解率在很长的一段时间内居高不下，但到了2002年法院的调解率降至谷底。20世纪80年代末期，我国有不少基层人民法院和部分中级人民法院不约而同地开始了“强化当事人举证责任”的讨论和实践。由于随着经济体制的改革，市场经济的活跃度越来越高，各种经济关系越来越复杂，有关民事经济类型的案件也越来越多、越来越复杂，为了减轻法院的工作负担，解决案多人少的矛盾，这些法院就把自己过去大包大揽的证据收集、证据提供、事实证明、证明责任承担等负担交给了当事人。这样一来，问题就产生了。过去是法院调查收集证据，在收集证据的过程中，对案情已经形成大致判断，正式开庭审理往往只是走个过场，现在是当事人收集证据，而当事人往往只会把对自己有利的证据提供给法院，如果法院仍像过去一样漫不经心的开庭，就很难发现真实的案情作出客观正确的判决。因此，法庭质证、认证、法庭调查和法庭辩论问题就提到了议事日程，原来的庭审方式已经不适应新的情况，庭审方式改革势在必行。这种新的“当庭质证、当庭认证、当庭判决”的庭审方式改革，要求进行庭审的合议庭和独任审判员必须有足够独立的审判权限，这又对我国传统的审判体制和工作机制提出了挑战。我国原来的庭审基本上是一个形式，实际审理案件的合议庭和独任审判员一般没有独立作判决的权限，他们只负责“审”而不管“判”，对案件的“判”主要是由没有实际参加审判的庭长、院长和审判委员会完成的。“当庭质证、当庭认证、当庭判决”与层层审批、层层把关的“行政审批制”是直接冲突的，由此，庭审方式改革就引发了审判方式改革。1998年7月，最高人民法院颁行的《关于民事经济审判方式改革问题的若干规定》开宗明义,为了正确适用《中华人民共和国民事诉讼法》,“建立与社会主义市场经济体制相适应的民事经济审判机制,保证依法、正确、及时地审理案件,在总结各地实践经验的基础上,对民事、经济审判方式改革中的有关问题作出如下规定”,并对“关于当事人举证和法院调查收集证据问题”“关于做好庭前必要准备及时开庭审理问题”“关于改进庭审方式问题”“关于对证据的审核和认定问题”“关于加强合议庭和独任审判员职责问题”“关于第二审程序中的有关问题”等六个问题作出了规定。其实质是强化当事人举证责任,保障当事人的一系列程序权利,减轻法院的工作负担,缩减法院在判决中的责任。不仅如此,2001 年 12 月,最高人民法院还专门颁布了《关于民事诉讼证据的若干规定》,对“当事人举证”“人民法院调查收集证据”“举证时限和证据交换”“质证”“证据的审核认定”等问题作出了全面规定。显然,其改革行进的方向就是“判决型”诉讼模式。正因如此,到 2002 年,法院不再以调解结案率作为考评法官业绩的主要指标,而是以当庭宣判率和裁判文书的质量来评价法官的工作业绩,法院调解的结案率也降至历史最低的 39%左右。

2012 年党的十八大以来是“判决型”诉讼模式发展的第二个阶段。2002 年以后,法院调解的逐渐升温,尤其是“全程、全面、全员调解”和“调解优先”司法政策的实施,以及实践中出现的“调解年”和“零判决”竞赛,引起了学界的高度警惕并对强制调解给予了猛烈批判。党的十八大再次重申,要“坚持依法治国这个党领导人民治理国家的基本方略”,明确提出要“全面推进依法治国”,并强调“法治是治国理政的基本方式”,要推进“科学立法、严格执法、公正司法、全民守法,坚持法律面前人人平等,保证有法必依、执法必严、违法必究。完善中国特色社会主义法律体系,加强重点领域立法,拓展人民有序参与立法途径。推进依法行政,切实做到严格规范公正文明执法。进一步深化司法体制改革,坚持和完善中国特色社会主义司法制度,确保审判机关、检察机关依法独立公正行使审判权、检察权”。这无疑为发展“判决型”诉讼模式指明了方向。随后党的十八届三中全会一方面指出要“建设法治中国,必须坚持依法治国、依法执政、依法行政共同推进,坚持法治国家、法治政府、法治社会一体建设。深化司法体制改革,加快建设公正高效权威的社会主义司法制度,维护人民权益,让人民群众在每一个司法案件中都感受到公平正义”。另一方面又用大量的篇幅就新一轮司法改革的“权力运行机制”和“人权司法保障”等问题作了详细阐述,指明要“优化司法职权配置,健全司法权力分工负责、互相配合、互相制约机制,加强和规范对司法活动的法律监督和社会监督。改革审判委员会制度,完善主审法官、合议庭办案责任制,让审理者裁判、由裁判者负责。明确各级法院职能定位,规范上下级法院审级监督关系。推进审判公开、检务公开,录制并保留全程庭审资料。增强法律文书说理性,推动公开法院生效裁判文书。严格规范减刑、假释、保外就医程序,强化监督制度。广泛实行人民陪审员、人民监督员制度,拓宽人民群众有序参与司法渠道”,要“国家尊重和保障人权。进一步规范查封、扣押、冻结、处理涉案财物的司法程序。健全错案防止、纠正、责任追究机制,严禁刑讯逼供、体罚虐待,严格实行非法证据排除规则。逐步减少适用死刑罪名。废止劳动教养制度,完善对违法犯罪行为的惩治和矫正法律,健全社区矫正制度。健全国家司法救助制度,完善法律援助制度。完善律师执业权利保障机制和违法违规执业惩戒制度,加强职业道德建设,发挥律师在依法维护公民和法人合法权益方面的重要作用”。党的十八届四中全会则是“全面推进依法治国”的纲领性文件,从“完善确保依法独立公正行使审判权和检察权的制度”“优化司法职权配置”“推进严格司法”“保障人民群众参与司法”“加强人权司法保障”“加强对司法活动的监督”六个方面,全面阐述了如何“保证公正司法、提高司法公信力”。党的十八届四中全会提出了一系列具有开创性和前瞻性的论断和改革方案。如推动实行审判权和执行权相分离的体制改革试点;最高人民法院设立巡回法庭,审理跨行政区域重大行政和民商事案件;改革法院案件受理制度,变立案审查制为立案登记制;完善审级制度,一审重在解决事实认定和法律适用,二审重在解决事实法律争议、实现二审终审,再审重在解决依法纠错、维护裁判权威;坚持以事实为根据、以法律为准绳,健全事实认定符合客观真相、办案结果符合实体公正、办案过程符合程序公正的法律制度,加强和规范司法解释和案例指导,统一法律适用标准;落实终审和诉讼终结制度,实行诉访分离,保障当事人依法行使申诉权利等。当然,与本研究主题直接相关的、最耀眼的论断就是“以审判为中心”。其具体表述是“推进以审判为中心的诉讼制度改革,确保侦查、审查起诉的案件事实证据经得起法律的检验。全面贯彻证据裁判规则,严格依法收集、固定、保存、审查、运用证据,完善证人、鉴定人出庭制度,保证庭审在查明事实、认定证据、保护诉权、公正裁判中发挥决定性作用”。可以认为,这是构建和完善“判决型”诉讼模式最经典、最精辟的概括。从实践中看,2012 年,特别是 2014 年以后,在全面推进依法治国的大背景下,有关司法政策和实务部门已经不再把调解案件的多少作为考评法官绩效的依据,“调解优先”明显降温,判决的功能和正能量逐渐得到越来越多的人的认识和接受。

三、“判决型”诉讼模式的基本评估

(一)“判决型”诉讼模式的正统性

从古至今,古今中外,判决是最正统的审判方式。这种“正统”主要是指“正式”“正规”“规范”之意。也就是说,判决是最正统、最正式、最正规、最规范的诉讼方式或纠纷解决方式。以“判决”为核心构成要素和直接追求目标的“判决型”诉讼模式,也因此成为最正统、最正式、最正规、最规范的诉讼模式。说它最正统、正式、正规、规范,主要在于它要求必须在正式的场合、按法定的程序、在法定法官主持和双方当事人的共同参加下才能进行诉讼活动,因此产生的诉讼后果才具有法律效力。这种正统诉讼模式的经典比喻和表述,就是诉讼结构的“等腰三角形”,双方当事人平等对抗交涉,法官居中中立,并在双方当事人详细陈述、充分辩论和发表意见的基础上作出判决。这种诉讼结构及内置其中的对公正价值的追求,是诉讼之外的任何一种纠纷解决方式及公共决策方式所不具备的,这也是司法之所以成为司法,而不是立法、执法和行政的主要原因所在。正是这种正统、正式、正规、规范的构造模式,才能够在诉讼中吸收、释放当事人的不满和怨气,才能够为当事人和社会所信赖和接受,才能够形成司法公信力。因此,正统性、正式性、正规性、规范性是“判决型”诉讼模式的鲜明特点和生命力所在。

(二)“判决型”诉讼模式的弥合性

“判决型”诉讼模式在实体法与程序法、司法与法治、法治与民主政治之间具有超强的连接和弥合功能,这是“调解型”诉讼模式不可能具备的。任何一种制度要最大限度地释放自身功能,都不能脱离整体制度环境,“判决型”诉讼模式生存的最基本的制度环境,就是实体法和程序法的共同存在、法治环境的存在、法治与民主政治的协调。首先,“判决型”诉讼模式最直接的目标是作出客观、正确的判决,其基本要求是依法裁判,这不仅要求实体法的存在,也要求程序法的存在。如果没有已经制定好的实体法和程序法,法院即使仍旧作出了判决,其客观性、准确性、公正性、正当性将没有任何保证,其权威性也将荡然无存。其次,“判决型”诉讼的上位概念是司法,也即“判决型”诉讼属于司法的范畴。作为一项司法活动,并不是孤立的,司法公正、司法权威、司法公信力的获得,除了保障司法活动自身即司法过程必须公正外,其非常重要的一个前提是已经制定的法律是公正良好的,是具有人文关怀的,是符合国家和社会需要的,是反映民族精神的。如果已经制定的法律本身就是“恶法”,无论司法的过程再怎样公正也不可能获得预期的效果。关于这一点,亚里士多德在《政治学》中对“法治”的认识至为深刻,他说:“法治应包含两重含义,已成立的法律获得普遍服从,而大家所服从的法律又应该本身是制定的良好的法律。”因此,“判决型”诉讼模式本身也蕴含着良好的、善的法治环境的存在。最后,什么是“恶法”,什么又是“良法”,其实并没有绝对的标准。除非经过实施和检验,在没有经过实施和检验之前是很难判断法的良恶的。在现代社会中,我们只能认为,凡经正当程序制定的法律一般就是良法,而这个正当程序主要是指民主程序。到目前为止,人类所发明的能够保障所有人平等、自由的政治制度就是民主制度。其理论假设就是,所有的权利都是人民的,人民为了保护自己的自由和财产,抵御外部的侵略,才组成了国家,国家是每一个人让渡权利的结果,因此,国家是人民的,人民是国家的主人,国家的权力源自人民,属于人民。法律是调整人与人之间的关系的,是调整人与人之间的利益关系的,是调整各种利益关系的平衡器。法律对国家、社会及每一个人都至关重要，因此，必须经过民主程序制定的法律才是正当的，才能够对全体人民发生法律效力，进而为所有人普遍遵守。就此而言，“判决型”诉讼模式要求“依法裁判”，又要求裁判所依据的法必须是制定好的“良法”，这个良法又只能通过现代民主制度的“民主程序”而产生，因此，“判决型”诉讼模式又内在的把法律与民主、法治与政治勾连在一起。这样一来，实体法与程序法、司法与法治、法治与民主政治等，这些在民事诉讼和纠纷解决中并不一定必然连接在一起的概念及制度范畴，因“判决型”诉讼模式而紧密地勾连在一起，各项制度之间的向心力和凝聚力陡然增加。

（三）“判决型”诉讼模式对社会正义的再生产

“判决型”诉讼模式的直接目的是形成客观、正确的判决，其进一步的目的是就双方当事人在现实生活中发生的权利义务关系冲突，依据经过民主程序制定良好的法律保护当事人的权利。为了作出正确判决，保护当事人的权利，其基本方法是依据法定的程序，由当事人对自己主张的案件事实举证证明，并在此基础上对案件事实作出认定，进而通过解释和适用法律而作出判定结果。该诉讼模式判决依据和裁判程序的先在性、确定性、稳定性、可预期性，当事人在诉讼程序中的主体性、参与性、辩论性，法官在案件事实认定和法律适用中的中立性、被动性、消极性，判决过程的公开性、透明性、可见性，案件事实的明确性，判决结果的黑白分明和胜败的截然二分，判决书的说理析法等，均可视为制定法对民事权利和义务界线的重申，是对国家、社会主流价值观，以及是非善恶的再次申明，也是对主流价值观所维持和塑造的社会秩序的再次强调，实质是对社会公平正义的续造和输出。因此，判决正像社会正义和正能量生产的车间，“判决型”诉讼模式正像社会正义和正能量的生产线,判决的每一次作出,“判决型”诉讼模式的不断运作,就使整个社会的正义源源不断地被生产和再生产。

当然,权利保护是民事诉讼制度利用者的目的,调解与判决均可达致保护当事人权利的目的。如果民事诉讼仅将保护当事人的权利作为唯一目的,以本案权利义务关系为诉讼标的,以发现法律上正确解决为导向,注重程序正义的判决将受到追捧,“判决型”诉讼模式将在塑造社会和当事人诉讼意识的同时也被塑造,诉讼的灵活性和柔性将会因此受阻。

第七章　两种诉讼目的的选择与调判关系

第一节　矛盾化解与权利保护的比较

矛盾化解说与权利保护说，也即把矛盾化解和权利保护分别作为民事诉讼的目的。二者是两种不同的理论学说，虽然有一定联系，但却存在着根本的区别。二者之间的联系主要体现为，以矛盾化解作为民事诉讼的目的，在一定条件下也可以实现权利保护的目的，这主要是指严格依照法律和法定的程序运用判决的形式化解矛盾。同时，如果以权利保护为民事诉讼的目的，就一定会达到矛盾化解的目的，这是二者之间所具有的共通性。二者的区别具体如下。

一、产生背景不同

“矛盾化解”本身并不是民事诉讼法的专门用语，甚至都不是专门法律术语。在我国，“矛盾化解”一词主要使用于哲学和政治学。尽管“矛盾化解”并非民事诉讼的专门用语，也不是非用不可，但它还是揭示和表达出了进行民事诉讼所面临的一个最一般、最普遍的问题，即通过民事诉讼把当事人诉至法院的案件处理掉。在这一点上，它与民事诉讼中的专门用语“纠纷解决”有异曲同工之效果。纠纷解决说是关于民事诉讼目的论的很有影响力的学说，“纠纷解决”与“矛盾化解”在理论背景、前提条件、宗旨和制度追求方面，虽有很大不同，但二者在主张民事诉讼的目的是把矛盾纠纷处理掉这一结果上，是完全一致的。

权利保护说在产生背景上反映了权利救济从私力救济到公力救济发展的过程。在民事诉讼这一公力救济制度产生之前，当事人的正当权利受损，主要是依靠私力救济。但私力救济是没有任何保证的，最终沦为弱肉强食的丛林法则，演变为宗族和群体之间的流血和杀戮。为平等保障每一个人的正当权利得以实现，维护主权者的统治秩序的长治久安，在国家和法律产生之后，必然是禁止私力救济。既要禁止私力救济，又必须要保障当事人发生争执和冲突的权利得以顺利的实现，国家只有设立法院、遴选法官代表国家实施民事诉讼。权利保护揭示了实体法与程序法最初的关系，也即民事诉讼和民事诉讼法依附民事权利和民事实体法的一面。就此而言，实体法及实体法规定的权利是先在的，民事诉讼和民事诉讼法是为保障实体权利及实体法的实现而产生的。

二、侧重点不同

民事诉讼是一种强制性解决纠纷的方式。就该强制性解决纠纷的过程和结果来说，它可以同时存在矛盾化解、权利保护、私法秩序维护、程序保障等多种目的，每一种民事诉讼目的理论学说的主要侧重点不同。矛盾化解说侧重的是把矛盾处理掉,至于处理矛盾的过程和结果是否保护了当事人的权利、维护了私法秩序、做到了程序保障都在所不问。而权利保护说则重在保护当事人的权利。由于民事诉讼是强制性的解决纠纷,因此权利保护说并不排斥矛盾化解,只不过民事诉讼的首要目的或民事诉讼的核心逻辑是保护权利,矛盾化解只是权利保护的附带效应。整个诉讼程序和制度都是围绕着权利保护而不是矛盾化解展开的。既然民事诉讼是强制性解决纠纷,实现了权利保护的目的,就一定会使矛盾得以化解。我们必须注意的是,这里的矛盾化解可能只是外在的、形式上的矛盾化解,即在诉讼程序和制度上已经做到了矛盾化解,因为只要是诉讼就一定有审级,总有画句号的时候,不可能没完没了。至于当事人是否打心底对法院的终审判决口服心服,从而服判息诉则另当别论。

三、对法官和当事人的影响不同

基于关于正确处理人民内部矛盾学说,民事诉讼中的矛盾化解与调解具有天然的联系。在运用调解方式化解矛盾的理论逻辑中,当事人居于相当主动的地位,虽然强制调解是法院调解的常态,但只要当事人对于不利于自己的调解方案不接受的态度坚决,能够扛得住,矛盾化解的目的就无法实现。因此,相对于当事人的主动,法官是被动的,必须作大量的说服教育工作,直到当事人双方同意调解并达成调解协议为止。为了实现矛盾化解的目标,法官有时候必须表演法律守护神的角色,大义凛然、铁面无私、不偏不倚;有时候又要表演成双方当事人经纪人的角色,为双方做打算,既要算经济账又要算天理人情账;有时候甚至还要表演出一副“仗势欺人的小人”角色。按照权利保护说,如果民事诉讼的目的必须保护当事人的权利，法官和当事人在诉讼中的地位马上就会互换。当事人要想满足自己的诉求，使自己根据法律规定享有的正当权利得到法官的认同，并以判决的形式确定下来，就必须积极地主张能够支持自己权利保护诉求的案件事实。当事人要想法官相信自己主张的案件事实是真的，而不是虚假的事实，就必须积极地收集证据、提供证据并证明案件事实。只有在当事人主张了足以支撑自己权利保护诉求的案件事实，提供了必要的证据并经过法定的质证和认证程序后说服了法官，当事人的权利才能够为法官作出的具有既判力的判决所保护。因此，在权利保护的逻辑中，法官是相对消极、被动、无为的，当事人为赢得诉讼不得不承担所有的责任。民事诉讼要实现权利保护的目的，法院只能依照当事人处分权主义和辩论主义的原理，基本上在当事人主张的案件事实和举证证明的基础上，对实体法上要件事实的存在与否及应否保护当事人实体权利作出判决。假如民事诉讼的目的只是矛盾化解，法院基于本案的有关事实和证据，不一定作出上诉人不承担任何责任这种"黑白分明"的判决，上诉人毕竟出具了资金证明，可能是假的也可能是真的，终审法院完全可以调解结案，并要求上诉人稍微承担一点责任。

四、与相关制度的关系不同

矛盾化解对制度环境没有特殊要求，它可以与法治环境相结合，可以适用实体法和程序法，也可以在非法治环境下存在。我们既可以说民事诉讼的目的是矛盾化解，也可以说仲裁、调解、和解等所有的纠纷解决方式的目的是矛盾化解，还可以说解决经济问题、政治冲突、国与国之间的国际争端的目的均为矛盾化解。因此，将矛盾化解作为民事诉讼的目的，具有超越民事诉讼甚至超越法律的意义。

与矛盾化解不同的是,权利保护对制度环境的要求非常挑剔,它只有在法治环境里才能够生存和发展。因为它所要保护的权利是实体法规定的权利,对实体权利的保护必须是在法定法官的主持下,严格按照法律预设的程序进行。民事诉讼的目的要真正完成权利保护的任务,对立法、执法、司法、守法等各个实施法治的节点都有很高的要求。因为要保护法律规定的权利,法律必须受到国家、社会和个人的尊崇,任何人、集团、政党都必须在宪法和法律规定的范围内活动,都不得有超越法律的特权。宪法作为国家的根本大法,作为保护人民权利的圣经,具有至高无上的地位,所有的人都必须遵守法律,信仰法律,否则将受到法律一视同仁的制裁。因此,权利保护与实体法、与程序法、与国家的根本大法是不可分割的。从某种意义上说,宪法、实体法和程序法不仅是实现权利保护的前提,而且也是包括宪法在内的所有法律制定和实施的目的。

五、对社会秩序的作用不同

民事诉讼以矛盾化解为目的具有随机性,矛盾化解的方案是根据案件的具体情况而定的,矛盾化解的标准是不固定的,矛盾化解的程序和步骤是可以灵活把握的。也因如此,最值得注意的一点是,这些随机的因素结合在一起就导致矛盾化解的结果均是个案的,不具有一般性和任何普遍适用性。这样一来,矛盾化解对整个社会秩序而言,每一个矛盾纠纷的解决确实会起到去除不和谐问题、维护社会秩序的作用,但这种作用非常有限,只能是就事论事、就问题解决问题、“头痛医头脚痛医脚”,不可能形成整体性的、规律性的应对方案,也不可能保障矛盾化解整体性的公平正义,同案不同判、相同问题不同解决成为常态。这种个案化的矛盾化解往往都是不公开、不透明、藏着掖着的，在社会中不仅难以形成确定、明晰的矛盾化解标准和是非界限，而且很容易形成当面不说、背后乱说、小道消息传播成风的不良社会风气。

民事诉讼以权利保护为目的，要求以实体法为标准，以程序法为运作规则，与矛盾化解相比，具有确定性、稳定性、明晰性。法律本身是对社会现象的抽象，是对社会事件、行为条件及后果的一般概括，不可能随着主体、客体和时间的变化而变化。如法律规定的借贷关系、租赁关系、夫妻关系、父子关系等，其权利义务关系都是稳定的。民事诉讼以权利保护为目的处理案件，需要将鲜活的案件事实再次裁剪，使之具有一般化的属性，进而涵摄于法律规定的要件事实之中，最终判定法律规定的后果是否发生。由此可见，就权利保护目的论而言，从标准到程序再到推理过程都具有一般性，都有规律可循。案件一经处理，对其他类似案件的解决都具有参考性。一个接着一个案件的处理，由于其处理标准及过程的稳定性、明确性和公开性，就等于一次又一次向当事人和社会宣示和重申权利保护的标准和规则。久而久之，这种标准和规则就会在人们的心中形成应当不应当为、如何为的红线和底线，法律和法治理念就会在人和社会土壤中生根发芽，由法律和法治奠基的社会秩序将良性循环、稳若磐石。

第二节　矛盾化解与权利保护的选择

诉讼目的与调判关系模式是互为前提的，诉讼目的决定、引导着调判关系模式的定位和形成，同时又受到调解与判决自身功能构造的制约。矛盾化解是民事诉讼制度设计者的目的，调解和判决均有实现矛盾化解目的之功能。如果民事诉讼以矛盾化解为唯一目的,追求纠纷整体解决和对案件事实模糊化处理的调解将备受推崇,判决将被异质化为调解。权利保护是民事诉讼制度利用者的目的,调解与判决均可达致保护当事人权利的目的。如果民事诉讼仅将保护当事人的权利作为目的,以本案权利义务关系为诉讼标的,以发现法律上正确解决为导向,注重程序正义的判决将受到追捧,调解将被判决所同化,成为审判式的调解。

民事诉讼究竟是以矛盾化解还是权利保护为目的,是有疑问的,这种疑问虽然没有形成理论学说的争论和交锋,甚至到目前为止还没有人正式提出这一问题,但专家学者和实务部门对民事诉讼目的不同的表达已经说明了一切。在本书看来,根据矛盾化解和权利保护的特质和要求,结合我国的实际情况,在当下和相当长一段时间,我国民事诉讼必须以权利保护为目的。

一、权利保护符合设立民事诉讼制度的初衷

权利保护目的论主要是为了因应权利保护的路径不畅而产生的,由于私力救济难以达到平等保护公民(当事人)权利的目的,且往往会演变为族群之间械斗、大规模的社会冲突和动荡,严重威胁统治者的统治和社会秩序运转,作为禁止私力救济的替代,国家才设立民事诉讼程序和制度。因此,国家设置民事诉讼程序和制度进行民事诉讼活动的初衷就是权利保护。

为了实现民事诉讼权利保护的目的,可能也要化解当事人之间的矛盾,但这并非当事人进行民事诉讼的主观上的出发点,只是因为权利保护且于权利保护同一过程产生的客观后果。达到了权利保护的目的,相当于厘清了民事实体法规定的实体权利和义务关系,通过判决的既判力向当事人和社会宣示了权利义务的界限,

在客观上也维护了私法秩序，即民事实体法所保护的社会秩序，但这仅仅是客观上的。同时，民事诉讼为了更好地实现权利保护的目的，还必须对整个民事诉讼活动和当事人实施严密的程序保障。但这同样也不是民事诉讼的初衷，只是保护当事人实体权利的手段和过程。

二、权利保护符合经典民事诉讼结构的理念

民事诉讼制度的目的主要是追问民事诉讼制度为什么而存在，这涉及民事诉讼存在和发展的根本问题。为了实现民事诉讼制度的目的，民事诉讼各构成要素在结构上的配置和整合，就是所谓的民事诉讼结构。民事诉讼目的主导和制约着民事诉讼结构的形成和发展，民事诉讼结构实现和影响民事诉讼目的。

民事诉讼结构，也称民事诉讼模式，一般将其理解为法院和当事人权利（权力）配置的样态。就民事诉讼而言，无论大陆法系还是英美法系国家均采当事人主义诉讼模式。王亚新教授根据两大法系国家和我国民事诉讼的理论和实践，将民事诉讼结构抽象为"对抗·判定"，在他看来，"无论'当事人主义'还是'职权主义'、'对抗制'还是'纠问制'，主要涉及的都是'对抗'还是'非对抗'这一部分的要素，而'判定'还是'非判定'这一对于我国传统和现实的民事诉讼来讲是非常关键的要素却没有得到正面涉及"。[①] 不管如何理解和抽象，笔者认为，民事诉讼的经典结构就是大家耳熟能详的一句话，"当事人双方平等对抗，法官居中裁判"。关键是如何解读这个结构。在这里，重要的是当事人因为什么而平等

① 王亚新：《对抗与判定：日本民事诉讼的基本结构》，清华大学出版社 2002 年版，第 5 页。

对抗,平等对抗的武器是什么?法院为什么能够居中裁判,法院居中裁判的标准是什么?

当事人之所以对抗,是因为发生了无法和平解决的争执,并且这种争执最终都是能够换算成法律上权利义务关系的争执,因此又称之为“平等对抗”,平等对抗的武器主要是法律规定的事实和证据。平等对抗原则,也称为武器平等原则,是指“当事人无论其诉讼中为原告或被告,或诉讼外系高低阶层之关系,于诉讼中之地位一律平等;法官因此负有经由客观公正程序进行,无成见的使用与评价当事人双方之主张、无偏私的运用法律及履行其他程序上义务,以确保当事人地位之平等;而唯经由武器平等原则,乃得强化正确判决之可能性”。[①] 如果不能换算成法律上的权利义务关系,是不可诉的,压根儿就不可能进入法院的门槛,即便法院已经受理也会裁定驳回。可见,就民事诉讼结构而言,其制度设计本来就是针对民事法律纠纷的,它所要保护的自然也只能是法律规定的民事实体权利。法院居中裁判的前提是当事人的平等对抗,假如当事人的对抗是不平等的,法院即使居中裁判也无法实现预期的目的。法院居中裁判不等于简单消极地宣判当事人双方平等对抗的结果,而是要根据法律判断当事人通过平等对抗主张的案件事实,是否与法律规定的法律要件事实相一致,进而作出法律规定的后果是否产生的判决。因此,法院居中裁判的标准依然是法律上的权利义务关系。鉴于此,我们可以得出如下结论,民事诉讼的经典结构是为厘清发生争执民事实体法上的权利义务关系而建构的,当事人双方进行民事诉讼平等对抗的武器和法院居中裁判的

---

① 姜世明:《民事程序法之发展与宪法原则》,台北,元照出版有限公司 2003 年版,第 162-163 页。

标准,均为民事实体法规定的权利义务关系,民事诉讼的目的也因此只能说是权利保护。可以认为,民事诉讼中的处分权原则、辩论主义原则、直接言词原则、当事人双方对席审判原则等也都是为权利保护服务的。

三、权利保护符合民事实体法的宗旨

民法是规定和保障公民私权利的基本法,民法的基本职能就是规定公民权利和义务的有无,确认公民权利义务的边界,保障公民权利义务的行使。因此,民法才称之为公民权利保护的基本法,或公民私权保障法。在历史上,“民法是为了对抗公权力的干预、保障公民权利不受侵害而产生的。在民法的发展历史上,不同时期的民法都坚持了一个最基本的共性——以权利为核心”。[①] 民法总则被称为民事权利的宣言书,整个民法总则一般都是以民事权利为中心而展开的。在王泽鉴先生看来,民法总则规定的“人”是民事权利的主体,“物”是民事权利的客体,“法律行为”是民事权利的得丧变更,“期日及期间”是民事权利成立或消灭在时间上的计算,“消灭时效”是民事权利行使在时间上的限制,“权利之行使”是民事权利行使在目的和方法上的限制。[②] 因此,尽管民法总则是由“权利”和“法律行为”两方面的制度构成的,但究其实质都是以“权利”为出发点和归宿的。整个民法总则的体系如此,某一个具体的民事法律规范也同样如此。

总之,“人生来就享有特定的由其人格而产生的权利(人权),这些权利绝不因为订立社会契约而丧失”。[③] 民事实体法本身就

---

① 王利明:《民法总则》,中国人民大学出版社 2017 年版,第 9 页。

② 参见王泽鉴:《民法概要》,中国政法大学出版社 2003 年版,第 35 页。

③ [德]迪特尔·施瓦布:《民法导论》,郑冲译,法律出版社 2006 年版,第 47 页。

是权利保护法,每一个民事法律规范的功能就是为实现权利保护目的而根据事实情况配置具体的法律后果(权利保护标准)。

四、权利保护符合法治国家和法治社会的要求

现代法治的主要线索和基本精神就是"限制公权力,保障私权利"。戴雪在《英宪精义》中称"法治"为"法律主治",认为法律主治包含三层含义,并从这三个方面构成英宪的基本原理。第一层含义是法律至上。"四境之内,大凡一切独裁、特权,以至宽大的裁夺威权,均被摒除。英吉利人民受法律治理,唯独受法律治理。一人犯法,此人即被法律惩戒;但除法律之外,再无别物可将此人治罪。"第二层含义是人人在法律面前平等。"四境之内,大凡一切阶级均受命于普通法律,而普通法律复在普通法院执行。当法律主治用在此项指意时,凡一切意思之含有官吏可不受制于普通法律及普通法院者皆被摒除。"第三层含义是宪法的通则形成于普通法院的判决。"英宪的通常原理(譬如即以人身自由的权利或公众集会的权利为例)的成立缘由起于司法判决,而司法判决又起于民间讼狱,因牵涉私人权利而发生。可是,在多数外国宪章之下,个人权利的保证只能形成(至少在外表上是如此)于宪章的通常原理。"①可见,在戴雪看来,虽然法律至上和法律面前人人平等对法治非常重要,但更为重要的是法院的判决。公民私人的权利并不是从这些通常原理中推演而来的,恰恰相反,这些原理源自能够保障个人权利实现的一个又一个的司法判决。

第二次世界大战后,基于德国法西斯的独裁和专制,全世界法学家开始反思法治的真谛,他们试图赋予法治更广泛的内容,不仅

---

① [英]戴雪:《英宪精义》,雷宾南译,中国法制出版社 2017 年版,第 254-267 页。

要求在形式上是正义的,而且还要求在内容上也必须是正义的,即国家制定的法律不仅应当具有普遍的约束力,而且其内容必须是正当的,保护人民权利的。1959 年 1 月 5 日至 10 日国际法学家会议在印度新德里召开,会议的主题是讨论有关法治问题的一篇论文报告,这篇报告是国际法学家委员会在总结和征询全世界 75000 名法学家和 30 多个法学研究机构的基础上形成的,会议最后专门就法治问题通过了《德里宣言》。这次会议的初步结论是,"法治观念要服从于两个理想,首先,国家的一切权力必须要根源于法,而且要依法行使;其次,法必须建筑在尊重人类人格的基础之上"。[①] 可见,法、法治最正当的内容就是两个方面,即限制国家的权力和保护人民的权利。就这两方面的内容而言,前者是手段,保护人民的权利才是限制国家权力的目的。也许正是基于这一点,《德里宣言》还将法治确认为,"不仅被用来保障和促进公民个人的民事的和政治的权利,而且要创造社会的、经济的、教育的和文化的条件,使个人的合法愿望和尊严能够在这样的条件下实现"。鉴于此,我们可以得出一个结论,法治源自公民个人的权利保护,还必须服务于公民个人的权利保护。把矛盾化解作为民事诉讼的目的,这种观点"更倾向于为了真正地解决纠纷而积极支持法官的裁量或创制法的活动,与英美法系中司法优越的理念有共通之处""把法、权利的实现作为诉讼目的的学者认为,既然是国家制定实体法并为了保证其内容得到实现而建立审判制度,法官只须从实体法的角度来处理纠纷即可,不该过多地介入个人的事务。这种观点表现了严格制约国家和法官权力的近代市民理念"。[②]

① 张文显:《二十世纪西方法哲学思潮研究》,法律出版社 1996 年版,第 622-623 页。

② [日]谷口安平:《程序的正义与诉讼》(增补本),王亚新、刘荣军译,中国政法大学出版社 2002 年版,第 46 页。

五、权利保护符合我国社会的实际需要

我国社会的需要是什么,这主要取决于我国现阶段面临的主要矛盾和问题。关于这一点,党的十九大报告在总结过去5年取得的成就的同时指出,“必须清醒看到,我们的工作还存在许多不足,也面临不少困难和挑战。主要是:发展不平衡不充分的一些突出问题尚未解决,发展质量和效益还不高,创新能力不够强,实体经济水平有待提高,生态环境保护任重道远;民生领域还有不少短板,脱贫攻坚任务艰巨,城乡区域发展和收入分配差距依然较大,群众在就业、教育、医疗、居住、养老等方面面临不少难题;社会文明水平尚需提高;社会矛盾和问题交织叠加,全面依法治国任务依然繁重,国家治理体系和治理能力有待加强;一些改革部署和重大政策措施需要进一步落实;党的建设方面还存在不少薄弱环节。这些问题,必须着力加以解决”。并由此明确指出,“中国特色社会主义进入新时代,我国社会主要矛盾已经转化为人民日益增长的美好生活需要和不平衡不充分的发展之间的矛盾”。对于我国社会主要矛盾的转化,十九大报告将这种“不平衡不充分”解释为两个方面,第一个方面是“我国稳定解决了十几亿人的温饱问题,总体上实现小康,不久将全面建成小康社会,人民美好生活需要日益广泛,不仅对物质文化生活提出了更高要求,而且在民主、法治、公平、正义、安全、环境等方面的要求日益增长”。第二个方面是“我国社会生产力水平总体上显著提高,社会生产能力在很多方面进入世界前列,更加突出的问题是发展不平衡不充分,这已经成为满足人民日益增长的美好生活需要的主要制约因素”。其实,第一个方面的“不平衡不充分”可以通俗地理解为人民对物质文化生活需求与民主、法治、公平、正义、安全、环境等方面的要求日益增

长之间的矛盾。第二个方面就是居民收入差距较大、贫富悬殊的问题。①

如果与本研究课题结合起来,笔者认为,这种“不平衡不充分”的情况有:一是我们已经制定了完备的法律,但人们的法律意识、法治理念和社会的法治环境仍不够理想,司法的发展严重不足不充分。二是就整个司法系统来说,尤其是民事司法系统,我们太多强调甚至绝对强调的是法院调解,轻视甚至忽视判决的功能和作用。在长期实施“全程调解”和“调解优先”的语境中,判决的发展严重不足不充分。

要解决以上“不平衡不充分”,回到原点就是一句话两条线索。这一句话就是“限制公权力,保护私权利”,两条线索一是“限制公权力”,二是“保护私权利”。这句话既是我国实现法治国家、法治政府和法治社会的核心内容,也是基本要求。要限制公权力和保护私权利,首先要对法治的功能和作用重新进行评估,从最高决策层到一般人民群众形成共识,高度重视法治,坚定不移地厉行法治。关于这一点,党的十九大报告指出:“党的领导是人民当家作主和依法治国的根本保证,人民当家作主是社会主义民主政治

① 2015 年,彼得森国际经济研究所研究员瑞安·卢特考斯基等人根据中国官方发布的相关数据认为,尽管中国居民收入分配的基尼系数从 2008 年的 0.48 连续 6 年下降到目前的 0.47,但这个数字仍高于经济合作发展组织国家的平均水平,处在全球收入分配差异最大的国家之列。同时,美国布鲁金斯学会约翰·桑顿中国中心主任李成对中国中产阶级问题高度关注,他分析认为,中国中产阶级在总量上可能已达到 3 亿人,在类型上主要包含有三类人:一是经济领域的精英;二是政治领域的官员和公务员;三是文化群体(包括教师、艺术家等)。中产阶级是社会发展中一个稳定的力量,中国未来想要继续扩大中产阶级群体的规模,最大的挑战就是能否跨越“中等收入陷阱”,将金字塔形社会变为真正的橄榄球形社会,避免重走部分拉美国家的老路。See Ryan Rutkowski, *China Chart of the Week: Inequality Continues A Steady Decline*, https://piie.Com/ research /piie-charts /china-chart-week-inequality-continues-steady-decline.

的本质特征,依法治国是党领导人民治理国家的基本方式,三者统一于我国社会主义民主政治伟大实践。”并认为,“全面依法治国是中国特色社会主义的本质要求和重要保障”。这对“依法治国”是相当高的定位,依法治国既然是中国特色社会主义的“本质要求和重要保障”,既然是党领导人民治理国家的“基本方式”,就不是辅助方式,也不是次要方式,更不是补充方式。其次是要重新认识和评估判决的功能和作用,高度重视判决,坚定不移地主要运用判决的方式解决纠纷。关于这一点,十八届四中全会作出了非常明确的定调,“推进以审判为中心的诉讼制度改革,确保侦查、审查起诉的案件事实证据经得起法律的检验。全面贯彻证据裁判规则,严格依法收集、固定、保存、审查、运用证据,完善证人、鉴定人出庭制度,保证庭审在查明事实、认定证据、保护诉权、公正裁判中发挥决定性作用”。毫无疑问,“以审判为中心”是符合我国实际的,只有“以审判为中心”才能明确法律规定的权利和义务是什么,法定的权利和义务的界线在哪里,才能够更好地指导法院和当事人保护私权利,才能够养成国家、社会和个人的尊法、崇法和守法意识,自觉遵循规则的意识。

特别需要指出的是,限制公权力与保护私权利这两条线路是相互制约、相互促进的,只有限制了公权力,确保公权力在法律授权的范围内行使,才能够避免行政权的无限扩展和对司法权的侵害,避免司法的行政化和政治化,避免判决的调解化,才能够最终保证私权利不受侵害。人民的权利只有得到呵护和保障实施,公权力才能够得到更好地制约。就二者关系的本质而言,人民是国家的主人,一切权力属于人民,国家、政府和社会的公权力是为服务和保护人民的权利而存在的。因此,权利是本,权力为末,我们决不能本末倒置。

第三节 权利保护下的调判关系

基于权利保护与判决的特殊关系，如果以权利保护作为民事诉讼的主要目的，整个民事诉讼模式将呈现“判决型”的样式。易言之，我们在民事诉讼目的上选择了权利保护，就意味着我们选择了“判决型”诉讼模式，我们就只能在“权利保护——判决型”的理论逻辑中理解和把握调判关系，在这一实践逻辑中修正和安排调判关系。

一、权利保护下调判关系的基本认知

（一）价值上的关系

在讨论判决与法院调解在价值上的关系时，学者们总是习惯于用“没有优劣之分”来表达。诚然，判决和调解各有其适用的案件范围，二者的制度构造和正当性原理也各不相同，这样表达也确实没有问题，更何况这样表达也更能彰显学者客观、中立的学术立场。但我们应当注意，“判决和调解没有优劣之分”是有前提条件的，如果不管什么条件、不分场合、什么时候都说“没有优劣之分”，就会变成没有立场、没有观点的绝对中间主义者和“老好人”。“没有优劣之分”的前提条件就是不设任何条件，在静止的一般的意义上来说的。现在，我们把前提条件变成“权利保护——判决型”就具体化了，我们就不能还说二者“没有优劣之分”。

在“权利保护——判决型”的前提条件下，判决与调解的价值关系是不言而喻的，只能是判决优先，因为“判决型”诉讼模式本身就是对“调解优先”的否定。“权利保护——判决型”诉讼与公

正司法、法治是紧密联系在一起的。在这种诉讼模式下,判决更适合公正司法的要求,更适合法治的要求,更适合当下中国社会的要求。只要法治作为中国的国家战略没有变,只要法治作为党和国家领导人民治国理政的基本方式的定位没有变,只要公正司法作为全面推进依法治国的重中之重的认知没有变,判决优先的地位就不能变,我们就要以判决为支柱构建“判决型”诉讼模式,我们就要以判决思维——法治思维来认识和处理民事纠纷,而不是用调解思维——人治思维化解矛盾。当然,假如离开了“权利保护——判决型”这个前提,判决与调解的价值关系就另当别论了。

（二）性质上的关系

判决属于法院的审判行为,这一点毫无疑问。但法院调解究竟是法院的审判行为还是当事人之间的合意行为,是有很大争论的。笔者一向认为,法院调解是法院行使公权力的审判行为与当事人行使私权利的合意行为的混同,是审判行为与合意行为的杂交,它具有二重性,既具有审判行为属性的一面,又具有合意行为的一面。其实,我们在这里没有必要给法院调解精准定性,我们只需要明确法院调解不纯粹属于审判行为或合意行为就可以。也就是说,在“权利保护——判决型”诉讼模式下,判决与法院调解在性质上的关系就是“审判行为与半审判行为”的关系。显然,在该逻辑框架下,判决的血统是纯正的,法院调解是混血的,审判行为是正统和主流,半审判行为或非审判行为是旁门和支流。

在“权利保护——判决型”模式下,我们说判决和审判行为是正统和主流,而法院调解却刚好相反。假如换一种评价系统,在“矛盾化解——调解型”模式下,法院调解就成为正统,凡不属于或不完全属于法院调解行为的都将视为不正统。在这种语境下,法院调解与判决在性质上的关系就会变成“法院调解行为与非法院调解行为(审判行为)”的关系。

(三)因果上的关系

对于调判关系上的因果关系,学界认识不一,这主要是学术立场问题。假如我们站在“权利保护——判决型”的立场上,判决与调解根本就没有因果关系。在判决的话语体系中,有没有调解是无所谓的,调解既不是判决的前提条件,也不是判决结果,可以有调解,也可以没有调解。至于在“判决型”诉讼模式推进的过程中,当双方当事人通过陈述事实、交换证据和法庭辩论对裁判结果已经有明确预判的情况下,为了节约诉讼成本而主动请求法院调解,并最终以调解结案的情况,这可以被视为推进“判决型”诉讼模式的一种结果。但应当注意,我们在这里说的是,“推进‘判决型’诉讼模式”的结果,而不是判决的结果。在纯逻辑关系上,判决的“因”永远都不可能产生调解的“果”,判决与法院调解根本没有因果关系。同时,这里的结果并非“有心栽花”,完全是“无心插柳”,是纯客观衍生的结果。在制度构造上是进行判决,在主观上也是要追求判决的结果,调解结案只是法官和当事人对案件进展情况和纠纷解决的本能反应,并非积极运作的结果。在此意义上,调解协议的达成和调解结果的出现完全是“意外收获”。还需要特别指出的一种情况是,“权利保护——判决型”是法治的基础,也可以说是一种微观法治。在此微观法治和宏观法治的共同作用下,人们的规则意识、法律意识和法治意识会不断提高,而这又确实会大大降低法院调解的成本,使调解协议的达成更容易、更轻松,但这也同样并不意味着判决与调解之间存在因果关系。

如果站在“矛盾化解——调解型”的立场上,可以十分肯定地说,法院调解与判决存在因果关系。在这种话语系统中,调解是唯一的目的,判决完全变成了调解的手段。更具体地说,在没有达成调解协议之前，判决会对调解形成一种压力，甚至被法院用作“以判压调”的工具，从而促成调解或者说逼迫当事人就范；在作出巨大努力，经过反复尝试，确实无法达成调解协议的情况下，不得已还得把球踢给判决，由判决兜底化解矛盾纠纷。因此，调解是“因”，判决是“果”。因为要调解，所以需要判决。值得注意的是，这里的判决不是可有可无的，是必须有的。尽管判决是作为调解的手段存在的，是纯粹为调解服务的。

（四）结构上的关系

基于判决是法院代表国家强制性解决纠纷的一种方式，也即只要使用判决方式就一定能够在程序用尽时给当事人之间的争执画上句号，不可能存在使用判决方式仍然无法解决纠纷。判决与调解之间在结构上就不可能存在“先判决后调解”和“判决与调解”并存的关系，可能的关系只有“先调解后判决”和“判决与调解交互进行”这两种情况。

1. 先调解后判决

在“权利保护——判决型”诉讼模式下，“先调解后判决”这种结构关系是有疑问的，因为二者在实质内容上是相互冲突的。实际上，“先调解后判决”这种结构关系就是民事诉讼中的“先行调解”。如果把这种结构关系作为一种理论模型加以纯化，调解就会成为所有案件进行诉讼的前置程序。也就是说，无论什么案件，都必须先进行调解。只有在调解绝对不可能达成或根本无望达成的情况下，才可以进行判决。“先调解后判决”这种结构关系的目的是调解不是判决，其出发点是调解，运作原理是调解，理想的归宿也是调解。因此，“先调解后判决”这种结构关系要求的逻辑前提应当是“矛盾化解——调解型”诉讼模式。“权利保护——判决型”诉讼模式的核心是判决，目的是判决，也必然要求按照判决的原理展开程序的运作，因此，这种诉讼模式不可能容忍“先调解后判决”这种调判关系结构的存在。再者，并不是所有的案件均适合“先调解后判决”，甚至可以说，有不少类型的案件根本不适合调解，司法实践已经证明并将继续证明，将调解作为所有诉讼案件的必经程序是不可行的。因此，在“权利保护——判决型”模式下，“先调解后判决”这种结构关系只能作为例外，在少数情况下寻求自己有限的生存空间。

2. 判决与调解交互进行

判决与调解交互进行实际上就是“调审合一”，这就涉及是否要进行“调审分离”的问题。“权利保护——判决型”诉讼模式本身就意味着整个诉讼程序是以权利保护为目的，按照判决的原理而构建。在该模式下，判决的原理和逻辑始终在纠纷解决中起着主导作用，调解在一定程度上被边缘化，即便仍然是“调审合一”，调解对判决正统性的影响也会大大降低，这就使“调审合一”与“调审分离”碰撞的程度有所缓和。当然，“调审分离”还是必须的，只不过具体方案设计和制度安排也相对灵活而已。

二、权利保护下的调判关系的制度安排

权利保护与矛盾化解是两种根本不同的诉讼目的，在这两种不同诉讼目的的导引下，法院调解与判决在价值、性质、因果关系和结构上均有较大差别，这也必然导致调判关系制度安排的差异。在权利保护目的下，调判关系的制度安排主要可概括为两个大的方面。

（一）构建“以判决为中心”的诉讼制度

在宏观上，必须与“权利保护——判决型”诉讼模式相一致，构建“以判决为中心”的诉讼制度，整个诉讼程序和制度以权利保

护为直接目的,以判决为中心而展开,总体上形成以判决为直接目的和主导的程序制度。具体制度安排因前文对“判决型”诉讼模式已有详细阐述,并且后文还会涉及民事诉讼“以审判为中心”的有关内容,在此不再赘述。

(二)构建“调审分离”为原则、“调审合一”为例外的诉讼制度

判决和调解均具有解决纠纷的目的和作用,选择权利保护并不意味着绝对排斥矛盾化解和法院调解,更不可能消灭法院调解,只是路归路、桥归桥,车走车路、马走马路,各有所向、各得其所而已。具体来说,对我国当下的法院调解可作三种情况的处理。

1. 关于诉前调解

诉前调解在时间节点上发生在法院尚未正式立案之前,案件尚未迈进法院诉讼的大门,尚在法院司法管辖权的射程之外,尽管学界和实务部门有人将其作为法院调解的一部分,包括在立案调解或先行调解或委托调解之中,但这不但有侵犯当事人诉权的嫌疑,而且还似是而非,似法院调解又似人民调解。笔者认为,在性质上应当将诉前调解界定为非法院调解,①并将其排除在法院调解之外,还权给人民调解。在全面推进依法治国的大背景下,作为微观法治的司法应当严守司法相对被动和消极的底线,不应当把手伸得太长,进入别人的场地,做也不是,不做也不是,做得不清不楚,名实不符。在新一轮司法改革的进程中,全国绝大多数法院相

---

① 笔者一向认为诉前调解属于非法院调解的范畴,在此前发表的论文中对非法院调解进行了界定,非诉讼调解是指在诉讼程序之外,不是由现职法官作为主持人且调解协议不直接具有强制执行力的调解。基于非诉讼调解的内在规定性,作为非诉讼调解的先行调解,是指为了充分利用社会力量化解矛盾、纠纷,在当事人尚未诉请法院司法保护之前,国家鼓励尽可能通过非诉讼调解方式解决纠纷的程序制度。并且还从调解目的、调解性质、法律效力、法律有无明确规定、时间段五个方面与法院调解作了比较。具体内容可参见许少波:《先行调解的三重含义》,载《海峡法学》2013 年第 1 期。

继都成立了功能强大的“诉讼服务平台”，对于当事人起诉到法院并愿意调解的案件，在法院正式立案之前，完全可以通过诉讼服务平台指引当事人到人民调解机构进行调解。调解不成的，可由人民调解组织将案件转回法院，直接进入诉讼程序。在这里，如果把诉前调解看成“非法院调解”，这样做就属于案件分流，即把诉讼案件分流出去，用非讼的人民调解的方式予以解决。如果是相反，把诉前调解看成“法院调解”，这就是很彻底的“调审分离”。

2. 关于庭前调解

对于庭前调解，建议实行比较彻底的“调审分离”，按照“矛盾化解——调解型”的模式，构建一个专门的“以调解为中心”的诉讼程序制度，主要用以解决适宜在正式庭审前进行调解的案件，也就是需要先行调解的案件。对庭前调解实行与判决分离，除了判决与调解作为两种不同的纠纷解决方式，其正当性原理和其他诸多方面存在根本区别外，确实有一部分起诉到法院的案件权利义务关系明确、案情简单、当事人争议不大，且不反对以调解的方式解决，也即案件及案件当事人有实际需要。最重要的是，因为正式庭审程序还没有开始，在时间节点上最有利于实行法院调解与判决在各构成要素方面的分离，分离从程序启动就开始，可以避免一会儿按照判决的原理进行，一会儿又按照调解的原理运作，反反复复，进而导致两种程序的正当性和功能相互减损、相互抵消。同时，这样做因为以适合调解的案件类型为基础，也不至于造成程序的过度耗费和空转。

就具体分离方案来说，实行比较彻底的“调审分离”主要是指，尽可能地要求构成调解和判决程序制度的各要素分离。首先是作为调解主持人与判决法官的分离。这一点是最关键的，必须确保主持调解的人不再担任裁判案件的法官。否则，其他所有的分离都是没有意义的。其次是程序的分离。法院调解程序以矛盾化解为最终目的,以达成调解协议为直接目标,其他方面都可以根据调解需要灵活处理。再次是纠纷解决环境的分离。由于法院调解和判决的正当性原理、目的和目标不同,二者需要的程序环境肯定不一样,要构建最有利的环境,营造必要的氛围,促成各自目的和目标的实现。最后,还必须注意两种程序在分离基础上的衔接。在法院调解程序运行完毕,仍然没有达成调解协议结案的,要及时转交给审判机构按照"判决型"诉讼模式的原理强制性解决纠纷。

3. 关于速裁程序和正式庭审程序中的调解

关于速裁程序和正式庭审程序中的调解,应当鼓励有条件的法院实行"调审分离",但如果个别法院存在案件量大、工作负荷重等因素,确实没有条件实行"调审分离",基于纠纷解决效率和成本的考量,仍可实行"调审合一"。但必须特别指出的是,与庭前调解对比,虽然二者均属于纯正的法院调解,但对于庭前调解,因为是在程序的原点实行分离,完全按照"调解型"的程序运作,作为调解程序主持者的法院应当积极、主动。对于速裁程序和正式庭审程序中的调解,因为发生的环境是在"判决型"程序之中,程序的目标是判决,法院的态度应当相对被动、消极,必须以当事人在程序进行中主动申请为前提,或经法院提示及当事人响应为前提。也就是说,虽然这里的"调审合一"与我国以往实行的"调审合一"都是"调审合一",但因为空间条件即诉讼模式的转换,此"调审合一"已非彼"调审合一"。在"权利保护——判决型"诉讼模式下,法院调解的积极性必须受到限制,"能动司法"在这里已经不合时宜。

第八章　民事诉讼中的先行调解

第一节　先行调解的三重含义

一般意义上，纠纷解决中的先行调解应当包含三重含义，即作为诉讼调解意义上的先行调解、作为非诉讼调解意义上的先行调解、作为诉讼调解与非诉讼调解相交错意义上的先行调解。《民事诉讼法》第122条规定的先行调解属于第三种意义上的先行调解。

2012年颁布的《民事诉讼法》第122条明确规定："当事人起诉到人民法院的民事纠纷，适宜调解的，先行调解，但当事人拒绝调解的除外。"以此为标志，曾在1950年《中华人民共和国诉讼程序试行通则》和2003年最高人民法院《简易程序规定》中规定过的"先行调解"，作为一种程序和制度已正式入法。对于《民事诉讼法》第122条所规定的"先行调解"，有学者基于《民事诉讼法》法律文本的制度安排和条款逻辑，将其解读为

“立案前的调解”；[①]有学者将其模糊地界定为“审前调解”；[②]也有学者认为先行调解中的“调解”是存在歧义的，建议立法者尽快作出解释，区分诉讼调解与非诉讼调解两种不同的情形；[③]有些研究者将其解释为法院立案前的调解和法院立案后不久的调解。[④] 本书认为，要正确理解《民事诉讼法》第122条规定的先行调解，不能局限于对该条款乃至《民事诉讼法》文本的孤立考察，而应当在我国民事纠纷解决的广袤时空中，对“先行调解”作整体性的把握。

基于以上认识，先行调解主要应当在三重意义上使用：一是作为诉讼调解意义上的先行调解；二是作为非诉讼调解意义上的先行调解；三是作为诉讼调解与非诉讼调解交错意义上的先行调解。《民事诉讼法》第122条规定的先行调解应当属于第三种意义上的调解。

一、作为诉讼调解的先行调解

先行调解，无论是作为一个用语，还是作为一个原则，或者是一种程序制度，首先都是立足于诉讼调解的，这是相对于诉讼判决

---

① 参见李浩：《先行调解性质的理解与认识》，载《人民法院报》2012年10月17日，第7版；李浩：《非诉讼权利实现机制的发展与完善——对先行调解程序、调解协议的司法确认程序、实现担保物权程序、督促程序的解读》，载《检察日报》2012年9月12日，第3版；李浩：《论“先行调解”的性质》，2012年中国民事诉讼法学研究会年会论文；徐卉：《先行调解的规范与适用》，载《人民法院报》2012年10月17日，第7版。

② 参见张艳丽：《如何落实“调解优先、调判结合”？——对新〈民事诉讼法〉有关“审前调解”的理解与适用》，2012年中国民事诉讼法学研究会年会论文。

③ 参见吴英姿：《“调解优先”：改革范式与法律解读——以O市法院改革为样本》，2012年中国民事诉讼法学研究会年会论文；宋朝武：《对民诉法修正案中调解制度的若干理解》，载《中国审判》2012年第6期。

④ 参见全国人大常委会法制工作委员会民法室编：《〈中华人民共和国民事诉讼法〉条文说明、立法理由及相关规定》（第2版），北京大学出版社2012年版，第203-204页。

而言的。因此,就先行调解的含义来说,首先应当是诉讼调解意义上的先行调解。

通过考察我国民事诉讼立法和司法的历史与现实,可以明确以下几个方面的问题:

第一,法律法规明确规定的“先行调解”,从其诞生的那一刻开始就是相对于判决而言的,意指的就是诉讼调解。

第二,从产生背景和存在理由上看,先行调解始终是与党和国家一定时期的政治需要联系在一起的。易言之,先行调解在某种意义上是完成党和国家政治使命的手段和工具。民主革命时期主要是为了宣传、贯彻党的先进思想理念和组织、动员最广大的革命力量推翻反动统治,中华人民共和国成立初期是为了建立新型的密切联系和团结群众的司法,20 世纪六七十年代是为了处理人民内部矛盾,当下则是为了构建和谐社会。

第三,调解本真的司法功能和作用很早就被开发出来,主要是“经过调解而解息纠纷,不但可以减少诉讼人的时间和人力、物力;不但可以减轻人民法院的一部分审判工作;而且经过调解比经过审判解决的案件,双方当事人更易于消除成见和促进团结”。

第四,作为诉讼调解的先行调解,从 1950 年的《中华人民共和国诉讼程序试行通则》到 2003 年最高人民法院《简易程序规定》,经历了一个从抽象到具体、从一般到个别的发展过程。最初的先行调解只是概念性、原则性的,后来则具体化为在当事人起诉后至法院开庭审理前,针对特定类型案件的程序制度。

第五,这是最后一点,也可以说是最为重要的一点,先行调解始终是与“调解为主”、“着重调解”和“调解优先”法律政策交织在一起的,但先行调解与它们并不是一回事。有不少学者将“先行调解”与“调解优先”等同使用,这是一个很大的误解。笔者认为,

“先行调解”与“调解为主”“着重调解”“调解优先”在含义上虽有交叉,但却有重大区别,甚至可以说有本质的不同。其一,先行调解是一种程序性安排,“调解为主”、“着重调解”和“调解优先”则是一种价值判断。很显然,所谓的“先行调解”,只是相对于判决就某些特定类型的案件“视具体情况”所作的程序性安排,并非一般意义上的价值优劣的判断。在程序安排的背后,即使确实含有价值优劣的判断,但价值判断本身是与某些特殊类型的案件捆绑在一起的,离开特定类型的案件,判断将无从谈起。同时,就“调解为主”、“着重调解”和“调解优先”而言,最高人民法院 2010 年 6 月颁发的《调解优先工作意见》指出:“调解是高质量审判,调解是高效益审判,调解能力是高水平司法能力。”有学者认为,这是“对调解与判决之间的关系作出了优先性判断”,是“公开承认调解作为一种优质的纠纷解决和结案方式,在实现‘案结事了’这一目标方面,调解的功能和效果事实上优于判决”。[①] 可见,“调解为主”、“着重调解”和“调解优先”首先是一种价值判断,即调解的地位要比判决高。在价值判断的基础上,既然调解“优先”,自然要“先行”调解。同时,尽管我国的立法、司法和主流学理均认同调解权属于审判权的范畴,并反复表明“调解是法院行使审判权的重要方式”,但笔者并不认为调解是法院行使审判权的正宗方式,诉讼调解充其量也只是法院行使审判权的变形。否则,我们就无法解释为什么“调解不成的案件可以判决”,而不是“判决不成的案件可以调解”。可见,二者并不是平起平坐的,在程序适用和效力上,判决的最终性是不可动摇的。这也在另一层意义上为“先行调解首

① 参见范愉:《调解的正当性与发展趋势》,载《人民法院报》2009 年 10 月 14 日,第 5 版。

先是一种程序安排”的论断作了一个有力的注脚。

其二,先行调解的法理根据是纠纷解决机制必须与案件类型相适应,“调解为主”、“着重调解”和“调解优先”的正当性基础,在于司法的政治化及对解纷效果的经验预测。根据诉讼原理,解决纠纷的机制必须与案件类型相适应。不同的案件类型,其个性特征必不相同,而个性特征的差别,在程序法上对纠纷解决机制的要求也必然不同。为了追求不同案件类型纠纷解决的具体妥当性,就必须斟酌不同案件类型的个性特征和特殊需求,以及有关纠纷解决机制的功能供给情况,从而探究特定案件类型适用程序的法理。① 因此,单就某种解纷方式而言,没有绝对的“调解优于判决”,也没有绝对的“判决优于调解”,而只有在适用于某种案件类型时才能判断何者为优。作为一种解纷机制,调解与判决一经形成,其功能和价值就已经内含于程序机制之中,成为一种相对稳定的制度预置。而评判解纷机制价值优劣的标准不应该是静止不动的,不应该由其自身说了算,而应该由使用它们的案件类型作出决定。其中的奥妙正如:是皮鞋好,还是布鞋好,由脚决定;是海鲜好吃,还是牛羊肉好吃,由顾客说了算。因此,先行调解是案件类型的不同需要决定的,而“调解为主”、“着重调解”和“调解优先”是基于一种主观判断。

其三,先行调解有时间段的限制,“调解为主”、“着重调解”和“调解优先”则可以全程优先,反复优先。所谓的“先行调解”,是“调解程序”相对于“判决程序”的“先行”,也即必须在审判程序开始前进行“调解”。如果已经正式开庭审理开始进行判决,调解就无法“先行”,因此,先行调解只能限定在开庭审理之前。而“调解

---

① 参见邱联恭:《程序制度机能论》,台北,三民书局1996年版,第76页。

为主”、“着重调解”和“调解优先”是就整个纠纷解决的过程而言的，只要纠纷还没有最终消除，就应当“主要”、“着重”和“优先”适用调解，反复适用调解。否则，调解的“主要”、“着重”和“优先”地位就难以体现。

总之，作为诉讼调解的先行调解，是相对于判决而言的，由某些特殊类型案件决定的，是在法院受理案件后至正式开庭审理前，首先适用诉讼调解的方式解决纠纷的一种程序和制度安排。

二、作为非诉讼调解的先行调解

在逻辑上，非诉讼调解是指除诉讼调解以外的调解。在现实形态上，非诉讼调解主要是指人民调解、行政调解、商事调解、行业调解等。在实质性上，非诉讼调解是指在诉讼程序之外，不是由现职法官作为主持人且调解协议不直接具有强制执行力的调解。基于非诉讼调解的内在规定性，作为非诉讼调解的先行调解，是指为了充分利用社会力量化解矛盾、纠纷，在当事人尚未诉请法院司法保护之前，国家鼓励尽可能通过非诉讼调解方式解决纠纷的程序制度。

表面上看，非诉讼调解的先行调解并不存在，也没有必要，相关的法律法规也从未直接作出规定。然而，笔者认为，虽然我国语境的“先行调解”产生于诉讼调解，但作为非诉讼调解的先行调解是确实存在的。在原理上，纠纷产生的原因是多方面的、复杂的，由此形成的纠纷类型是多种多样的；纠纷当事人的生活经历、社会地位、心理结构是有差别的，个人偏好和价值观也有很大的不同；社会也总是处在不断变迁和演进的过程之中。因此，从来都不存在一个可以满足所有纠纷类型、所有纠纷当事人、所有社会历史发展阶段的纠纷解决方式，任何可以适用于所有情形的纠纷解决方式,都只能是幻想,司法神话的破灭已经印证了这一点。也正因为这样,适用于不同纠纷类型、不同纠纷当事人和不同社会需求的纠纷解决方式必然是多元化的,每一种纠纷解决方式虽然可以独立适用(使用)但又不是孤立的,多元化的纠纷解决机制联结在一起必然是相互照应、相互依存、功能互补的有机联系的整体。非诉讼调解相对于诉讼程序而言,纠纷解决的第三人并不是代表国家行使司法权的法院,解决纠纷的标准也不必然反映国家主流的价值观,解决纠纷的程序具有相当大的灵活性和随意性,因此,纠纷解决的结果——非诉讼调解的效力,并不具有强制执行力,①不具有最终性。换言之,非诉讼调解在不少情况下,客观上已经成为诉讼程序的前置程序,也即诉讼程序的“先行”解纷方式。

作为非诉讼调解的先行调解与作为诉讼调解的先行调解相比,二者虽然同属于先行调解,但却有本质的不同。第一,作为非诉讼调解的先行调解之目的主要是充分利用社会力量化解矛盾、纠纷,缓解法院的案件压力,节约司法资源,保障当事人快速地、经

---

① 根据相关司法解释和政策,非诉讼调解协议仅具有民事合同的性质和效力。2002 年《最高人民法院关于审理涉及人民调解协议的民事案件的若干规定》第 1 条规定:“经人民调解委员会调解达成的、有民事权利义务内容,并由双方当事人签字或者盖章的调解协议,具有民事合同性质”。2009 年《最高人民法院关于建立健全诉讼与非诉讼相衔接的矛盾纠纷解决机制的若干意见》第 8 条、第 9 条、第 10 条、第 11 条规定:行政机关依法对民事纠纷进行调处后达成的有民事权利义务内容的调解协议或者作出的其他不属于可诉具体行政行为的处理,经双方当事人签字或者盖章后,具有民事合同性质;由仲裁委员会专门设立的调解组织按照公平中立的调解规则进行调解后达成的有民事权利义务内容的调解协议,经双方当事人签字或者盖章后,具有民事合同性质;经商事调解组织、行业调解组织或者其他具有调解职能的组织调解后达成的具有民事权利义务内容的调解协议,经双方当事人签字或者盖章后,具有民事合同性质;经《中华人民共和国劳动争议调解仲裁法》规定的调解组织调解达成的劳动争议调解协议,由双方当事人签名或者盖章,经调解员签名并加盖调解组织印章后生效,对双方当事人具有合同约束力。

济地解决纠纷的权利;作为诉讼调解的先行调解的主要目的在于,从根本上彻底地、一次性地消除纠纷,也就是所谓的“案结事了”。第二,前者属于非诉讼性质的调解,后者属于诉讼性质的调解,二者刚好相反。自然地,这两种性质的调解在所适用的原则、基准法、程序规则和法律效力上均不可能相同。第三,作为非诉讼调解的“先行性”主要是相对于诉讼程序而言的,既包括判决也包括诉讼调解。并且,在法律效力上,非诉讼调解不具有强制执行力,而诉讼程序对纠纷的解决具有终局性的“既判力”。二者结合在一起则构成了“梯次型”的解纷结构。作为诉讼调解的“先行性”只能是相对于判决而言的,诉讼调解与其相对的判决,均具有终局性解决纠纷的效力,二者结合在一起只能是一个平面的构造。第四,反映在法律上,前者至多是一种法律政策,主要是鼓励和提倡适用(使用)非诉讼调解的方式解决纠纷;后者则早已演变为法律的直接规定,甚至具体化为开庭审理和判决的前置程序,适用的强制性自不必说。第五,前者在时间段上限定在当事人向法院提起诉讼之前,如果当事人已经向法院提起了诉讼,不管法院是否受理,已不属于这里所说的“非诉讼调解”的范畴;而后者的时间段则限定在法院受理案件之后到开庭审理之前。

三、作为诉讼调解与非诉讼调解交错的先行调解

从时间段上来说,笔者将法院受理案件后到开庭审理前先进行的调解称为“作为诉讼调解的先行调解”(第一种意义),把纠纷产生后至当事人向法院提起诉讼前先进行的调解界定为“作为非诉讼调解的先行调解”(第二种意义)。但在当事人向法院提起诉讼后至正式立案受理前先进行的调解又该如何称呼呢?在这里,笔者将其称为“作为诉讼调解与非诉讼调解交错的先行调解”(第

三种意义)。并且认为,我国2012年《民事诉讼法》第122条规定的先行调解应当属于此种情况。要使这一断言令人信服,就必须正面回答两个问题:一是为什么我国2012年《民事诉讼法》第122条规定的先行调解应当界定在当事人向法院提起诉讼后至正式立案受理前所进行的调解;二是为什么当事人向法院提起诉讼后至正式立案受理前所进行的调解,即第三种意义的先行调解,也即2012年《民事诉讼法》第122条规定的先行调解,属于“诉讼调解与非诉讼调解交错的先行调解”。对于第一个问题,李浩教授的相关议论已经非常有力,[①]本书没有添足的必要。第二个问题则是本书提出的一个基本论断,自然需要“重笔”交代。

首先,在政策指引上,第三种意义的先行调解是我国积极构建、推行诉讼与非诉讼相衔接的矛盾纠纷解决机制的产物。2004年8月通过的最高人民法院《民事调解规定》首次提出,法院可以邀请、委托有关企事业单位、社会团体或其他机构和个人进行调解,并规定了对人民调解协议的司法确认制度,为推行诉讼调解与非诉讼调解相衔接迈出了第一步。2005年3月,在《最高人民法院工作报告》中,首次提出了将人民调解与诉讼调解相衔接,构建多元化纠纷解决机制的改革思路。2007年3月,《最高人民法院关于进一步发挥诉讼调解在构建社会主义和谐社会中积极作用的若干意见》,站在建立和完善社会多元化纠纷解决机制的高度,要求研究和探索诉讼程序与非诉讼程序的对接机制。2008年12月,中央政法委员会《关于深化司法体制和工作机制改革若干问题

① 参见李浩:《先行调解性质的理解与认识》,载《人民法院报》2012年10月17日,第7版;李浩:《非诉讼权利实现机制的发展与完善——对先行调解程序、调解协议的司法确认程序、实现担保物权程序、督促程序的解读》,载《检察日报》2012年9月12日,第3版;李浩:《论“先行调解”的性质》,2012年中国民事诉讼法学研究会年会论文。

的意见》具体提出，要推动建立人民调解、行政调解、行业调解、司法调解等相结合的“大调解”工具。2009 年 3 月，最高人民法院则将“加强诉前调解与诉讼调解之间的有效衔接，完善多元纠纷解决方式之间的协调机制，健全诉讼与非诉讼相衔接的矛盾纠纷调处机制”写进了《人民法院第三个五年改革纲要（2009－2013）》。2009 年 7 月，《最高人民法院关于建立健全诉讼与非诉讼相衔接的矛盾纠纷解决机制的若干意见》第 14 条明确规定：“对属于人民法院受理民事诉讼的范围和受诉人民法院管辖的案件，人民法院在收到起诉状或者口头起诉之后、正式立案之前，可以依职权或者经当事人申请后，委派行政机关、人民调解组织、商事调解组织、行业调解组织或者其他具有调解职能的组织进行调解。当事人不同意调解或者在商定、指定时间内不能达成调解协议的，人民法院应当依法及时立案。”至此，第三种意义的先行调解，也即《民事诉讼法》第 122 条规定的先行调解，作为一种司法政策已基本形成。

司法政策的目的和导向很清楚，在我国社会快速变革和转型期，为有效应对不断增多的矛盾纠纷，妥善协调各种利益关系，绝对保障社会和谐稳定，必须充分发挥司法结构解决纠纷的主力军作用，同时还要尽最大可能利用社会力量解决纠纷。这就需要构建一个无所不包、无所不能、无所不在、覆盖全社会的“调解之网”。这张网是由 3 张子网组成的：一是诉讼调解之网；二是非诉讼调解之网；三是诉讼调解与非诉讼调解相衔接之网。既要充分发挥诉讼调解之网和非诉讼调解之网各自独立的作用，又要高度重视将诉讼调解之网与非诉讼调解之网链接在一起可能激发出来的巨大能量。第三种意义上的先行调解正是诉讼调解与非诉讼调解相互交错、链接的产品。

其次，在实际运作上，第三种意义的先行调解尚处于探索阶段，还没有形成固定统一的样态，但均可定位在诉讼调解与非诉讼调解的连接线上。在司法政策的推动下，尤其是2009年《最高人民法院关于建立健全诉讼与非诉讼相衔接的矛盾纠纷解决机制的若干意见》发布后，各地方法院积极响应，创造了样态繁多、各具特色的第三种意义上的先行调解模式。如北京朝阳区模式、上海长宁区模式、南京钟楼区模式、厦门思明区模式、广州市模式、杭州市模式、海南区法院模式，以及全国各地的"大调解"模式等。从具体的程序运作看，大致可以区分为三种情形：一是在当事人将案件起诉到法院后，由立案庭的法官直接进行调解，调解成功所达成的协议即与诉讼调解一样具有强制执行力；调解不成功的则直接立案，进入诉讼程序。二是在法院接到当事人的起诉后，经过审查，如果认为案件有调解的可能，在征得当事人同意后就将案件委托给法院以外的机构进行调解，调解成功的，一般以法院以外调解机构的名义出具调解书。当然，如果当事人申请并经法院审查确认，也可以出具法院的调解书。调解不成功的，则将案件交回法院走诉讼程序。三是法院接到当事人起诉后，如有调解可能，则由设立在法院内的人民调解窗口或联合调解机构进行调解。调解成功的，有的法院直接确认其具有诉讼调解的效力，有的法院则不予直接确认；调解不成的，则进入诉讼程序。

如果从"利用社会力量解决纠纷"这一先行调解的旨趣来评判的话，第一种情形仍然是由法院包揽调解的全部，只是诉讼调解的扩大化。第二种情形也做到了诉讼调解与非诉讼调解的结合，但这种结合是比较松散的，对当事人、法院及纠纷解决来说，其便利性、快捷性和经济性值得怀疑。相对来说，真正具有典型意义的应当是第三种情形。该种情形已经超越诉讼调解与非诉讼调解外在形式结合的初级阶段，进入了构成要素和理念融合、链接的高级阶段。非诉讼调解机构直接入驻法院,法院对调解的主持者直接进行培训,法律的规则、原则和理念直接作用于非诉讼调解因素,诉讼调解与非诉讼调解在这里呈现出"你中有我、我中有你"的水乳交融状态。在程序上更是环环相扣、"亲密无间"。

最后,域外法院附设 ADR 具有双重性。如果说作为诉讼调解和作为非诉讼调解的先行调解均源自国内,是极具中国历史文化特色和民族个性的程序制度,那么,第三种意义上的先行调解作为一种理念和行动,则生成和发展于域外的法院附设 ADR。[①] 作为民间纠纷解决机制,ADR 本与在法院进行的诉讼无关,但 20 世纪 70 年代后,英美法系国家却在法院内部设立了 ADR,在诉讼程序中"嵌入"了具有非讼性的 ADR 纠纷解决机制,这就是所谓的司法 ADR 或法院附设 ADR。故司法 ADR 具有司法和非司法双重属性。与传统诉讼程序相比,司法 ADR 在程序、主持者和程序效果上具有非司法性质;与法院外 ADR 相比,司法 ADR 在法院对程序的参与、管理和渗透上,以及与法院诉讼程序的衔接上又具有一定的司法性质。[②] 因此,我国《民事诉讼法》第 122 条规定的先行调解,应当与域外的法院附设 ADR 大致相当,具有司法和非司法、诉讼调解与非诉讼调解双重的属性。

基于以上讨论,先行调解主要应当在三重意义上使用:一是作为诉讼调解意义上的先行调解;二是作为非诉讼调解意义上的先行调解;三是作为诉讼调解与非诉讼调解交错意义上的先行调解。

---

① 国内学理一般认为,我国近年来兴起的诉前调解是在借鉴域外法院附设 ADR 经验的基础上产生的。然而,从调解的种类、样态和主持者来说,尤其是法院对调解的作用上,我国第三种意义上的先行调解,也即《民事诉讼法》第 122 条规定的先行调解,是不能与国外的法院附设 ADR 画等号的。

② 参见章武生:《司法 ADR 与我国法院调解制度的新发展》,载《公民与法(法学版)》2009 年第 5 期。

先行调解,无论是作为一个用语,还是作为一个原则,或者是一种程序制度,如果从历史的向度来考察,首先都是立足于诉讼调解的,相对于判决而言的。因此,就先行调解的含义来说,首先应当是诉讼调解意义上的先行调解。诉讼调解是指法院受理案件后至开庭审理前所进行的调解;非诉讼调解是指除诉讼调解以外的调解,即是在诉讼程序之外,不是由现职法官作为主持人,且调解协议不直接具有强制执行力的调解;作为诉讼调解与非诉讼调解交错的先行调解则是指当事人向法院提起诉讼后至正式立案受理前所进行的调解。《民事诉讼法》第 122 条规定的先行调解应当属于第三种意义上的调解。

第二节　先行调解协议的效力

2012 年《民事诉讼法》第 122 条规定了先行调解,这既是我国诉前调解司法政策演变的必然结果,也是司法实践经验的总结。在实践基础和历史脉络上,先行调解与诉前调解是同一种制度的两个不同的称谓,是可以互换使用的同等级的概念。先行调解可以分为两种情形:一是由法官主持或由法官与法官以外的人共同主持的先行调解,其调解协议应当具有法院调解的效力;二是由法官以外的人主持的先行调解,其调解协议应当具有合同或契约的效力。并且调解协议达成后,调解的主持者应当与法官一道依职权进行司法确认,但当事人不同意的除外。

将调解作为民事审判权的主要运作方式,是中国司法的鲜明特色。自 2002 年以来,随着我国司法政策的调整,调解在民事纠纷解决中的地位和作用再次受到追捧,“先行调解”这一颇具历史蕴含和现实情景的话语,也在调解强势回归的大势下再次进入民事司法理论和话语的中心。具有里程碑意义的是,2012 年修订的《民事诉讼法》第 122 条明确规定了先行调解:"当事人起诉到人民法院的民事纠纷,适宜调解的,先行调解,但当事人拒绝调解的除外。"必须说明的是,笔者将要讨论的"先行调解"即为这一意义上的先行调解。

然而,对于先行调解协议的效力,2012 年《民事诉讼法》并未作出规定。从当时学界议论的情况看,因 2012 年《民事诉讼法》于 2013 年 1 月 1 日才正式实施,以"先行调解"为主题的讨论还局限于先行调解的含义、性质、程序等,尚未正面讨论先行调解协议的效力。诚然,作为讨论先行调解协议效力的先决条件,我们应当厘清什么是先行调解、先行调解究竟是发生在起诉之前还是起诉之后、先行调解的程序如何启动等问题,但正面研究先行调解协议的效力也是必须的。先行调解协议的效力不仅是先行调解制度构造的核心部件,是适用该制度的前提,而且也是当事人是否选择使用该制度及该制度是否具有生命力的决定性因素。因此,随着理论和实践的进一步展开,学理必然会逐渐关注先行调解协议的效力。

一、先行调解与诉前调解

学界虽未正面讨论先行调解协议的效力,但对诉前调解协议效力的讨论已经持续了很长一段时间,且一直存在激烈的争论。这样,我们就必须弄清"先行调解"与"诉前调解"是什么关系。如果二者是同一事物的两个不同的称谓,是可以同等使用的两个概念,那么,我们的讨论就应当在原有的基础上进行下去;反之,我们则需要另起炉灶,搭建新的话语平台。

要了解二者的关系,就必须把握什么是先行调解和诉前调解。

对于先行调解，学界有不同认识，概括起来主要有两种：第一种观点认为，先行调解是立案前的调解；第二种观点认为，先行调解既包括立案前的调解，也包括法院立案后不久的调解。[①] 笔者赞同第一种观点，其理由主要有两点：一是《民事诉讼法》第 119 条至第 121 条规定的是起诉条件和诉状问题，第 123 条和第 124 条规定的是法院如何处理起诉问题，而第 122 条处于法院受理起诉之前，在逻辑上应解读为立案前的调解；二是《民事诉讼法》第 133 条明确规定了立案后开庭审理前的调解，因此，第 122 条规定的先行调解只能是立案前调解，不可能是立案后的调解。[②] 至此，问题已经非常清楚，因先行调解是指立案前的调解，立案前的调解也就是起诉前调解，即诉前调解，因此，先行调解就是诉前调解。按照逻辑，这一结论应当没有任何疑问。但如果要使这一结论具有更大的说服力，还必须追溯先行调解的立法背景。

就司法政策而言，《民事诉讼法》第 122 条规定的先行调解是我国积极构建、推行诉讼与非诉讼相衔接的矛盾纠纷解决机制的产物。最高人民法院 2004 年 8 月通过的《民事调解规定》首次提出，法院可以邀请、委托有关企事业单位、社会团体或其他机构和个人进行调解，这在推行诉讼调解与非诉讼调解相衔接的道路上迈出了基础性的一步。2005 年 3 月，在《最高人民法院工作报告》中，首次提出了将人民调解与诉讼调解相衔接，构建多元化纠纷解

---

① 参见全国人大常委会法制工作委员会民法室编：《〈中华人民共和国民事诉讼法〉条文说明、立法理由及相关规定》(第 2 版)，北京大学出版社 2012 年版，第 203-204 页。

② 参见李浩：《先行调解性质的理解与认识》，载《人民法院报》2012 年 10 月 17 日，第 7 版；李浩：《非诉讼权利实现机制的发展与完善——对先行调解程序、调解协议的司法确认程序、实现担保物权程序、督促程序的解读》，载《检察日报》2012 年 9 月 12 日，第 3 版。

决机制的改革思路。2007 年 3 月,《最高人民法院关于进一步发挥诉讼调解在构建社会主义和谐社会中积极作用的若干意见》,站在建立和完善社会多元化纠纷解决机制的高度,要求研究和探索诉讼程序与非诉讼程序的对接机制。2008 年 12 月,《中央政法委员会关于深化司法体制和工作机制改革若干问题的意见》中明确指出,要推动建立人民调解、行政调解、行业调解、司法调解等相结合的“大调解”工具。2009 年 3 月,最高人民法院将“加强诉前调解与诉讼调解之间的有效衔接,完善多元纠纷解决方式之间的协调机制,健全诉讼与非诉讼相衔接的矛盾纠纷调处机制”写进了《人民法院第三个五年改革纲要(2009-2013)》。2009 年 7 月,《最高人民法院关于建立健全诉讼与非诉讼相衔接的矛盾纠纷解决机制的若干意见》第 14 条明确规定:“对属于人民法院受理民事诉讼的范围和受诉人民法院管辖的案件,人民法院在收到起诉状或者口头起诉之后、正式立案之前,可以依职权或者经当事人申请后,委派行政机关、人民调解组织、商事调解组织、行业调解组织或者其他具有调解职能的组织进行调解。当事人不同意调解或者在商定、指定时间内不能达成调解协议的,人民法院应当依法及时立案。”这种意义的“诉前调解”或“立案前调解”构成了先行调解立法的政策基础。

同时,《民事诉讼法》第 122 条规定的先行调解也是司法实践经验的总结。早在有关诉前调解的司法政策出台之前,诉前调解的司法实践已经如火如荼地开始创新实验了。从司法实践的情况看,模式有很多,如北京朝阳区模式、上海长宁区模式、南京钟楼区模式、厦门思明区模式、广州市模式、杭州市模式、海南区法院模式,以及全国各地的“大调解”模式等。从具体的程序运作看,大致可以区分为三种情形:一是在当事人将案件起诉到法院后,由立案庭的法官直接进行调解,调解成功所达成的协议即与诉讼调解一样具有强制执行力;调解不成功的则直接立案,进入诉讼程序。二是在法院接到当事人的起诉后,经过审查,如果认为案件有调解的可能,在征得当事人同意后就将案件委托给法院以外的机构进行调解,调解成功的,一般以法院以外调解机构的名义出具调解书。当然,如果当事人申请并经法院审查确认,也可以出具法院的调解书。调解不成功的,则将案件交回法院走诉讼程序。三是法院接到当事人起诉后,如有调解可能,则由设立在法院内的人民调解窗口或联合调解机构进行调解。调解成功的,有的法院直接确认其具有诉讼调解的效力,有的法院则不予直接确认;调解不成的,则进入诉讼程序。[①]

基于以上分析,笔者认为,《民事诉讼法》第 122 条规定的先行调解完全可以解读为诉前调解或立案前调解。由此,我们对“先行调解”协议效力的讨论完全可以在学界对“诉前调解”协议效力议论的基础上展开。

二、先行调解协议效力的争论

关于诉前调解协议的效力,在学理和实务中主要有四种观点:第一种观点认为,双方当事人达成的诉前调解协议具有新契约的性质,双方当事人申请出具调解书的,由法官对调解协议的合法性进行审核后出具调解书。调解书一经双方当事人签收,即发生法律效力。当事人一方或双方在签收调解书之前反悔的,该调解协议被视为双方当事人之间新的合同,在未来的诉讼中作为案件的

---

① 参见许少波:《先行调解的三重含义》,载《海峡法学》2013 年第 1 期。

主要证据使用。[①] 主张该观点的理由是“民事纠纷委托人民调解”中的“委托”,有别于民事委托和行政委托,法院并不是将自身的职权进行委托,而是在法院引导下,当事人对解决纠纷途径的选择。虽然法院将主持调解的事务交由人民调解委员会完成,但人民调解委员会主持调解的行为,显然不能等同于法院主持调解,尤其不能等同于法院调解协议的效力。[②] 第二种观点认为,诉前调解协议直接具有传统法院调解协议的效力。该观点认为,诉前调解程序既独立于诉讼程序,又与诉讼程序紧密相连,它在性质上属于 ADR,并且属于法院附设的 ADR 或曰司法 ADR 的范畴。调解成立以后,诉前调解程序结束,调解书或调解协议具有法律约束力,一方当事人不履行义务,另一方可以依据调解书或调解协议请求法院强制执行。[③] 第三种观点认为,一方面认为诉前调解在性质上应属于法院调解,另一方面又认为诉前调解协议不应具有当然的执行力。其理由是,诉前调解实施的主体由诉前调解员或其他调解组织替代了法官,由灵活简易的程序替代了严格的诉讼程序。这就会产生两个方面的问题:一方面,调解员或其他调解组织主持纠纷的解决,其所遵循的基准法更多倾向于情理与公序良俗,调解协议的达成难免产生法与理、国家法与民间法的冲突,违反“实体正义”;另一方面,调解过程没有严格的程序保障,易使当事人在信息不充分、不对称的条件下作出判断,弱化对当事人合法权

---

① 参见张华、赵可:《人民法院诉前调解制度的初步建构:司法 ADR 模式诉前调解制度合理性、可操作性探究》,载《法律适用》2007 年第 11 期。

② 参见赵明霞、吴孝卿:《浅议民事纠纷委托人民调解》,载《中国司法》2007 年第 6 期。

③ 参见刘敏:《论民事诉讼诉前调解制度的构建》,载《中南大学学报(社会科学版)》2007 年第 5 期。

益的全面保护。[①] 第四种观点认为,诉前调解协议的效力应视具体情况而定。如果法院介入的程度很深,应定性为法院调解,调解成功后,由"立案庭立即通知审判庭诉前调解案件审核法官到场审核",并经立案庭补办立案手续后赋予其与法院调解协议同样的效力;如果法院介入的程度很浅,"法院委托后并未实际参与案件的调解",则调解成功后形成的调解协议书,不是司法性质的文书,只能具有民事合同的效力。[②]

上述第一种观点关于"人民调解委员会主持调解的行为,显然不能等同于法院主持调解"这一论断无疑是值得肯定的,但由该论断推出的结论——诉前委托调解协议仅具有新契约的性质和效力是有跳跃的,因为人民调解委员会主持调解不能等同于法院主持调解这一前提,可以推出的结论有很多,也可以介于契约效力与法院调解效力之间。同时,笔者虽然也认同该观点对诉前委托调解中的"委托"有别于民事委托和行政委托的分析,但问题的要害是,法院为什么可以委托?在案件尚未进入诉讼程序之前,法院委托人民调解的正当性何在?这是持"新契约论"见解者所未曾注意到的。第二种观点显然参考和借鉴了域外法院附设 ADR 制度的设计经验,也关照了我国法院在诉前调解中的地位和作用,且符合高效解决纠纷、节约司法资源的理念,但其不问调解的具体情形,一律直接地赋予诉前调解协议以强制执行效力的主张,在说服力上尚显不足。因为该观点很难阐明为什么法院外调解组织在诉讼程序之外达成调解协议的效力,与人民法院在诉讼程序之中主

---

① 参见包蕾:《法院附设诉前调解定位之辨析——基于上海浦东新区法院的实践》,载《人民法院报》2010 年 4 月 21 日,第 8 版。

② 参见李浩:《委托调解若干问题研究——对四个基层人民法院委托调解的初步考察》,载《法商研究》2008 年第 1 期。

持调解达成调解协议的效力是同等的。第三种观点最值得称道的地方是，一方面将诉前调解定性为法院调解，另一方面又认为诉前调解协议不应具有当然的执行力，充分关切了法院外调解组织主持调解在实体正义和程序正义方面的局限性。但该观点的软肋也正在于此，一方面认为诉前调解属于法院调解，另一方面又不承认诉前调解具有法院调解的效力，这在逻辑上有不通之处。同时，该观点关于法院外调解组织替代法官主持调解“由灵活简易的程序替代了严格的诉讼程序”“调解过程没有严格的程序保障”的论证可能是一种误解。因为即使法官在诉讼程序之内直接主持调解也没有、更无须遵守严格的程序，调解过程也没有严格的程序保障。事实上，实体和程序的“双重软化”一直是学者诟病法院调解最多的地方之一。第四种观点充分考虑到了诉前调解在我国司法实践中的复杂性和多样性，并运用案件类型化的原理，根据法院实际介入调解程度的深浅，将诉前调解区分为法院介入程度较深的调解和法院委托后实际上并未参加的调解两种类型，并对调解成功后所达成的诉前调解协议区别对待，这是非常客观和实际的。但关键的问题是，在法院介入调解的程度很深和法院未实际参与调解之间还存在多种情况，实务中很难明确划线。因此，该观点的妥适性取决于其对诉前调解类型的限定。

三、先行调解协议的两种效力

确定诉前调解协议效力的关键是对诉前调解的属性进行界定。法律属性是演绎法律效力的前提和基础，法律效力是法律属性的逻辑延伸。在某种意义上，法律效力也是法律属性的重要方面。

在诉前调解的属性上，主要有三种观点，即司法性说、非司法性说和二元属性说。笔者赞同二元属性说，即诉前调解既具有司法性，又具有非司法性。其理由在于：首先，二元属性说与我国创制诉前调解制度的原始动因相契合。我国创制诉前调解的原始动因，是在法院调解或诉讼调解制度的框架中引入具有非诉讼性的社会力量进行调解，体现诉讼调解的开放性原则，实现调解组织适度社会化，充分利用社会各界的力量解决纠纷。[①] 最高人民法院专门以"建立和健全诉讼与非诉讼相衔接的矛盾纠纷解决机制"为线索出台的《关于建立健全诉讼与非诉讼相衔接的矛盾纠纷解决机制的若干意见》就是这种动因的集中体现。诉前调解与诉外调解的根本不同是法院的介入，与法院调解的最大区别是社会力量的利用。法院的介入使之具有了司法性，而社会力量的运用则使之获得了非司法性。

其次，二元属性说与世界性的司法 ADR 潮流相一致。ADR 是多种诉讼外纠纷解决机制的总称，其典型特征是非正式化、非法律化、非职业化和非裁判化。[②] 作为民间纠纷解决机制，ADR 本与在法院进行的诉讼无关，但 20 世纪 70 年代后，英美法系国家却在法院内部设立了 ADR，在诉讼程序中"嵌入"了具有非讼性的 ADR 纠纷解决机制，这就是所谓的司法 ADR 或法院附设 ADR。

---

① 参见杨润时主编：《最高人民法院民事调解工作司法解释的理解与适用》，人民法院出版社 2004 年版，第 8 页。

② 世界各国的 ADR 有相当大的差距，但基于比较法的视野，ADR 的共同特征主要体现在纠纷解决程序上的灵活性、简易性和非正式性，纠纷解决准据法上的多元化（除法律外还应有道德规范、风俗习惯、宗教规范、地方规约等），纠纷解决机构或人员的非职业化，纠纷解决机构在性质上的社会性和民间性，纠纷解决结果的自主性、平和性和非裁判性。这些特征在不同案件中会有不同程度的变化，但它们均以当事人的合意为基础，当事人的意愿和意图在 ADR 中起着至关重要的作用。参见［日］小岛武司：《诉讼制度改革的法理与实证》，陈刚、郭美松等译，法律出版社 2001 年版，第 180-181 页。

故司法 ADR 具有司法和非司法双重属性。与传统诉讼程序相比，司法 ADR 在程序、主持者和程序效果上具有非司法性质；与法院外 ADR 相比，司法 ADR 在法院对程序的参与、管理和渗透上，以及与法院诉讼程序的衔接上，又具有一定的司法性质。[①] 国内学理一般认为，我国近年来兴起的诉前调解是在借鉴域外法院附设 ADR 经验的基础上产生的，[②]甚至有不少学者和实务人员直接将诉前调解称为我国的司法 ADR。对于这种称谓，笔者虽不愿苟同，但这也在一定程度上说明了我国诉前调解与域外司法 ADR 的关系。

再次，只有二元属性说才能在诉前调解的两极倾向之间穿针引线、左右逢源。以扩大法院调解的适用范围、实现法院调解社会化为初衷，并在法院调解总体框架内衍生出的诉前调解制度，天生就有皈依法院调解的倾向，[③]但引入社会力量主持调解又绝对不

---

① 参见章武生：《司法 ADR 与我国法院调解制度的新发展》，载《公民与法（法学版）》2009 年第 5 期。

② 尽管 ADR 的概念产生于国外，但实质意义的 ADR 在我国早已存在。作为一种实践，被称为“东方经验”的人民调解就是 ADR 的典型。只是我国一直没有及时赋予人民调解协议足够的拘束力，才抑制了人民调解持续发展的活力。

③ 在某种意义上，法院附设 ADR 是司法的一种根本变革。接近司法指向的 ADR，在运作中往往不可能严格恪守法律规则和程序，甚至无法避免脱离正式的司法乃至法律控制，以致最终可能会将正义从法院带到法院之外，从法院附设 ADR 逐步向准司法性、行政性以及社会性、民间性机制发展。在此意义上，其本身就隐藏着向另一个方向——即脱离法律中心主义和形式主义的自治指向——转化的可能。参见范愉：《纠纷解决的理论与实践》，清华大学出版社 2007 年版，第 170-171 页。我国的诉前调解也被认为是中国语境的法院附设 ADR，是在借鉴域外法院附设 ADR 经验的基础上创设而出的。所以，在此意义上，我国的诉前调解潜在的两种倾向与域外 ADR 具有同质性。

可能避免其对法院和法律的反叛。[①] 诉前调解的二元属性说则是对这两种相互背离的倾向能够在同一个制度内相生相克、巧妙结合的最好说明。

最后,司法性或非司法性的一元属性说不能逻辑自洽。在案件起诉之后和正式立案之前,由法院委托法院以外的调解组织和个人进行调解,基于法院主导诉前调解这种现象,虽然很容易归纳出诉前调解具有司法属性的结论,但诉前调解司法属性说却很难解释,接受法院委托的调解人为什么既可以接受法官的指导进行调解,又可以根据案件情况从当事人的利益出发,独立判断和选择调解的内容、方案,在案件处理结果上甚至可以与法官最初的指导完全相反?[②] 非司法性说虽然可以较好地说明具有"独立调解人"地位的法院外调解组织或个人,在诉讼程序之外主导诉前调解过程的客观状况,但其死结却是诉前调解与诉外调解究竟有何区别?为什么法院在案件尚未进入诉讼程序之前有权委托其他调解人进行调解?其法理基础是什么?实际上,只要当事人向法院提起了诉讼,不管法院是否立案,其司法性的烙印就已经被打上,起诉最

---

① 上海市长宁区法院在2006年之前所推行的委托调解,主要发生在案件进入诉讼程序之后、正式开庭审理之前,2006年之后所进行的委托调解,主要发生在当事人起诉之后、法院正式立案之前,而从2007年开始则又回归以前,要求委托调解案件须由法院先立案再委托,经调解达成协议后出具的法律文书上,须签署上海市长宁区法院民一庭速裁组法官和书记员的姓名。有学者对此的解读是,"法院与司法局所代表的独立调解人之间就委托调解的主导权展开了一场博弈,博弈的结果将决定委托调解的性质变迁和制度走向"。肖建国:《司法ADR建构中的委托调解制度研究——以中国法院的当代实践为中心》,载《法学评论》2009年第3期。实际上,这也完全可以理解为诉前调解两种倾向的作用和背离。

② 参见蒋惠岭:《法院附设ADR对我国司法制度的新发展》,载《人民法院报》2005年1月10日。

重要的诉讼法律效果就是使案件一直处于诉讼状态。[①]

同时,法院在诉前"聘任"或"委托"其他调解人本身就属于法院所实施的司法(行政)行为,在某种意义上就具有了司法的色彩。因此,只有二元属性说才既可以说明法院主导(委托、启动、参与、审查确认)调解的行为,又可以诠释其他调解人主持调解的行为。

在明确了诉前调解具有司法和非司法双重属性之后,接下来的问题便是如何以诉前调解属性为据点推演诉前调解协议的效力。笔者认为,由于《民事诉讼法》第122条只规定了先行调解的对象,即"当事人起诉到人民法院的民事纠纷",对调解的主持者却采取了省略的立法技术,即没有规定调解的主持者是谁,而主持者恰巧是判定先行调解性质的最主要的根据。为此,我们不得不求助于司法实践。实践运作中的先行调解的主持者可以区分为三种情况:一是法官主持;二是法官以外的人主持;三是法官与法官以外的人员共同主持。在性质上,由法官主持或者由法官与法官以外的人共同主持的调解,可以确定为具有法院调解性质的调解,也即应当具有法院调解的效力;而由法官以外的人主持的调解,则应定性为非法院调解,不应当具有法院调解的效力。对于前者,应该没有太大的疑问,对于后者,是否不具有法院调解的效力,就意味着与一般的诉外调解(如人民调解)一样具有合同的效力呢?进而,该种先行调解协议要具有强制执行力,也必须由双方当事人

---

① 传统观点认为,当事人提起诉讼只有符合起诉条件并被法院受理时诉讼程序才算开始,否则,就不认为有诉讼发生。按照该观点,当事人起诉后,经法院审查,如果起诉不符合条件,法院不予受理,诉讼程序就没有开始。但在程序意义上,法院已经作了审查,并作出了不予受理的裁定,诉讼程序已经开始。因此,从程序的视角出发,当事人起诉就是诉讼的起点。

申请法院确认呢？问题恐怕还没有这么简单。

事实上，由法官以外的人所主持的先行调解与诉外调解不应当划等号，前者既具有司法性又具有非司法性，而后者仅具有非司法性。根据逻辑演绎的一般知识，我们很容易得出如下两个结论：第一，因为这种诉前调解具有司法性，所以它应当与诉讼调解（法院调解）具有同样的法律效力；第二，由于这种诉前调解具有非司法性，故它不应当与诉讼调解具有同样的法律效力。

如果这两个结论不是对立的，而是完全可以统一在这种诉前调解协议的效力之中的，也许有关这种诉前调解协议效力的问题将就此结束。然而，非常遗憾的是，这两个结论恰恰是相互对立的。因此，由诉前调解性质演绎调解协议效力的根本问题就转变成为，如何使司法与非司法这两种相互对立、紧张的属性，能够恪守本分、和平共处、和而不同地统一在诉前调解协议的效力之中。

假如我们暂时撇开诉前调解的司法性，仅仅专注于非司法性的推演，那就会很快得出结论：具有非司法性的诉前调解所达成的协议不具有与法院调解协议一样的法律效力。这一结论也完全符合诉前调解的实际，由法院外的调解人在案件尚未进入诉讼程序之前所进行的调解达成的协议怎么能够与法官作为主持人在诉讼程序之内所进行的调解达成的协议具有同样的法律效力呢？这一结论也就意味着，由于诉前调解的非司法性决定了其调解协议与诉外调解（纯非讼性）所达成的协议具有同样的效力，即仅具有合同的效力，不具有直接的执行力。现在的问题是，诉前调解毕竟不同于离法院和法律最远、纯粹具有社会性和民间性的诉外调解，诉前调解还具有司法性的一面，诉前调解具有司法性这一面又当以什么样的方式体现在其所达成的调解协议的效力之中，并在法律效力这一环上区别于诉外调解呢？

在调解协议效力上,诉前调解已经由其非司法性演绎出不具有法院调解协议的强制效力,在当事人一方不履行调解协议时,对方当事人不能直接申请法院强制执行。即便是为了体现其司法性的一面,也不可能使其同时具有诉外调解协议和法院调解协议两种相互冲突的效力。因此,其司法性在调解协议效力上的表达,只能是间接地体现在与法院调解协议效力的衔接上。分析至此,笔者认为,诉前调解所达成的协议,除当事人能够即时履行或其明确表示不同意外,法院以外的调解组织及人员应配合法院依职权对调解协议予以审查和确认,不应当与诉外调解协议一样由双方当事人共同申请司法确认。当然,当事人不同意司法确认的除外。由此可见,基于诉前调解非司法性的一面,以及司法的严谨性、严肃性,我们应当认同诉前调解协议具有诉外调解协议的效力(程序效果契约效力),不应当具有法院调解协议的效力;但基于其司法性的一面,我们又不能一般地认同其仅具有程序效果契约的效力,而这种高于程序效果契约效力的方面,只有体现在与法院调解协议效力的对接上,要求诉前调解必须改变诉外调解由当事人双方自愿共同申请司法确认的做法,诉前调解协议达成后,法院原则上应当依职权进行司法确认,除非当事人不同意。笔者持此主张的正当性在于:

第一,自愿是调解的基石,调解的本质是当事人自愿处分自己的合法权益,让当事人合意选择和更多地控制纠纷解决的程序和结果,是调解的本质要求。诉前调解尽管在具有非司法性的同时又具有司法的性质,但这种准司法的性质主要体现在法院对调解委员会的业务指导、法律培训和对调解协议的司法审查上。第二,调解协议的效力与调解的构造是功能自洽的,不同类型的调解协议应当具有不同的法律效力。当法院调解中的法官主持者变为法院外的非法官主持者、诉讼程序之内的调解转换为诉讼程序之外的调解时，调解的程序、基准法等均将发生变化，调解协议的效力自然也不应等同。当然，由于诉前调解与法院、诉讼程序的特殊关系，诉前调解与诉外调解协议的效力同样也不能等同。第三，该主张一方面使诉前调解协议具有程序效果契约的效力，不具有直接法律强制力；另一方面又使其通过法院依职权进行司法确认，比诉外调解更有保障、更快捷地具有法律强制效力。这种制度设计模式较好地反映了诉前调解二元属性在调解协议效力上的对立和统一，并在现实性上最大限度地平衡了二者的关系。

总之，《民事诉讼法》第 122 条规定的先行调解可以分为两种情况：一是由法官主持或由法官与法官以外的人共同主持的先行调解，其协议应当具有法院调解的效力。二是由法官以外的人主持的先行调解，其协议应当具有合同或契约的效力。并且调解协议达成后，调解的主持者应当与法官一道依职权进行司法确认，但当事人不同意的除外。

作为一种理想，每一种解纷方式都应当为纠纷解决的目的和功能而存在，都应当具有确定实体权利义务关系和终结解纷程序的效力，都应当是独立的、终局性的。从这一意义上来说，调解协议效力的本质主要是一个伦理性问题，而不在于是否披上国家司法化的强制性外衣。不同种类的调解协议是否应当具有法律效力、具有什么样的法律效力、能否实际具有法律效力，主要取决于它自身的道义性和纠纷主体的接受程度。但这种多元化解纷机制相互独立、并存不悖、有序发展的解纷生态和文化，是以社会主体和社会秩序的高度自治和自觉为前提的，在当下中国现实背景下，借助于国家的司法权威来补给非诉讼解纷机制强制性的先天不足，乃是一种现实选择。

在解纷结果只有渡入国家性才被承认和执行的解纷文化中，最能体现国家性的解纷方式自然就成为向社会生产和输出“正义”的中心和辐射源，而不能或不太能体现国家性的解纷机制则只能成为被辐射的对象。这样，以最能体现国家性的解纷方式为核心、以不能体现国家性的解纷方式为边沿，就形成了一道又一道、一环又一环、道道连接、环环相扣的“正义”生产体系。为了“正义”，为了纠纷解决的实效性，处于边沿地带的解纷方式就不得不向中心靠拢，跟随中心之轮一道运转。利用社会力量进行调解所达成协议的效力与法院调解、法院判决的效力相衔接，也正是在这一机理下运作和展开的。因此，就调解协议的效力而言，不管其种类如何，都只能是其自身固有的当事人“合意”的伦理性与外在的国家“强制”的权威性的现实勾兑和结合。

第九章　以审判为中心视阈下的调判关系

第一节　从调解中心主义转变为裁判中心主义

一、以审判为中心是否适用于民事诉讼

党的十八届四中全会通过的《中共中央关于全面推进依法治国若干重大问题的决定》明确提出,要"推进以审判为中心的诉讼制度改革"。"以审判为中心",在理论上可称为"审判中心主义",是我国司法改革多时段、多方面、多层级内容和诉求的凝结。可以认为,"以审判为中心的诉讼制度改革"论断的提出,吹响了新一轮司法改革的号角。与此前已经过的司法改革相对比,司法再改革具有鲜明的特征。在动力机制上,此前的改革主要是作为司法实际运作部门的法院,基于减负的功利动机发起的,再改革则是党中央领导集体作为全面深化改革的重要一环和法治

中国建设的实际需求发动的;在计划性上,此前的改革基本上是“瞎子摸象”或“摸着石头过河”,再改革则是基于整体和全局谋划的顶层设计;在任务上,此前的改革是单一性的,其主要任务是改革与社会主义市场经济不相适应的职权主义(超职权主义)诉讼模式,再改革的任务则是双重的,其不仅要完成此前改革尚未完成的任务,而且还要完成此前改革所产生的新问题;在目标追求上,此前的改革具有偏向性和低级性,要么是实体公正,要么是程序公正,再改革则具有全面性和高级性,要求通过程序公正实现实体公正;在重要性上,此前的改革涉及的是某一环节、某一层面、某一领域的改革,只是一城一地的得失,再改革则是整体性的、全方位的,涉及司法体制、司法制度和工作机制的综合性改革。

对于诉讼理论和诉讼制度而言,“以审判为中心”或“审判中心主义”似乎是不言而喻的最为基本的知识,甚至可以说是一种常识。但正是这一最“基本知识”和“常识”,却成为阻滞中国诉讼制度不能按照诉讼规律和司法规律良性运作的最大障碍,也是中国司法改革历时近30年期待解决而无法解决,迄今仍未解决的重大理论和制度现实问题。因此,“以审判为中心的诉讼制度改革”之命题的提出,一方面为中国诉讼制度和司法制度的根本变革提供了前所未有的机遇,另一方面也为整个法学界尤其是诉讼法学界,认识、诠释、创新、生产“以审判为中心”的诉讼制度理论产品创造了足够宽阔和深入的空间。对此,刑事诉讼法学者可谓响者云集、回应热烈,且已有批量极富理论和实践价值的研究成果相继问世。与刑事诉讼法学界这种研究“繁荣”形成极大反差的是,民事诉讼法学界的研究场景显得有点惨淡,几无人问。难道“以审判为中心的诉讼制度改革”仅是针对刑事诉讼制度提出的,与民事诉讼制度根本无关,或者是“以审判为中心”的民事诉讼制度改革已经完成，无须再改？

在笔者看来，刑事诉讼法学界和民事诉讼法学界出现这种反差的原因主要有以下几个方面：第一，刑事诉讼法学界对“流水作业”式的刑事诉讼构造早有声讨，且已达成基本共识，必须从“流水作业”走向“以裁判为中心”。[①] 第二，习近平同志代表中央政治局在《关于〈中共中央关于全面推进依法治国若干重大问题的决定〉的说明》中，在谈到“推进以审判为中心的诉讼制度改革”时，不仅提到了我国公检法三机关在刑事诉讼活动中各司其职、互相配合、互相制约的问题，而且还特别指出，“这项改革有利于促使办案人员增强责任意识，通过法庭审判的程序公正实现案件裁判的实体公正，有效防范冤假错案产生”。这可能会引起人们的误解，认为“以审判为中心的诉讼制度改革”只与刑事诉讼相关，与民事诉讼毫无关系。第三，最高人民法院、最高人民检察院、公安部、国家安全部、司法部于 2016 年 10 月 11 日联合印发了《关于推进以审判为中心的刑事诉讼制度改革的意见》，这也会引起人们联想，只有刑事诉讼领域才需要进行“以审判为中心”的改革，民事诉讼领域不存在这方面的问题。否则，为什么实务部门不发布“关于推进以审判为中心的民事诉讼制度改革的意见”呢？第四，有不少学者认为，在民事诉讼领域根本不存在“以审判为中心”的问题，“原告、自诉人一叩开司法的大门就登堂入室，进入审判阶段，诉讼中不以审判为中心不可得也，是故民事诉讼和行政诉讼本无所谓审判中心与非中心的问题”，[②]“在民事诉讼和行政诉讼中，诉讼即审

---

① 参见陈瑞华：《从“流水作业”走向“以裁判为中心”——对中国刑事司法改革的一种思考》，载《法学》2000 年第 3 期。

② 张建伟：《审判中心主义的实质内涵与实现途径》，载《中外法学》2015 年第 4 期。

判,不存在审判中心的问题”。[①]

实际上,把民事诉讼排除于“以审判为中心的诉讼制度改革”之外,或者认为民事诉讼无所谓“以审判为中心”的问题,是一个重大误解。第一,在源头上,《中共中央关于全面推进依法治国若干重大问题的决定》使用的话语是:“推进以审判为中心的诉讼制度改革,确保侦查、审查起诉的案件事实证据经得起法律的检验。全面贯彻证据裁判规则,严格依法收集、固定、保存、审查、运用证据,完善证人、鉴定人出庭制度,保证庭审在查明事实、认定证据、保护诉权、公正裁判中发挥决定性作用。”这段话在该决定里是一个独立的自然段。在这一完整的意思表达中,根本无法看出,也不可能解读出“推进以审判为中心的诉讼制度改革”不包括民事诉讼。从该决定的逻辑体系看,“推进以审判为中心的诉讼制度改革”是“推进严格司法”标题下的内容,“推进严格司法”又是“保证公正司法,提高司法公信力”标题下的六项内容之一,“保证公正司法,提高司法公信力”则是整个决定“全面推进依法治国”主题的七大项内容的第四项内容。无论是“推进严格司法”还是“保证公正司法,提高司法公信力”,都不可能排除民事诉讼,更不要说“全面推进依法治国”。第二,习近平同志对“推进以审判为中心的诉讼制度改革”的说明,虽以刑事诉讼为例举,但并不意味着民事诉讼不需要“以审判为中心”进行改革。同样的道理,最高人民法院、最高人民检察院、公安部、国家安全部、司法部联合印发的《关于推进以审判为中心的刑事诉讼制度改革的意见》,也不意味着民事诉讼不需要进行以审判为中心的改革。第三,也是最重要

① 陈光中、步洋洋:《审判中心与相关诉讼制度改革初探》,载《政法论坛》2015 年第 2 期。

的一点，推进“以审判为中心的诉讼制度改革”，在中国司法特定的场域中，刑事诉讼和民事诉讼面临的任务和使命各有不同，刑事诉讼有不易撼动的难题，民事诉讼也有无法轻易突破的“瓶颈”。即便就“以审判为中心”最核心的内容——“以庭审为中心”来说，刑事司法改革还远未完成，民事司法改革也仍在路上。因此，推进“以审判为中心”的诉讼制度改革不仅适用于刑事诉讼，也同样适用于民事诉讼。鉴于此，笔者拟从民事诉讼的视角，对“以审判为中心”的内涵及其实现途径展开论述，并兼对中国民事司法的再改革问题进行分析。

二、裁判中心主义与调解中心主义的基本认知

就刑事司法再改革而言，如果说“以审判为中心”首先要求和意味着从“侦查中心主义”转变为“审判中心主义”，那么对民事司法再改革来说，“以审判为中心”最重要的则是从“调解中心主义”转变为“判决中心主义”。前者主要是在纵向上解决侦查、起诉和审判这三个诉讼阶段以何者为中心和重心、由何阶段决定被告人的刑罪问题，其实质是刑事诉讼总体结构的调整；[①]后者则是从横向上解决在民事诉讼中，究竟是以“调解”方式还是以“判决”方式作为民事诉讼的“基点”和“重点”来处理民事纠纷问题，直接涉及对调解与判决价值、功能的认识和选择，其实质是对民事诉讼中调解与判决关系的重新定位和民事司法政策的调整。

关于“判决中心主义”和“调解中心主义”这两个用语，谷口安平教授在议论作为“最理想”的民事诉讼制度的前提时，把民事诉

---

① 参见张建伟：《审判中心主义的实质内涵与实现途径》，载《中外法学》2015 年第 4 期。

讼本来所具有的功能总结为三种见解:一是以判决为中心;二是以和解为中心;三是以诉讼的过程本身为中心。并认为,第一种见解在西欧的历史上具有传统的支配地位,现在也是一直获得广泛支持的观点;第二种见解是东方传统的观点,在西方也有一定的影响;第三种见解以程序保障论为起点,形成了日本民事诉讼法学界“第三波理论”的思想核心。① 但遗憾的是,他并未对“以判决为中心”、“以和解为中心”和“以诉讼过程为中心”的概念予以明确界定。王亚新教授根据判决和调解在民事诉讼程序结构中的位置,把民事审判方式抽象为“判决型”和“调解型”两种模型。并认为,在“判决型”程序构造中,“判决被设想为解决纠纷的主要形式,诉讼的直接目标首先是判决的形成。调解并不被理解为法官必须履行的任务或职责,进行和解或要求调解属于当事人的权利,法官无需积极主动地进行调解,可以仅仅停留在对当事人的要求作出反应的消极位置”。② 在“调解型”模式中,“通过取得当事人的和解、合意来结束案件是诉讼的首要目标,调解成为处理纠纷最主要的方式”“尽管存在法官用判决这一强制手段解决纠纷的可能性,但整个程序基本上是围绕着取得当事者和解或同意的目标而展开的”。③ 这里的“判决型”和“调解型”程序构造模式与“判决中心主义”和“调解中心主义”的概括具有共通性。

笔者认为,“判决中心主义”或“以判决为中心”,是指把判决作为设置整个民事诉讼程序的基点和核心,判决在民事诉讼制度中比调解具有更根本、更重要的地位。它主要包括两层含义:一是

① 参见[日]谷口安平:《程序的正义与诉讼》(增补本),王亚新、刘荣军译,中国政法大学出版社2002年版,第48-49页。

② 王亚新:《论民事、经济审判方式的改革》,载《中国社会科学》1994年第1期。

③ 王亚新:《论民事、经济审判方式的改革》,载《中国社会科学》1994年第1期。

就民事诉讼和民事司法固有的性质和功能而言，判决是构造整个民事诉讼程序的原点和终结点，是整个民事诉讼程序追求的目标，调解只是判决派生的产物，是运作以形成判决为目的的民事诉讼过程中瓜熟蒂落的结果；二是就判决与调解的正当性原理而言，即便调解是一种独立的、逻辑自洽的，甚至与判决并存的纠纷解决方式，但在现代法治国家和法化社会秩序治理的大背景下，判决始终居于更根本、更重要的地位。与“判决中心主义”相对应，“调解中心主义”是指把调解作为设计整个民事诉讼程序的目的和核心，判决只是促成调解的手段，认为调解比判决更根本、更重要。

三、裁判中心主义诉讼模式的构建

裁判中心主义即判决中心主义，构建裁判中心主义诉讼模式也即构建判决中心主义诉讼模式。要构建判决中心主义诉讼模式，首先需要明确判决中心主义下的民事诉讼的理想追求是什么，如何实现该理想目标。按照近代民事诉讼的基本理念，判决中心主义诉讼模式下民事诉讼的唯一目标，或者说其核心目标，就是通过民事诉讼程序和一系列民事诉讼活动，由法官作出关于本案的“判决”，并且这个判决必须是具有正确性和公正性的判决。也就是说，在判决中心主义诉讼模式中，法官作出具有正确性和公正性的判决是民事诉讼的最高理想。什么是正确性和公正性判决或判决正确、公正呢？判决正确、公正就是判决结果正确、公正。什么是判决结果正确、公正呢？根据近代司法理念，判决结果正确、公正就是判决完全是按照实体法作出的，也即完全是根据实体法规定的权利义务关系作出的。换言之，根据实体法规定，应当享有权利的人判决其享有了权利而没有课以义务，应当承担义务者判决其承担义务而没有享有权利，这样的判决即为正确和公正判决或判决结果正确、公正。如何做到这一点呢？那就是民事诉讼的程序制度必须能够确保作出正确、公正的判决，也即能够正确认定实体法规定的法律要件事实，并据此作出确认权利义务关系和权利义务界线的判定。对此，谷口安平教授曾有精彩描述，“结果的正确在传统的以判决为中心的见解之下，除了判决忠实地实现实体法内容以外，并无其他意义。只有能够忠实地实现基于实体法的审判这一近代法理念的民事诉讼才是正确的。也就是说，能够正确认定符合实体法规定的法律要件的事实，并具有能够正确地适用实体法的程序构造的民事诉讼才是理想的”。① 总之，裁判中心主义诉讼模式的构建必须以正确、公正为最高理想，以正确、公正的判决为最高目标，所有程序必须围绕保障和实现正确、公正的判决目标而展开。

任何理论模型和理想图景都有条件预设，裁判中心主义诉讼模式也不例外。要构建能够确保正确、公正的判决得以实现的民事诉讼程序制度，就必须具备以下基本条件：第一，必须有相对完备的实体法体系。这是裁判中心主义诉讼模式的理论假设，也是民主社会权力制衡的基本肯定和要求。具体言之，也就是裁判必须“有法可依”，进而必须“依法裁判”。第二，法官必须具有独立性，并经过严格训练和程序遴选。这是法官客观、正确和公正的前提，经过严格训练是法官精通法律和熟练运作司法技术的前提，经过严格程序遴选则是法官善良品行的保障。第三，必须有保障双方当事人直接参与、平等对抗的审判程序。当事人参与是其民事诉讼程序主体地位的体现，也是其平等对抗的前提，还是监督法官

① ［日］谷口安平：《程序的正义与诉讼》（增补本），王亚新、刘荣军译，中国政法大学出版社 2002 年版，第 50 页。

不偏不倚作出判决的保障。第四,程序设计必须有利于当事人接近法院,有利于当事人利用。这既是利用判决程序的前提条件,也是法官作出判决的前提条件。第五,必须保障当事人能够收集到证明案件事实所必要的证据,保障法官能够获得足够而准确的诉讼资料。第六,必须为法官与当事人就案件事实问题和法律问题的交涉、沟通提供必要的程序平台。这六个方面只是构建裁判中心主义诉讼模式必备的基本条件,除此之外,还有程序公开、当事人申请回避、审级制等。同时,作为裁判中心主义诉讼模式的理想还有迅速、经济、高效,如果是调解中心主义则未必有这种目标追求,只要能够使双方当事人达成调解合意即可。篇幅所限,此不赘述。

当然,在裁判中心主义诉讼模式下,并非绝对排斥法院调解,只是必须基于当事人利用诉讼程序的立场,将法院调解绝对限制在当事人“自愿”的范围内。

第二节　裁判中心主义之庭审实质化

一、庭审实质化的问题

如果说民事诉讼以审判为中心的第一层面的要求是以裁判为中心,那么第二层面的要求就是庭审实质化。庭审实质化既是以裁判为中心的实际载体,又是以裁判为中心的最核心的内容。民事诉讼的庭审实质化主要包括两方面的含义:一是在程序上,相对于审前程序和审后程序而言,民事诉讼应当以正式开庭审理的程序为重点;二是在内容上,民事诉讼的案件事实和证据,必须提出在法庭、质证在法庭、辩论在法庭、心证形成在法庭、认证在法庭、裁判结果和理由产生在法庭,并在制度保障上实行集中审理主义、直接言词原则、法庭调查和法庭辩论一体化、裁判文书公开。

庭审实质化并非本轮司法改革提出的问题,20 世纪 80 年代末期到 21 世纪初期所进行的前一轮司法改革,不仅提出了庭审实质化,而且还是改革的主题。现在 30 多年过去了,庭审实质化仍是本轮司法改革的核心问题。前一轮庭审实质化改革的重点是庭审"虚化"和庭审"过场化",主要成因是传统的职权主义诉讼模式或超职权主义诉讼模式。在此诉讼模式下,法院不仅是诉讼程序的指挥者,也是证据收集的主导者和实际实施者。由于法院即审理案件的法官可以依职权全面调查收集证据,当事人只是诉讼的客体,法院在证据收集的过程中,对于案件事实早已"先入为主",形成"定见",因此,庭审就成为虚化的摆设。因此,强化当事人的举证责任就成为庭审实质化改革的重大举措,大背景是职权主义诉讼模式向当事人主义诉讼模式转变。在当事人主义诉讼模式下,证据收集和证明案件事实存在与否的负担由当事人承担,法院一般情况下不再依职权调查收集证据。经过 30 多年的司法改革,当下的法官已经很少依职权调查收集证据,[①]提供证据和证明案件事实的责任主要由当事人承担。从逻辑上说,目前法院在证据收集和案件事实证明上早已不再大包大揽,已经不可能通过调查收集证据"先入为主",庭审应当是实质化的,不应当再走形式。客观上来说,这方面的问题确实已经得到基本解决,但又出现了另一种因果关系的庭审"虚化"和"过场化"。易言之,庭审虚化、走形式的问题并没有随着上一轮庭审方式改革而结束,目前仍然存

---

① 根据《民事诉讼法》及相关司法解释的规定,法院只在极个别情况下才会依职权调查收集证据。

在庭审的非实质化。其主要表现形式有：第一，存在不经庭前准备程序“一步到庭”的想象；第二，正式开始庭审前争点不明，庭审盲目；第三，庭审主要是法庭调查，进而又主要是按照顺序进行质证的，但关键是有不少证据是与争点无关的，本应在庭前会议中过滤掉无需在庭审中质证的，这不仅导致法庭调查的形式化，也必然造成诉讼的迟延；第四，法庭辩论完全是仪式性的，当事人的辩论权无法对法院裁判形成有效约束；第五，判决结果是经过层层审批和把关在庭后形成的[①]。应当说，这五个方面的问题是我国民事诉讼程序制度中一直存在的问题，只不过前四个方面的问题前一轮司法改革已经明确地提了出来，并进行了某种程度的改革却没有改革到位，最后一个方面的问题是本轮司法改革明确提出且为重点改革内容之一。因此，要实现庭审实质化，既要完成前一轮司法改革没有完成的任务，又要解决新的问题。

二、庭审实质化的构成体系

为了实现庭审实质化，首先需要厘定民事诉讼审前准备程序，其目的是在正式进入庭审之前整理、确定争点，交换、固定证据，过滤掉不适合通过裁判解决的纠纷或能够通过非讼方式解决的纠纷，进而确保在正式进入庭审程序后，双方当事人和法官能够全神贯注地和集中化地交涉、审理案件。既然通过审前程序已经使案件的争点得以确定，就有必要和可能重构庭审程序。重构庭审程序的关键是，在正式进入庭审程序后，必须限制当事人诉讼请求的增加和更换，限制证据的随意提出，根据诉讼规律重新安排法庭调

---

① 现在正在进行的新一轮司法改革，已经有不少地方取消了庭长和院长对案件的审批制，也正趋向于弱化审判委员会对案件的讨论制。

查与法庭辩论的程式和位序,改变“庭审就是法庭调查、法庭调查等同于庭审”的现实,真正实现证据调查、质证、认证在法庭,裁判结果和理由形成在法庭。

要使裁判的结果和理由形成在法庭,就必须确保审判权的独立、公正行使,而确保审判权独立、公正行使的核心在于确保案件审理者和裁判者的统一,改革“审者不判、判者不审”的诉讼痼疾。而要做到这一点,一方面需要从外部设置独立于行政区划的法院,建立党政干部插手、干预案件记录通报制度;另一方面需要从法院内部改革案件审批制度、审判委员会制度,真正确立民事诉讼的直接原则和言词原则。

既要使庭审不仅从理论上、程序上成为民事诉讼的中心,而且也能从实际上使当事人和社会接受庭审形成的裁判结果和理由,使庭审真正成为当事人服判息诉、定分止争的程序装置,法官必须适时转换自己的角色。法官的诉讼指挥既不能是职权主义甚至超职权主义的,也不能是理论上纯粹当事人主义的、绝对消极中立的,法官应定位于对案件的释明、与当事人不时商谈、沟通、交流,并及时公开自己心证的角色。其实,这也是对当事人程序主体地位的尊重。

总之,一切程序制度改革的目的都只能是追求程序的正义,并通过程序正义实现实体正义,最终达致整个社会公平正义的实现。

三、审前准备程序的实质化

准备程序是庭审实质化的前提和基础,准备程序的重点和核心是争点的整理和确定。没有充分的准备程序,或经过了准备程序但最终没有确定争点,庭审程序就是盲目的,甚至等同于没有准备。通过审前准备程序,坚持审前繁简分流,必须把适宜采用裁判外解纷的案件分流出去，未分流出去的只能是首选裁判方式解决的案件，才能进入庭审程序。只要是通过正式开庭审理的案件，原则上都应当在审前通过庭前会议或相当于庭前会议的方式确定争点，[①]除非案件太过复杂、疑难，在审前确定争点会明显导致诉讼迟延。

我国《民事诉讼法》及相关司法解释规定的审前准备工作，在内容上可分为四种情形：[②]一是解纷程序的选择与确定。解纷程序的选择与确定主要包括《民事诉讼法》第 133 条规定的当事人没有争议，符合督促程序规定条件的，可以转入督促程序；开庭前可以调解的，采取调解方式及时解决纠纷；根据案件情况，确定适用简易程序或者普通程序；需要开庭审理的，通过要求当事人交换证据等方式，明确争议焦点。也包括《民事诉讼法》第 122 条规定的先行调解。二是送达、答辩、管辖和举证时限的确定。这种情形包括《民事诉讼法》第 36 条规定的“人民法院发现受理的案件不属于本院管辖的，应当移送有管辖权的人民法院，受移送的人民法院应当受理”。第 127 条规定的“当事人未提出管辖权异议，并应诉答辩的，视为受诉人民法院有管辖权，但违反级别管辖和专属管辖规定的除外”。第 65 条规定的“人民法院根据当事人的主张和案件审理情况，确定当事人应当提供的证据及其期限。当事人在该期限内提供证据确有困难的，可以向人民法院申请延长期限，人民法院根据当事人的申请适当延长。当事人逾期提供证据的，人民法院应当责令其说明理由；拒不说明理由或者理由不成立的，人民

---

① 有些案件相对简单，法院于审前可通过电话、短信、邮件沟通的方式确立争点。这显然不是庭前会议，但却具有庭前会议的功能。

② 参见王亚新：《新民事诉讼法关于庭前准备之若干程序规定的解释适用》，载《当代法学》2013 年第 6 期。

法院根据不同情形可以不予采纳该证据,或者采纳该证据但予以训诫、罚款"。三是庭前会议及争点确定。该种情形的主要内容见之于《民事诉讼法》第 133 条规定的开庭前可以调解的,采取调解方式及时解决纠纷;需要开庭审理的,通过要求当事人交换证据等方式,明确争议焦点。具体指向则是最高人民法院《民事诉讼法解释》第 225 条规定的召开庭前会议的内容:明确原告的诉讼请求和被告的答辩意见;审查处理当事人增加、变更诉讼请求的申请和提出的反诉,以及第三人提出的与本案有关的诉讼请求;根据当事人的申请决定调查收集证据,委托鉴定,要求当事人提供证据,进行勘验,进行证据保全;组织交换证据;归纳争议焦点;进行调解。四是诉的合并。诉的合并主要是指《民事诉讼法》第 132 条规定的追加共同诉讼当事人、第 51 条规定的当事人变更诉讼请求和提起反诉、第 56 条规定的第三人参加诉讼。

从以上准备程序的四大项内容来说,最大的问题是"不少律师和法官对争点确定的司法解释印象不深甚至不知道有这样的规定。即使确定争点的法官,由于庭审两阶段划分的限制,很少有像大陆法系国家和地区的法官具体到事实争点、证据争点和法律争点,并根据庭审发展不断修正争点的细致程度"。[①] 解决这一问题的关键是借鉴英美法系和大陆法系国家的经验,彻底落实《民事诉讼法》及其司法解释的规定,对于复杂疑难的民事案件,尽可能在审前准备阶段通过庭前会议把案件事实、证据和法律的争点确定下来。实在不得已的情况下,才允许在庭审开始后迅速确定争点或不断修正争点。

---

① 参见章武生:《我国民事案件开庭审理程序与方式之检讨与重塑》,载《中国法学》2015 年第 2 期。

四、庭审程序的实质化及其保障

庭审程序的实质化主要包括法庭调查与法庭辩论程序的整合、庭审审理的集中化、庭审心证和结果在法庭的形成。第一,法庭调查与法庭辩论程序的整合。整合开庭审理程序的主要关键问题是,取消僵化的法庭调查与法庭辩论这种两阶段划分法,[①]借鉴德日等大陆法系的经验,[②]统称为法庭辩论。使当事人口头辩论实质化并贯彻始终,使法庭调查与法庭辩论融为一体,使法庭调查中有辩论,法庭辩论中有辩论。其实,我国早有学者发现法庭调查和法庭辩论两阶段划分的不当,并对其进行了较为深入的研究。[③]实际上,最高人民法院《民事诉讼法解释》第 230 条已经明确规定"人民法院根据案件具体情况并征得当事人同意,可以将法庭调查和法庭辩论合并进行"。

第二,庭审的集中化审理。庭审的集中化审理也就是实行集中审理主义,为应对诉讼案件剧增所导致的诉讼迟延、诉讼成本增加,尤其是普通民众接近司法、接近正义受阻,当今世界各国自 20 世纪下半叶以来,均通过司法改革普遍选择集中审理的方式裁判案件。集中审理主义,是指为达成短期内审结某一案件的目标,就该事件之辩论,或集中于一次言词辩论,或继续开数次言词辩论期日而不予时间上间隔的审理方式。民事诉讼中的争点整理程序本就是以实现民事案件的集中审理为目标的。集中审理有助于法官

---

① 参见章武生:《我国民事案件开庭审理程序与方式之检讨与重塑》,载《中国法学》2015 年第 2 期。

② 在大陆法系国家,开庭审理程序称为言词辩论程序,其主要意旨是法官以言词辩论为方法展开法律纠纷的审理。德国和日本的言词辩论程序均包括言词辩论准备期日和言词辩论期日两种程序。

③ 参见张卫平:《法庭调查与辩论:分与合之探究》,载《法学》2001 年第 4 期。

搜集新鲜之心证形成资料，避免法官同时审理多个案件对案情记忆较易模糊之弊端，提升事实认定之正确性，从而发现真实。[①]

第三，确保事实证据调查在法庭、质证在法庭和认证在法庭的关键是，确保判案法官的心证形成在法庭。心证形成在法庭要求，对案件作裁判的法官必须集中精力亲自开庭审理案件，在法庭上查明案件事实的存在或不存在。而要做到这一点，就必须在法庭调查事实证据、质证和认证。“非实质化的庭审导致法官即使开庭也不能形成心证，而是在庭后通过阅卷、汇报等多种方式形成心证。”[②]

第四，使裁判结果和理由形成在法庭。裁判结果和理由形成在法庭是对心证形成在法庭的巩固和发展，因此，前者必须以后者为前提条件。同时，裁判结果和理由形成在法庭，还必须通过裁判文书体现出来，裁判文书是裁判结果和理由形成在法庭的载体和表现形式。在此意义上，应继续推进裁判文书改革，凸显裁判文书反映庭审过程和裁判理由的功能。具体来说，裁判文书应当反映庭前准备程序工作；应当准确概括和真实记载双方诉辩主张，并且保证当事人的主张和观点能在相关诉讼文件中找到出处；应当高度概括和充分展现举证、质证和法院认证的主要情况和过程，并在此基础上准确和简练叙述裁判认定的案件事实；应当围绕案件的争点、庭审查明的事实和证据、各方发表的辩论意见，以及法庭作出的裁判结果，充分阐释裁判的依据和理由，展示裁判的法理基础和法官对法律的正确解释及适用。同时，不同审级的裁判文书还

---

① 参见许士宦：《新民事诉讼法》，北京大学出版社 2013 年版，第 199-201 页。

② 郝廷婷：《民事庭审中心主义的关键进路：庭前准备程序的归位》，载贺荣主编：《尊重司法规律与刑事法律适用研究（上）——全国法院第 27 届学术讨论会获奖论文集》，人民法院出版社 2016 年版。

要充分体现其职能差异，反映出审级职能定位改革的痕迹和效果。[①]

基于以上分析，中国“以审判为中心”的民事司法再改革的重中之重是从“调解中心主义”转变为“判决中心主义”，其基本前提是从审级重心后置转变为以第一审程序为重心，其核心内容是从庭审虚化转变为庭审实质化，其深入推进的关键是建立“以法官为中心”或“以审判团队为中心”的权责运行机制。

---

① 参见胡建萍、曾耀林：《民事庭审的优质化》，载《人民司法》2016 年第 19 期。

第十章 结 论

一、主要观点

调判关系是民事诉讼中法院调解与判决之间的关系，主要包括调判之间价值层面的评价关系、性质上的关系、因果上的关系和结构上的关系。法院调解与判决的关系问题是我国民事诉讼理论和实践中的基本问题，中华人民共和国民事诉讼的历史，在某种意义上就是调判关系兴衰沉浮的历史。

民事诉讼的目的主要解决民事诉讼为何而存在的问题，是民事诉讼立法论和解释论的指向标。法律秩序维持说在对民事诉讼程序制度的塑造上，会更加突出法院的职权因素，相对弱化当事人权利的实施，判决会受到更多的重视，法院调解只限定于当事人自愿的场合。纠纷解决说强调的是诉讼先于实体法而存在，这与依法判决的要求相悖，而与法院调解的内在规定性不谋而合，判决会在自觉不自觉、有意无意中被放逐，调解会得到不间断的加强。程序保障说旨在以程序本身的正当性保障裁判的正当性，判决是程序保障的核心和目标，法院调解会逐渐被削弱，甚至最终被抛弃。多元说同时追求多元目的，可能会导致调判关系流动不居、跌宕起伏，时而重调轻判，时而重判轻调。制定司法政策的目的是为司法理论和司法实践提供指引，司法政策必然影响司法，甚至直接型塑司法。法院调解与判决作为两种正当性原理及制度构造存在结构性矛盾的纠纷解决方式，司法政策在调判关系的运作中起着举足轻重的作用，有时甚至直接决定着调判关系的循环和演变。绩效考核是法院管理法官的一种模式，是微观层面的司法政策，是法官进行具体审判活动的"指挥棒"，法院将调解率和发改率纳入绩效考核指标体系，必然会强迫或诱导法官选择调解方式解决纠纷，而故意回避使用判决。相对于法院调解和判决这两种纠纷解决方式来说，尽管民事诉讼目的、司法政策、法院绩效考核制度等，都会对调判关系发生直接的、巨大的影响，但毕竟都属于外部因素，都是引起调判关系发生变化的外因，法院调解和判决本身功能的优劣才是决定调判关系的内在原因，民事诉讼目的、司法政策和法院绩效考核制度等，必须通过调解和判决对调判关系发生作用。在本源意义上，民事诉讼目的、司法政策和法院绩效考核制度对调判关系的影响都是非决定性的、暂时的，调解和判决对纠纷解决适合的程度和状况则具有决定性和长远性。法院调解具有主体自愿、内容开放、程序灵活、个案解决妥适、信息保密、氛围和平等优势，但其疏离法律的倾向又使其不具有公共问责性，无法确认主流社会价值和权利义务关系。判决是法律通过严密程序创制的法律产品，具有程序性、公正性、公开性、强制性、规范性、公共性、可预期性等特点，能够推动公共政策形成和维持社会秩序良性运转，但也有程序繁琐、成本高昂、对抗激烈等局限性。法官是民事诉讼程序的适用者，没有法官就无法进行诉讼,“正是在法官那里,法才道成肉身”,[1]法官的自身利益和偏好会在很大程度上决定对调解或判决的使用。当事人是民事诉讼程序的利用者,没有当事人就没有法官,双方当事人有权根据其合意选择利用调解或判决的方式来解决纠纷。“在理想状态下,法官是在当事人所设定的法律限度内来审理案件。”[2]诉讼代理人是民事诉讼程序的参与者,其意图会在很大程度上引导和影响当事人对调解和判决的选择。在中国语境中,“矛盾”和“纠纷”是在同等意义上使用的,民事纠纷被定性为人民内部矛盾,处理人民内部矛盾只能采取民主的方法,说服教育的方法,调解的方法,调解的方法是化解人民内部矛盾即解决民事纠纷的基本方法,在调解不成时才使用判决方法。矛盾化解说虽反映了解决纠纷的普遍性,但没有揭示民事诉讼纠纷解决的特殊性。矛盾化解说与纠纷解决说在用语上虽然具有相近性,但二者有根本区别。矛盾化解说既不强调实体法也不偏爱程序法,甚至有虚化法律的成分在内。纠纷解决说试图纯粹从程序法的视角来阐释民事诉讼的目的。矛盾化解与法院调解在主体上具有同构性,在客体上具有一致性,在事实认定上具有共通性,在法律适用上具有契合性,在程序保障上具有同质性,在结果要求上具有相似性,而与判决则有很大差别。如果把矛盾化解作为民事诉讼的唯一目的,民事诉讼就会形成“调解型”的诉讼模式,其目的是矛盾化解,化解矛盾的方式是法院调解或诉讼和解,所有资源的配置均以促成当事人“合意”为中心。在这种模式中,矛盾化解是最终目的,调解

① [德]古斯塔夫·拉德布鲁赫:《法律智慧警句集》,舒国滢译,中国法制出版社2001年版,第8页。

② [美]米尔伊安·R.达玛什卡:《司法和国家权力的多种面孔——比较视野中的法律程序》,郑戈译,中国政法大学出版社2004年版,第172页。

是最高目的,其他一切均为手段。“调解型”诉讼模式虽然有利于最大限度地动员社会资源集中力量化解矛盾,但它对矛盾的化解都是个案性的,无法普及更无法一般化,既不利于实现统一司法意义上的“同案同判”,也不利于不同社会阶段纠纷解决的平等平衡。任何权利都应当是可以实现的,民事诉讼的目的是确定和保护当事人私权的实现。把权利保护作为民事诉讼的目的,要求在法定法官主持下,严格遵循法定的程序,依照实体法的事先规定进行诉讼。依法诉讼是依据法律规范规定的法律要件事实进行诉讼,依法律要件事实进行诉讼也就是在认定案件事实的基础上,作出法律规定的权利义务关系存在与否的判决,权利保护需要判决而不是调解,判决能够最大限度地实现民事诉讼权利保护的目的。如果将权利保护作为民事诉讼的唯一目的,民事诉讼就会形成“判决型”诉讼模式。在该模式中,民事诉讼的直接目的是形成判决,最终目的是权利保护,民事诉讼的正当性在于程序正当,而非结果正当。“判决型”诉讼模式具有正统性、弥合性、正义生产性功能,实体法与程序法、司法与法治、法治与民主因判决而应然、实然地弥合为一体,并使正义不断地被生产和再生产。作为民事诉讼的目的,矛盾化解与权利保护虽有交集,但二者在产生背景、侧重点、对法官和当事人的影响、与相关制度的关系、对社会秩序的作用等方面都有很大差别。根据矛盾化解和权利保护的特质和要求,结合我国的实际情况,我国民事诉讼必须以权利保护为目的。权利保护符合设立民事诉讼制度的初衷,符合经典民事诉讼构造的理念,符合民事实体法的宗旨,符合法治国家和法治社会的要求,符合我国当下的实际需要。在权利保护目的论下,调判关系在价值上只能是判决优先,而不是调解优先;在因果关系上判决不会产生调解,但判决的进行会最大限度地促进调解;在结构上整个诉讼程序是按照判决的原理构建的,调解将被边缘化,调审分离是原则,调审合一为例外。一般来说,先行调解包含三重含义,即作为诉讼调解意义上的先行调解、作为非诉讼调解意义上的先行调解、作为诉讼调解与非诉讼调解相交错意义上的先行调解,《民事诉讼法》第122条规定的先行调解属于第三种意义上的先行调解。先行调解不能与调解优先画等号,先行调解只是在程序运作时的位序先于判决,而非价值优于判决。先行调解如果是由法官主持或由法官与法官以外的人共同主持,调解协议应当具有法院调解的效力;如果由法官以外的人主持,调解协议应当具有合同或契约的效力。

推进“以审判为中心”的诉讼制度改革不仅适用于刑事诉讼,也同样适用于民事诉讼。民事诉讼的“以审判为中心”最重要的是从“调解中心主义”转变为“判决中心主义”,其实质是对调判关系进行重新定位。判决中心主义要求把判决作为设置整个民事诉讼程序的基点和核心,使判决在民事诉讼中比调解具有更根本、更重要的地位。裁判中心主义诉讼模式的构建必须以正确、公正为最高理想,必须有经过严格训练且具有独立地位的法官,有保障双方当事人直接参与、平等对抗的审判程序,程序设计必须有利于当事人接近和利用法院,必须保障当事人能够收集到证明案件事实所必要的证据,保障法官能够获得足够而准确的诉讼资料,必须为法官与当事人就案件事实问题和法律问题的交涉、沟通提供必要的程序平台。以审判为中心最关键的是庭审实质化,庭审实质化既是以裁判为中心的实际载体,又是以裁判为中心的最核心的内容。庭审实质化在程序上要求,民事诉讼必须以正式开庭审理程序为重点;在内容上要求,案件事实和证据必须提出在法庭、质证在法庭、辩论在法庭、心证形成在法庭、认证在法庭、裁判结果和理由形成在法庭;在制度保障上要求,民事诉讼必须实行集中审理主义、直接言词原则、法庭调查和法庭辩论一体化、裁判文书公开。

二、创新与局限

调判关系在民事诉讼中的重要性毋庸置疑，本书关于调判关系研究的创新主要体现为四个方面：首先，研究成果的整体创新。将民事诉讼中的调判关系问题聚焦于矛盾化解和权利保护的目的之下，全面、系统、深入地研究调判关系的成果。其次，研究视角的创新。任何一门学科均可区分为三个层面的问题，即最深层的学科理论问题、整个学科的程序制度问题和学科中某一方面的问题。民事诉讼目的是民事诉讼法学的深层理论问题，属于法哲学的范畴，关涉民事诉讼制度设置的初心和归宿。国内外对调判关系的关注度非常高，研究文献的数量十分惊人，但尚未发现从民事诉讼目的的视角展开探讨的。本书从民事诉讼目的的视角讨论调判关系，这有利于从源头上揭示、检视和反思调判关系发展演变的本质和规律，现实主义地评判司法政策、绩效考核、法官、当事人、诉讼代理人等对调判关系的影响，更接近客观地看待调判关系的各种困惑和迷思。“如果法律强调原则和目的，那么就有了一种丰富的资源可用于批判具体规则的权威，目的支持我们探求所谓的‘深刻的正统性’。”①再次，矛盾化解说的创新。在我国话语系统中，普遍用“矛盾化解”来表达民事诉讼的目的，学界也有不少人已经习惯这样使用，但目前还没有人从民事诉讼目的的角度正视和评析它。笔者在民事诉讼目的的意义上，提出了矛盾化解和矛盾化解说，并对矛盾化解的词义、矛盾化解说的由来、矛盾化解说的要义、矛盾化解说与纠纷解决说的区别、矛盾化解说对法院调解和判决

---

① ［美］诺内特、塞尔兹尼克：《转变中的法律与社会：迈向回应型法》，张志铭译，中国政法大学出版社 2004 年版，第 91 页。

的影响、矛盾化解说对“调解型”诉讼模式的形成等进行了创新性探讨。事实上,矛盾化解本身就意味着强调调解,也必然会促成“调解型”诉讼模式的产生和运行。最后,核心观点的创新。诉讼是权利享有者从法官那里获得的,用以保护此种权利的权力。没有权利就没有诉讼,诉讼与权利从来都是同一枚硬币的两面。根据民事诉讼的一般原理,结合我国的实际情况,本书提出“权利保护”应成为我国民事诉讼的目的,权利保护更符合我国全面推进依法治国、深入进行司法改革的民事纠纷解决实际。我国应当以权利保护为目的构建“以判决为中心”的“判决型”诉讼模式,将调解控制在当事人自愿选择利用,而非法院能动的范围内。“当需要法院就一个具有公共价值的问题作出宣告时,不应通过不予受理的驳回诉讼来扼杀这种要求,也不应因为过分强调民事诉讼的对抗性而扼杀这种要求。尽管长路漫漫,荆棘丛生,但正确判决的要求和合法性的要求绝不能摒弃。”[①]在此意义上,权利保护目的与推进“以审判为中心”的诉讼制度改革是完全一致的。

本书提出以权利保护为目的构建“以判决为中心”的诉讼模式,并期盼我国调判关系的发展会在平稳的轨道上运行,不会再出现调判关系的历史循环。应当坚信,只要社会和人还需要向善之初心,只要依法治国的大方向没有改变,只要正规化、专业化和职业化的司法改革的步伐还在往前走,以权利保护为目的和以判决为中心的调判关系模式就不会变。同时,本书有关民事诉讼以审判为中心、矛盾化解作为民事诉讼目的、法院调解自身正当性的进化等问题,由于时间仓促,在系统性和深度上还有一定欠缺,尚有深入研究的空间和余地。

---

① [英]J. A. 乔罗威茨:《民事诉讼程序研究》,吴泽勇译,中国政法大学出版社2008年版,第66、76页。

参考文献

一、论文类

[1]江伟:《市场经济与民事诉讼法学的使命》,载《现代法学》1996 年第 3 期。

[2]王亚新:《论民事、经济审判方式的改革》,载《中国社会科学》1994 年第 1 期。

[3]李浩:《调解归调解,审判归审判:民事审判中的调审分离》,载《中国法学》2013 年第 3 期。

[4]张卫平:《诉讼调解:时下势态的分析与思考》,载《法学》2007 年第 5 期。

[5]李浩:《论法院调解中程序法与实体法约束的双重软化——兼析民事诉讼中偏重调解与严肃执法的矛盾》,载《法学评论》1996 年第 4 期。

[6]李浩:《论调解不宜作为民事审判权的运作方式》,载《法律科学》1996 年第 4 期。

[7]李浩:《民事审判中的调审分离》,载《法学研究》1996 年第 4 期。

[8]江伟、王强义:《完善我国民事诉讼立法的若干理论问题》,载《中国社会科学》1991 年第 5 期。

[9]许少波:《社会转型的司法还是司法变革的政策——对人大代表协助诉讼调解实践的考察》,载《法学评论》2011 年第 4 期。

[10]许少波:《法院调解的目的论》,载《法律科学(西北政法学院学报)》2007 年第 4 期。

[11]章武生、吴泽勇:《论我国法院调解制度的改革》,载陈光中、江伟主编:《诉讼法论丛》第 5 卷,法律出版社 2000 年版。

[12]潘剑锋:《论民事司法与调解关系的定位》,载《中外法学》2013 年第 1 期。

[13]周永坤:《论强制性调解对法治和公平的冲击》,载《法律科学(西北政法学院学报)》2007 年第 3 期。

[14]江伟:《民事诉讼法前沿理论问题》,载《国家检察官学院学报》2010 年第 2 期。

[15]许少波:《论诉讼调解瑕疵之救济》,载《法学》2007 年第 4 期。

[16]刘荣军:《论民事诉讼的目的》,载《政法论坛》1997 年第 5 期。

[17]田平安、吕辉:《"调解优先"质疑论》,载《河南大学学报(社会科学版)》2013 年第 1 期。

[18]章武生、吴泽勇:《论民事诉讼的目的》,载《中国法学》1998 年第 6 期。

[19]许少波:《论否定性法律后果的立法设置——以救济当事人民事诉讼权利为主的考察》,载《法学评论》2005 年第 1 期。

[20]徐昀:《"调解优先"的反思——以民事审判结构理论为分析框架》,载《学术研究》2010 年第 4 期。

[21]章武生、肖国玉:《法院调解与判决的关系》,载《政法论坛》2012 年第 6 期。

[22]许少波:《论民事裁定的既判力》,载《法律科学(西北政法学院学报)》2006 年第 6 期。

[23]王福华:《大调解视野中的审判》,载《华东政法大学学报》2012 年第 4 期。

[24]许少波:《先行调解析论——兼与“调解优先”比较》,载《民事程序法研究》2012 年第 1 辑。

[25]夏锦文、许少波:《解决冲突与保护人权:论诉讼的目的——基于诉讼法哲学的研究》,载《学海》2006 年第 5 期。

[26]张晋红:《法院调解的立法价值探究——兼评法院调解的两种改良观点》,载《法学研究》1998 年第 5 期。

[27]汤维建:《市场经济与民事诉讼法学的展望》(下),载《政法论坛(中国政法大学学报)》1997 年第 2 期。

[28]范愉:《诉讼调解:审判经验与法学原理》,载《中国法学》2009 年第 6 期。

[29]潘剑锋、刘哲玮:《论法院调解与纠纷解决之关系——从构建和谐社会的角度展开》,载《比较法研究》2010 年第 4 期。

[30]李浩:《查明事实、分清是非原则重述》,载《法学研究》2011 年第 4 期。

[31]李浩:《调解的比较优势与法院调解制度的改革》,载《南京师范大学学报(社会科学版)》2002 年第 4 期。

[32]章武生:《我国法院调解的定位与发展方向》,载《郑州大学学报(哲学社会科学版)》2011 年第 6 期。

[33]范愉:《调解的重构(上)——以法院调解的改革为重点》,载《法制与社会发展》2004 年第 2 期。

[34]范愉:《调解的重构(下)——以法院调解的改革为重点》,载《法制与社会发展》2004年第3期。

[35]许少波:《证据保全制度的功能及其扩大化》,载《法学研究》2009年第1期。

[36]许少波:《论先行调解协议的效力》,载《江苏社会科学》2014年第6期。

[37]苏力:《关于能动司法与大调解》,载《中国法学》2010年第1期。

[38]陈瑞华:《从“流水作业”走向“以裁判为中心”——对中国刑事司法改革的一种思考》,载《法学》2000年第3期。

[39]唐德华:《民事审判工作应当坚持“调解为主”——与吕宏同志商榷》,载《浙江学刊》1982年第1期。

[40]马锡五:《新民主主义革命阶段中陕甘宁边区的人民司法工作》,载《法学研究》1955年第1期。

[41]张建伟:《审判中心主义的实质内涵与实现途径》,载《中外法学》2015年第4期。

[42]陈光中、步洋洋:《审判中心与相关诉讼制度改革初探》,载《政法论坛》2015年第2期。

[43]周翠:《调解与审判的关系:反思与重述》,载《比较法研究》2014年第1期。

[44]陈杭平:《社会转型、法制化与法院调解》,载《法制与社会发展》2010年第2期。

[45]唐力:《诉讼调解合意诱导机制研究》,载《法商研究》2016年第4期。

[46]肖扬:《充分发挥司法调解在构建社会主义和谐社会中的积极作用》,载《求是》2006年第19期。

[47]李浩:《当下法院调解中一个值得警惕的现象——调解案件大量进入强制执行研究》,载《法学》2012 年第 1 期。

[48]许少波:《先行调解的三重含义》,载《海峡法学》2013 年第 1 期。

[49]马怀德:《预防化解社会矛盾的治本之策:规范公权力》,载《中国法学》2012 年第 2 期。

[50]王亚新:《民事诉讼中的依法审判原则与程序保障(代译序)》,载[日]谷口安平:《程序的正义与诉讼》(增补本),王亚新、刘荣军译,中国政法大学出版社 2002 年版。

[51]宋朝武:《对民诉法修正案中调解制度的若干理解》,载《中国审判》2012 年第 6 期。

[52]田平安、杨成良:《调审分离论:理想图景与双重背反——兼与李浩教授商榷》,载《湖南社会科学》2015 年第 5 期。

[53]李祖军、田毅平:《民事诉讼目的论纲》,载《现代法学》1998 年第 5 期。

[54]陈刚、翁晓斌:《论民事诉讼制度的目的》,载《南京大学法律评论》1997 年春季号。

[55]赵钢、王杏飞:《我国法院调解制度的新发展——对〈关于人民法院民事调解工作若干问题的规定〉的初步解读》,载《法学评论》2005 年第 6 期。

[56]韩波:《诉讼调解的实证分析与法理思辨——对最高人民法院〈关于人民法院民事调解工作若干问题的规定〉》的实施调查,载《法律适用》2007 年第 4 期。

[57]曾令健:《法院调解社会化的制度重构》,载《重庆社会科学》2017 年第 9 期。

[58]王福华:《中国调解体制转型的若干维度》,载《法学论

坛》2010 年第 6 期。

[59]王晨:《司法公正的内涵及其实现路径选择》,载《中国法学》2013 年第 3 期。

[60]陈卫东:《跨行政区划人民法院改革研究》,载《财经法学》2016 年第 6 期。

[61]谢进杰:《判决功能的阐释:纠纷解决与社会治理》,载《学术研究》2014 年第 1 期。

[62]孙笑侠:《法律家的技能与伦理》,载《法学研究》2001 年第 4 期。

[63]景汉朝、卢子娟:《经济审判方式改革若干问题研究》,载《法学研究》1997 年第 5 期。

[64]肖建华、杨兵:《论我国诉讼调解原则体系之重构——兼评〈关于人民法院民事调解工作若干问题的规定〉相关规定》,载《政法论丛》2005 年第 1 期。

[65]季卫东:《大变局下中国法治的顶层设计》,载《财经》2012 年第 5 期。

[66]李浩:《委托调解若干问题研究——对四个基层人民法院委托调解的初步考察》,载《法商研究》2008 年第 1 期。

[67]肖建国:《司法 ADR 建构中的委托调解制度研究——以中国法院的当代实践为中心》,载《法学评论》2009 年第 3 期。

[68]刘峥:《我国民事诉讼调解制度平衡模式之探究》,载《人民司法》2007 年第 5 期。

[69]陈彬、陈红宇:《西部地区法院调解工作的若干问题》,载《人民司法》2007 年第 3 期。

[70]王亚新:《新民事诉讼法关于庭前准备之若干程序规定的解释适用》,载《当代法学》2013 年第 6 期。

[71]章武生:《我国民事案件开庭审理程序与方式之检讨与重塑》,载《中国法学》2015 年第 2 期。

[72]张卫平:《法庭调查与辩论:分与合之探究》,载《法学》2001 年第 4 期。

[73]郝廷婷:《民事庭审中心主义的关键进路:庭前准备程序的归位》,载贺荣主编:《尊重司法规律与刑事法律适用研究(上)——全国法院第 27 届学术讨论会获奖论文集》,人民法院出版社 2016 年版。

[74]宁杰、张传军:《论民事诉讼调解制度之完善》,载曹建明主编:《程序公正与诉讼制度改革》(全国法院第十四届学术研讨会获奖论文集),人民法院出版社 2002 年版。

[75]冯战备等:《法院调解制度改革的思考》,载《法律适用(国家法官学院学报)》2002 年第 9 期。

[76]冯辉:《判决、公共政策与社会主流价值观——“跌倒争议案”的法理省思》,载《政法论坛》2012 年第 4 期。

[77]刘慧、陈红元:《民事案件调判结合办案方式的改革》,载《湖北社会科学》2010 年第 5 期。

[78]张辉、张德峰:《我国法院调解制度的博弈分析——再论调审分离》,载《时代法学》2005 年第 3 期。

[79]范电勤:《“调解优先、调判结合”的宪法审视》,载《法学》2012 年第 8 期。

[80]曹新华:《现代和谐理念下的司法与纠纷解决》,载《河南科技大学学报(社会科学版)》2008 年第 3 期。

[81]张立平:《为什么调解优先——以纠纷解决的思维模式为视角》,载《法商研究》2014 年第 4 期。

[82]冯静、杨志云:《利益视角下的公共政策过程分析》,载

《中国行政管理》2009 年第 1 期。

[83]刘武俊:《司法政策的基本理论初探》,载《中国司法》2012 年第 3 期。

[84]宋亚辉:《公共政策如何进入裁判过程——以最高人民法院的司法解释为例》,载《法商研究》2009 年第 6 期。

[85]张大海:《2008 年以来人民法院司法政策实证研究——以最高人民法院司法解释为主要对象的分析》,载《南阳师范学院学报》2011 年第 5 期。

[86]江必新:《构建和谐社会与司法政策的调整》,载《人民论坛》2005 年第 11 期。

[87]张嘉军:《政策抑或法律:民事诉讼政策的概念界定》,载《河北法学》2014 年第 11 期。

[88]北京大学法律系五年级政法业务科研小组:《"调查研究,就地解决,调解为主"——处理民事纠纷的正确方针》,载《法学研究》1961 年第 2 期。

[89]彭君熹:《进一步发扬依靠群众处理民事案件的优良传统——学习"依靠群众、调查研究、调解为主、就地解决"方针的体会》,载《法学研究》1965 年第 3 期。

[90]杨薇:《基层人民法院司法绩效考核体系的完善》,载《人民法治》2017 年第 3 期。

[91]李拥军、傅爱竹:《"规训"的司法与"被缚"的法官——对法官绩效考核制度困境与误区的深层解读》,载《法律科学(西北政法大学学报)》2014 年第 6 期。

[92]刘练军:《法院调解优先之忧思》,载《浙江学刊》2013 年第 1 期。

[93]邵六益:《悖论与必然:法院调解的回归(2003-2012)》,

载《华东政法大学学报》2013 年第 5 期。

[94]侯怀霞、荆秋:《律师风险代理制度的完善》,载《法治论丛(上海政法学院学报)》2007 年第 6 期。

[95]吴忠民:《并非社会中的所有矛盾都是社会矛盾——社会矛盾概念辨析》,载《中共中央党校学报》2015 年第 2 期。

[96]张英俊、裴秀峰:《诉讼调解的价值分析与改革构想》,载《政法论丛》2005 年第 3 期。

[97]金实:《发挥民调作用,及时化解人民内部矛盾》,载《中国司法》2000 年第 10 期。

[98]马怀德:《社会矛盾化解与行政诉讼制度》,载《中国党政干部论坛》2011 年第 9 期。

[99]孙国华、方林:《公平正义是化解社会矛盾的根本原则》,载《法学杂志》2012 年第 3 期。

[100]江必新:《社会矛盾化解与〈民事诉讼法〉修改》,载《中国党政干部论坛》2011 年第 9 期。

[101]张军:《创新刑事审判化解社会矛盾》,载《法律适用》2011 年第 2 期。

[102]钱列阳:《关于社会矛盾化解的法律思考——兼论司法过程的公众参与》,载《法学杂志》2011 年第 S1 期。

[103]程琥:《在线纠纷解决机制与我国矛盾纠纷多元化解机制的衔接》,载《法律适用》2016 年第 2 期。

[104]章武生:《司法 ADR 与我国法院调解制度的新发展》,载《公民与法(法学版)》2009 年第 5 期。

[105]沈恒斌、吴少鹰:《新时期社会矛盾纠纷的表现形式及其多元化解决机制建构思路》,载《中国司法》2005 年第 12 期。

[106]张华、赵可:《人民法院诉前调解制度的初步建构:司法

ADR 模式诉前调解制度合理性、可操作性探究》，载《法律适用》2007 年第 11 期。

[107]赵明霞、吴孝卿:《浅议民事纠纷委托人民调解》，载《中国司法》2007 年第 6 期。

[108]刘敏:《论民事诉讼诉前调解制度的构建》，载《中南大学学报(社会科学版)》2007 年第 5 期。

[109]胡建萍、曾耀林:《民事庭审的优质化》，载《人民司法》2016 年第 19 期。

[110]迟日大:《法律适用统一的障碍及其破解路径——一个关于建立中国特色案例指导制度的话题》，载《河北法学》2011 年第 3 期。

[111]陈洪杰:《接近正义与人权的司法保护——欧洲人权法院相关实践的启示》，载《厦门大学法律评论》第 8 辑，厦门大学出版社 2004 年版。

[112]刘敏:《接近正义与英国的民事司法改革》，载公丕祥主编:《法制现代化研究》(第 9 卷)，南京师范大学出版社 2004 年版。

[113]《最高人民法院公报》2006 年第 10 期。

[114]《最高人民法院公报》2007 年第 9 期。

[115]《最高人民法院公报》2012 年第 9 期。

[116]李浩:《论“先行调解”的性质》，2012 年中国民事诉讼法学研究会年会论文。

[117]张艳丽:《如何落实“调解优先、调判结合”？——对新〈民事诉讼法〉有关“审前调解”的理解与适用》，2012 年中国民事诉讼法学研究会年会论文。

[118]吴英姿:《“调解优先”:改革范式与法律解读——以 O

市法院改革为样本》,2012 年中国民事诉讼法学研究会年会论文。

[119]李浩:《先行调解性质的理解与认识》,载《人民法院报》2012 年 10 月 17 日,第 7 版。

[120]范愉:《调解的正当性与发展趋势》,载《人民法院报》2009 年 10 月 14 日,第 5 版。

[121]肖建国:《认真对待"调解优先、调判结合"工作原则》,载《人民法院报》2010 年 9 月 15 日,第 5 版。

[122]徐卉:《先行调解的规范与适用》,载《人民法院报》2012 年 10 月 17 日,第 7 版。

[123]包蕾:《法院附设诉前调解定位之辨析——基于上海浦东新区法院的实践》,载《人民法院报》2010 年 4 月 21 日,第 8 版。

[124]蒋惠岭:《法院附设 ADR 对我国司法制度的新发展》,载《人民法院报》2005 年 1 月 10 日。

[125]徐昕:《"调解优先"的司法政策应当调整——从彭宇案的调解说起》,载《中国社会科学报》2010 年 3 月 25 日,第 4 版。

[126]朱建朝、姜金良:《构建调解与执行相衔接的工作机制》,载《人民法院报》2012 年 6 月 13 日,第 8 版。

[127]黄秀丽、任楚翘:《调解越来越主流》,载《南方周末》2011 年 4 月 28 日,第 3 版。

[128]彭家明等:《法院调解的策略与技巧》,载《人民法院报》2003 年 12 月 9 日。

[129]李文:《博弈与取舍:柔中有刚的诉讼调解》,载《人民法院报》2011 年 3 月 25 日,第 6 版。

[130]黄明春、赵峰、陈希国:《案件事实须查明,分清是非促调解——山东高院关于民商事调解书写明案件事实情况的调研报告》,载《人民法院报》2014 年 12 月 4 日,第 8 版。

[131]林忠明、张华球:《化解矛盾、解决纠纷:永福法庭注重调解》,载《人民法院报》2000年10月25日,第2版。

[132]荆龙:《正确适用司法解释及时化解社会矛盾》,载《人民法院报》2002年9月28日。

[133]周岳保:《探索改革思路化解社会矛盾:相城法院调判并重》,载《人民法院报》2002年10月21日。

[134]聂敏宁:《四川发挥司法调解主导作用推进"大调解"》,载《人民法院报》2009年7月28日,第1版。

[135]王世训:《人民法院参与大调解体系的实证分析》,载《人民法院报》2011年10月26日,第8版。

[136]刘松汉、苗成斌等:《东方经验:人民内部矛盾的"大调解"——江苏南通构建大调解体系的调查与思考》,载《南通日报》2010年8月5日,第A01版。

[137]张定有:《南阳基层法庭"零判决"竞赛的争议与影响》,载《东方今报》2009年12月31日,第3版。

[138]张冯淼:《我市知识产权案半年零判决》,载《郑州日报》2009年7月14日,第2版。

[139]孙航、周远:《河北倡导基层法庭"零判决"》,载《河北日报》2009年9月9日。

[140]罗福生、宋丹丹:《16个法庭"零判决"24个法庭"零上诉"》,载《广西法治日报》2010年12月2日,第3版。

[141]徐文忠:《荣县调解促"三养"案零判决》,载《人民法院报》2009年9月16日,第2版。

[142]孙春牛:《警惕对"调解率"的误读》,载《人民法院报》2013年5月12日,第2版。

[143]殷昭举:《中国社会治理的现代化》,载《社会学评论》

2014 年第 3 期。

[144][美]莫里斯·罗森伯格:《司法的品质》,载美国亚利桑那州高等法院《法官手册》。

[145][日]竹下守夫:《民事诉讼法的目的与司法的作用》,载《现代法学》1997 年第 3 期。

[146][美]劳伦斯·M. 弗里德曼:《法治、现代化和司法》,傅郁林译,载《北大法律评论》1998 年第 1 卷第 1 辑。

[147][美]马克·加伦特:《美国民事诉讼中法官调解的出现》,王审译,载《上海法学研究》1991 年第 2 期。

[148][澳]杰勒德·布伦南:《是"为人民的法院",不是"人民的法院"》,于秀艳译,载《人民司法》1999 年第 3 期。

[149] Richard Clayton & Hugh Tomlinson, *Fair Trial Rights*, Oxford University Press, 2001, p. 5.

[150] Nadja Alexander, *Global Trends in Mediation*, Second Edition, Kluwer Law Press, 2006: 2.

[151] Flanders, *Case Management in Federal Courts: Sore Controversies and Score Result*, Justice System Journal 4 (1978).

二、著作类

[1]中共中央文献研究室编:《毛泽东文集》第 7 卷,人民出版社 1999 年版。

[2]毛泽东:《毛泽东选集》第 1 卷,人民出版社 1991 年版。

[3]柴发邦主编:《民事诉讼法教程》,法律出版社 1983 年版。

[4]江伟主编:《民事诉讼法专论》,中国人民大学出版社 2005 年版。

[5]李祖军:《民事诉讼目的论》,法律出版社 2000 年版。

[6]张卫平:《民事诉讼法》,法律出版社 2016 年版。

[7]江伟主编:《民事诉讼法学》,北京大学出版社 2015 年版。

[8]王亚新:《社会变革中的民事诉讼》,中国法制出版社 2001 年版。

[9]王亚新:《对抗与判定:日本民事诉讼的基本结构》,清华大学出版社 2002 年版。

[10]王福华:《民事诉讼法学》,清华大学出版社 2012 年版。

[11]陈刚:《自律型社会与正义的综合体系——小岛武司先生七十华诞纪念文集》,陈刚、林剑锋、段文波等译,中国法制出版社 2006 年版。

[12]许少波主编:《民事诉讼法》,知识产权出版社 2011 年版。

[13]章武生等:《司法现代化与民事诉讼制度的建构》,法律出版社 2000 年版。

[14]许少波:《民事诉前证据收集制度研究》,社会科学文献出版社 2016 年版。

[15]强世功:《调解、法制与现代性:中国调解制度研究》,中国法制出版社 2001 年版。

[16]杨荣新:《民事诉讼法学》,中国政法大学出版社 1990 年版。

[17]许少波:《民事证据保全制度研究——以法院为中心的分析》,法律出版社 2013 年版。

[18]宋朝武等:《调解立法研究》,中国政法大学出版社 2008 年版。

[19]刘金华:《民事诉讼法专题研究》,中国政法大学出版社 2014 年版。

[20]王利明:《民法总则》,中国人民大学出版社 2017 年版。

[21]许少波主编:《法治的布道者——法学名家华园讲演录》,中国民主法制出版社 2015 年版。

[22]刘敏:《当代中国的民事司法改革》,中国法制出版社 2001 年版。

[23]李祖军:《调解制度论:冲突解决的和谐之路》,法律出版社 2010 年版。

[24]全国人大常委会法制工作委员会民法室编:《〈中华人民共和国民事诉讼法〉条文说明、立法理由及相关规定》(第 2 版),北京大学出版社 2012 年版。

[25]夏甄陶:《关于目的的哲学》,上海人民出版社 1982 年版。

[26]郭晓光:《民事诉讼调解新论》,中国政法大学出版社 2013 年版。

[27]吴志明主编:《大调解——应对社会矛盾凸显的东方经验》,法律出版社 2010 年版。

[28]梁平、杨奕:《纠纷解决机制的现状研究与理想建构》,中国政法大学出版社 2014 年版。

[29]中国社会科学院法学研究所民法研究室民诉组、北京政法学院诉讼法教研室民诉组合编:《民事诉讼法参考资料·第二辑·第一分册》,法律出版社 1981 年版。

[30]唐德华:《民事诉讼法立法与适用》,中国法制出版社 2002 年版。

[31]唐德华主编:《新民事诉讼法条文释义》,人民法院出版社 1991 年版。

[32]广东、广西、湖南、河南辞源修订组、商务印书馆编辑部

编:《辞源》(修订本)(第3册),商务印书馆1981年修订第1版。

[33]朱景文:《现代西方法社会学》,法律出版社1994年版。

[34]张文显:《二十世纪西方法哲学思潮研究》,法律出版社1996年版。

[35]黄宗智:《经验与理论:中国社会、经济与法律的实践历史研究》,中国人民大学出版社2007年版。

[36]王怀安主编:《中国民事诉讼法教程》,人民法院出版社1992年版。

[37]杨润时主编:《最高人民法院民事调解工作司法解释的理解与适用》,人民法院出版社2004年版。

[38]西北政法学院科研处编:《中华人民共和国民事诉讼法(试行)注释》,西北政法学院科研处1983年版。

[39]赵钢:《民事诉讼法学专题研究(一)》,中国政法大学出版社2006年版。

[40]刘敏:《裁判请求权研究——民事诉讼的宪法理念》,中国人民大学出版社2003年版。

[41]唐德华主编:《民事诉讼理念与机制》,中国政法大学出版社2005年版。

[42]范愉主编:《司法制度概论》,中国人民大学出版社2003年版。

[43]邵明:《民事诉讼法理研究》,中国人民大学出版社2004年版。

[44]邵勋、邵锋:《中国民事诉讼法论》,中国方正出版社2005年版。

[45]陈刚主编:《中国民事诉讼法制百年进程》(清末时期·第二卷),中国法制出版社2004年版。

[46]杨荣新主编:《民事诉讼法学》,中国政法大学出版社1997年版。

[47]陈瑞华:《刑事审判原理论》(第2版),北京大学出版社2003年版。

[48]《德意志联邦共和国民事诉讼法》,谢怀栻译,中国法制出版社2001年版。

[49]张卫平:《转换的逻辑——民事诉讼体制转型分析》,法律出版社2007年版。

[50]张卫平:《程序公正实现中的冲突与衡平——外国民事诉讼研究引论》,成都出版社1993年版。

[51]沈达明编著:《比较民事诉讼法初论》,中国法制出版社2002年版。

[52]陈刚主编:《比较民事诉讼法》(2006年卷·总第6卷),中国法制出版社2007年版。

[53]最高人民检察院法律政策研究室编译:《支撑21世纪日本的司法制度——日本司法制度改革审议会意见书》,中国检察出版社2004年版。

[54]李交发:《中国诉讼法史》,中国检察出版社2002年版。

[55]张晋藩主编:《中国民事诉讼制度史》,巴蜀书社1999年版。

[56]白绿铉:《美国民事诉讼法》,经济日报出版社1998年版。

[57]樊崇义主编:《诉讼原理》,法律出版社2003年版。

[58]熊跃敏:《民事审前准备程序研究》,人民出版社2007年版。

[59]章武生主编:《民事诉讼法学》,河南大学出版社1991年版。

[60]刘家兴编著:《民事诉讼教程》,北京大学出版社1982年版。

[61]柴发邦等:《民事诉讼法学新编》,法律出版社1992年版。

[62]刘荣军:《程序保障的理论视角》,法律出版社1999年版。

[63]徐昕:《英国民事诉讼与民事司法改革》,中国政法大学出版社2002年版。

[64]沈达明、冀宗儒编著:《1999年英国〈民事诉讼规则〉诠释》,中国法制出版社2005年版。

[65]梁书文等主编:《民事诉讼法及配套规定新释新解》,人民法院出版社1996年版。

[66]李红海:《普通法的历史解读——从梅特兰开始》,清华大学出版社2003年版。

[67]最高人民检察院法律政策研究室编译:《所有人的正义:英国司法改革报告》,中国检察出版社2003年版。

[68]陈荣宗:《举证责任分配与民事程序法》,台北,三民书局1984年版。

[69]陈朴生:《刑事证据法》,台北,三民书局1992年版。

[70]许士宦:《新民事诉讼法》,北京大学出版社2013年版。

[71]许士宦:《证据收集与纷争解决》,台北,新学林出版股份有限公司2005年版。

[72]许士宦:《审判对象与适时审判》,台北,新学林出版股份有限公司2006年版。

[73]许士宦:《程序保障与阐明义务》,台北,新学林出版股份有限公司2003年版。

[74]沈冠伶:《民事证据法与武器平等原则》,台北,元照出版有限公司2007年版。

[75]杨仁寿:《法学方法论》,中国政法大学出版社1999年版。

[76]王泽鉴:《民法概要》,中国政法大学出版社2003年版。

[77]王泽鉴:《法律思维与民法实例》,中国政法大学出版社2001年版。

[78]王泽鉴:《民法总则》,中国政法大学出版社2001年版。

[79]王泽鉴:《民法物权(通则·所有权)》,中国政法大学出版社2001年版。

[80]王泽鉴:《民法物权(用益物权·占有)》,中国政法大学出版社2001年版。

[81]王泽鉴:《债法原理》,中国政法大学出版社2001年版。

[82]邱联恭:《程序选择权论》,台北,三民书局2000年版。

[83]邱联恭:《司法之现代化与程序法》,台北,三民书局1992年版。

[84]邱联恭:《程序制度机能论》,台北,三民书局1996年版。

[85]邱联恭:《争点整理方法论》,台北,三民书局2001年版。

[86]邱联恭:《程序利益保护论》,台北,三民书局2005年版。

[87]陈荣宗、林庆苗:《民事诉讼法》,台北,三民书局1996年版。

[88]陈计男:《民事诉讼法论》,台北,三民书局1994年版。

[89]王甲乙、杨建华、郑健才:《民事诉讼法新论》,台北,三民书局2005年版。

[90]杨建华:《民事诉讼法要论》,台北,三民书局2005年版。

[91]五南法学出版中心编:《民事诉讼法修订资料汇编》,台

北,五南图书出版股份有限公司 2000 年版。

[92]黄国昌:《民事诉讼理论之新开展》,台北,元照出版有限公司 2005 年版。

[93]姜世明:《举证责任与真实义务》,台北,新学林出版股份有限公司 2006 年版。

[94]姜世明主编:《修正辩论主义与协同主义之时代论争》,台北,新学林出版股份有限公司 2017 年版。

[95][苏]顾尔维奇:《诉权》,康宝田、沈其昌译,中国人民大学出版社 1958 年版。

[96][苏]维辛斯基:《国家和法的理论问题》,法律出版社 1955 年版。

[97][德]米夏埃尔・施蒂尔纳编:《德国民事诉讼法学文萃》,赵秀举译,中国政法大学出版社 2005 年版。

[98][德]拉德布鲁赫:《法学导论》,米健译,法律出版社 2012 年版。

[99][德]古斯塔夫・拉德布鲁赫:《法律智慧警句集》,舒国滢译,中国法制出版社 2001 年版。

[100][德]迪特尔・施瓦布:《民法导论》,郑冲译,法律出版社 2006 年版。

[101][德]奥特马・尧厄尼希:《民事诉讼法》,周翠译,法律出版社 2003 年版。

[102][德]托马斯・莱塞尔:《法社会学导论》(第 5 版),高旭军等译,上海人民出版社 2011 年版。

[103][德]罗森贝克、施瓦布等:《德国民事诉讼法》(上),李大雪译,中国法制出版社 2007 年版。

[104][德]罗森贝克、施瓦布等:《德国民事诉讼法》(下),李

大雪译,中国法制出版社 2007 年版。

[105][德]卢曼:《社会的法律》,郑伊倩译,人民出版社 2009 年版。

[106][德]汉斯-约阿希姆·穆泽拉克:《德国民事诉讼法基础教程》,周翠译,中国政法大学出版社 2005 年版。

[107][德]K. 茨威格特、H. 克茨:《比较法总论》,潘汉典等译,法律出版社 2003 年版。

[108][德]汉斯·普维庭:《现代证明责任问题》,吴越译,法律出版社 2000 年版。

[109][德]卡尔·拉伦茨:《德国民法通论》,王晓晔、谢怀栻等译,法律出版社 2003 年版。

[110][德]卡尔·拉伦茨:《法学方法论》,陈爱娥译,商务印书馆 2003 年版。

[111][德]卡尔·恩吉施:《法律思维导论》,郑永流译,法律出版社 2004 年版。

[112][美]昂格尔:《现代社会中的法律》,吴玉章、周汉华译,中国政法大学出版社 1997 年版。

[113][法]卢梭:《社会契约论》,何兆武译,商务印书馆 1982 年版。

[114][法]孟德斯鸠:《论法的精神》(上册),张雁深译,商务印书馆 1961 年版。

[115][法]布迪厄、[美]华康德:《实践与反思》,李猛、李康译,中央编译出版社 1998 年版。

[116][法]让·文森、塞尔日·金沙尔:《法国民事诉讼法要义》(上、下),罗结珍译,中国法制出版社 2001 年版。

[117][法]让·文森、雅克·普雷沃:《法国民事执行程序法

要义》,罗结珍译,中国法制出版社 2002 年版。

[118][法]E. 迪尔凯姆:《社会学方法的准则》,狄玉明译,商务印书馆 2009 年版。

[119][意]莫诺·卡佩莱蒂等:《当事人基本程序保障权与未来的民事诉讼》,徐昕译,法律出版社 2000 年版。

[120][意]彼德罗·彭梵得:《罗马法教科书》,黄风译,中国政法大学出版社 1992 年版。

[121][意]莫诺·卡佩莱蒂编:《福利国家与接近正义》,刘俊祥等译,法律出版社 2000 年版。

[122][意]莫诺. 卡佩莱蒂:《比较法视野中的司法程序》,徐昕、王奕译,清华大学出版社 2005 年版。

[123][日]高桥宏志:《民事诉讼法:制度与理论的深层分析》,林剑锋译,法律出版社 2003 年版。

[124][日]新堂幸司:《新民事诉讼法》,林剑锋译,法律出版社 2008 年版。

[125][日]川岛武宜:《现代化与法》,王志安等译,中国政法大学出版社 2004 年版。

[126][日]小岛武司:《诉讼制度改革的法理与实证》,陈刚、郭美松等译,法律出版社 2001 年版。

[127][日]小岛武司:《ADR·仲裁法教室》,有斐阁 2001 年版。

[128][日]棚濑孝雄:《纠纷解决与审判制度》,王亚新译,中国政法大学出版社 1994 年版。

[129][日]兼子一、竹下守夫:《民事诉讼法》,白绿铉译,法律出版社 1995 年版。

[130][日]三月章:《日本民事诉讼法》,汪一凡译,台北,五南

图书出版股份有限公司 1997 年版。

[131][日]棚濑孝雄:《现代日本的法和秩序》,易平译,中国政法大学出版社 2002 年版。

[132][日]竹下守夫:《日本民事执行法理论与实务研究》,刘荣军、张卫平译,重庆大学出版社 1994 年版。

[133][日]中村英郎、中村宗雄:《诉讼法学方法论:中村民事诉讼理论精要》,陈刚、段文波译,中国法制出版社 2009 年版。

[134][日]中村英郎:《新民事诉讼法讲义》,陈刚等译,法律出版社 2001 年版。

[135][日]高桥宏志:《重点讲义民事诉讼法》,张卫平、许可译,法律出版社 2007 年版。

[136][日]六本佳平:《日本法与日本社会》,刘银良译,中国政法大学出版社 2006 年版。

[137][日]大木雅夫:《比较法》,范愉译,法律出版社 1999 年版。

[138][日]谷口安平:《程序的正义与诉讼》(增补本),王亚新、刘荣军译,中国政法大学出版社 2002 年版。

[139][日]小岛武司、伊藤真编:《诉讼外纠纷解决法》,丁婕译,中国政法大学出版社 2005 年版。

[140][日]小岛武司等:《司法制度的历史与未来》,汪祖兴译,法律出版社 2000 年版。

[141][日]高见泽磨:《现代中国的纠纷与法》,何勤华、李秀清、曲阳译,法律出版社 2003 年版。

[142][日]谷口安平:《程序的正义与诉讼》,王亚新、刘荣军译,中国政法大学出版社 1996 年版。

[143][美]史蒂文·瓦戈:《法律与社会》(第 9 版),梁坤、邢

朝国译,中国人民大学出版社 2011 年版。

[144][美]米尔伊安·R. 达玛什卡:《司法和国家权力的多种面孔——比较视野中的法律程序》,郑戈译,中国政法大学出版社 2004 年版。

[145][美]肯尼迪:《判决的批判:写在世纪之末》,王家国译,法律出版社 2012 年版。

[146][美]伯尔曼:《法律与宗教》,梁治平译,三联书店 1991 年版。

[147][美]波斯纳:《法理学问题》,苏力译,中国政法大学出版社 1994 年版。

[148][美]约翰·亨利·梅利曼:《大陆法系》,顾培东、禄正平译,法律出版社 2004 年版。

[149][美]詹姆斯·威拉德·赫斯特:《美国史上的市场与法律——各利益间的不同交易方式》,郑达轩等译,法律出版社 2006 年版。

[150][美]本杰明·卡多佐:《司法过程的性质》,苏力译,商务印书馆 1998 年版。

[151][美]诺内特、塞尔兹尼克:《转变中的法律与社会:迈向回应型法》,张志铭译,中国政法大学出版社 2002 年版。

[152][美]亨利·J. 亚伯拉罕:《法官与总统——一部任命最高法院法官的政治史》,刘泰星译,商务印书馆 1990 年版。

[153][美]汉密尔顿等:《联邦党人文集》,程逢如等译,商务印书馆 2004 年版。

[154][美]欧文·费斯:《如法所能》,师帅译,中国政法大学出版社 2008 年版。

[155][美]E. 博登海默:《法理学——法哲学及其方法》,邓正

来、姬敬武译,华夏出版社 1987 年版。

[156][美]约翰·罗尔斯:《正义论》,何怀宏等译,中国社会科学出版社 1988 年版。

[157][美]杰克·H. 弗兰德泰尔、玛丽·凯·凯恩、阿瑟·R. 米勒:《民事诉讼法》(第 3 版),夏登峻等译,中国政法大学出版社 2003 年版。

[158][美]彼得·G. 伦斯特洛姆编:《美国法律辞典》,中国政法大学出版社 1998 年版。

[159][美]庞德:《法理学》,邓正来译,中国政法大学出版社 2004 年版。

[160][美]迈克尔·D. 贝勒斯:《程序正义——向个人的分配》,邓海平译,高等教育出版社 2005 年版。

[161][美]达马斯卡:《漂移的证据法》,李学军等译,中国政法大学出版社 2003 年版。

[162][美]斯蒂文·N. 苏本、马莎·L. 米卢、马克·N. 布诺丁、托马斯·O. 梅茵:《民事诉讼法——原理、实务与运作环境》,傅郁林等译,中国政法大学出版社 2004 年版。

[163][美]史蒂文·苏本、玛格瑞特·伍:《美国民事诉讼的真谛》,蔡彦敏、徐卉译,法律出版社 2002 年版。

[164][美]杰弗里·C. 哈泽德、米歇尔·塔鲁伊:《美国民事诉讼法导论》,张茂译,中国政法大学出版社 1998 年版。

[165][美]理查德·A. 波斯纳:《证据法的经济分析》,徐昕、徐昀译,中国法制出版社 2004 年版。

[166][美]迈克尔·D. 贝勒斯:《法律的原则——一个规范的分析》,张文显等译,中国大百科全书出版社 1996 年版。

[167]黄宗智:《民事审判与民间调解:清代的表达与实践》,

中国社会科学出版社 1998 年版。

[168]黄宗智:《法典、习俗与司法实践:清代与民国的比较》,上海书店出版社 2003 年版。

[169][美]埃尔曼:《比较法律文化》,高鸿钧等译,三联书店 1990 年版。

[170][美]布迪、莫里斯:《中华帝国的法律》,朱勇译,江苏人民出版社 1998 年版。

[171][美]伯尔曼:《法律与宗教》,梁治平译,三联书店 1991 年版。

[172][美]布莱克:《法律的运作行为》,唐越、苏力译,中国政法大学出版社 1994 年版。

[173][美]杰罗姆·弗兰克:《初审法院——美国司法中的神话与现实》,赵承寿译,中国政法大学出版社 2007 年版。

[174][美]戴维·斯沃茨:《文化与权力——布尔迪厄的社会学》,陶东风译,上海译文出版社 2006 年版。

[175][美]克利福德·格尔兹:《尼加拉:十九世纪巴厘剧场国家》,赵丙祥译,上海人民出版社 1999 年版。

[176][美]庞德:《通过法律的社会控制、法律的任务》,沈宗灵、董世忠译,商务印书馆 1998 年版。

[177][美]普拉诺等:《政治学分析辞典》(中译本),胡杰译,中国社会科学出版社 1986 年版。

[178][美]戈尔丁:《法律哲学》,齐海滨译,三联书店 1987 年版。

[179][美]斯蒂芬·B. 戈尔德堡等:《纠纷解决——谈判、调解和其他机制》,蔡彦敏、曾宇、刘晶晶译,中国政法大学出版社 2004 年版。

[180][美]道格拉斯·凯尔纳、斯蒂文·贝斯特:《后现代理论——批判性的质疑》,张志斌译,中央编译出版社 2001 年版。

[181][美]理查德·A. 波斯纳:《法律的经济分析》(下册),蒋兆康译,中国大百科全书出版社 1997 年版。

[182][美]西摩·马丁·李普塞特:《政治人——政治的社会基础》,张绍宗译,上海人民出版社 1997 年版。

[183][美]卡尔·科恩:《论民主》,聂崇信、朱秀贤译,商务印书馆 1988 年版。

[184][美]马丁·夏皮罗:《法院:比较法上和政治学上的分析》,张生、李彤译,中国政法大学出版社 2005 年版。

[185][美]德沃金:《认真对待权利》,信春鹰、吴玉章译,中国大百科全书出版社 1998 年版。

[186][英]戴雪:《英宪精义》,雷宾南译,中国法制出版社 2017 年版。

[187][英]D. M. 沃克:《牛津法律大辞典》,邓正来译,光明日报出版社 1988 年版。

[188][英]罗杰·科特威尔:《法律社会学导论》,潘大松等译,华夏出版社 1989 年版。

[189][英]弗里德利希·冯·哈耶克:《自由秩序原理》,邓正来译,生活·读书·新知三联书店 1997 年版。

[190][法]罗伯斯比尔:《革命法制和审判》,赵涵舆译,商务印书馆 1986 年版。

[191][英]波普尔:《猜想与反驳——科学知识的增长》,傅季重等译,上海译文出版社 2001 年版。

[192][英]彼得·斯坦、约翰·香德:《西方社会的法律价值》,王献平译,中国法制出版社 2004 年版。

[193][英]阿德里安·A. S. 朱克曼主编:《危机中的民事司法——民事诉讼程序的比较视角》,傅郁林等译,中国政法大学出版社 2005 年版。

[194][英]J. A. 乔罗威茨:《民事诉讼程序研究》,吴泽勇译,中国政法大学出版社 2008 年版。

[195][英]威廉·韦德:《行政法》,徐炳等译,中国大百科全书出版社 1997 年版。

[196][英]迈克尔·努尼:《法律调解之道》,杨利华、于丽英译,法律出版社 2006 年版。

[197][澳]娜嘉·亚历山大主编:《全球调解趋势》,王福华等译,中国法制出版社 2011 年版。